BENELUX

ATLAS ROUTIER et TOURISTIQUE
TOERISTISCHE WEGENATLAS
TOURIST and MOTORING ATLAS

Sommaire / Inhoud / Contents

Intérieur de couverture : Tableau d'assemblage
Binnenzijde van het omslag: Overzichtskaart
Inside front cover: Key to map pages

IV

Grands itinéraires / Grote verbindingswegen / Route planning - 1/1 000 000

2

Benelux - 1/150 000

86

Index Pays-Bas / Register Nederland / Index Netherlands

105

Index Belgique / Register België / Index Belgium

126

Index Luxembourg / Register Luxemburg

136

Distances -Temps de parcours / Reistijden - Afstanden / Distances - Driving times

137

Informations routières / Verkeersinformatie / Road information

138

Légende / Verklaring van de tekens / Key

Plans de ville / Stadsplattegronden / Town plans

Pays-Bas / Nederland / Netherlands

86 Alkmaar
86 Amersfoort
129 **Amsterdam**
86 Apeldoorn
87 Arnhem
87 Assen
88 Bergen op Zoom
88 Breda
89 Delft
90 Deventer
91 Dordrecht
92 Eindhoven
92 Enkhuizen
93 Enschede
93 Gouda
93 Groningen
94 Den Haag
95 Haarlem

95 s'Hertogenbosch
96 Hilversum
96 Leeuwarden
97 Leiden
98 Maastricht
98 Middelburg
99 Nijmegen
99 Roermond
100 Rotterdam
101 Tilburg
102 Utrecht
103 Valkenburg
104 Venlo
104 Zwolle

Belgique / België / Belgium

105 Aalst
106 Antwerpen / Anvers
105 Arlon

107 Blankenberge
107 Bouillon
108 Brugge / Bruges
132 **Bruxelles / Brussel**
109 Charleroi
110 Diest
110 Eupen
111 Genk
111 Gent / Gand
112 Halle
112 Hasselt
112 Huy
113 Ieper
113 Knokke-Heist
114 Kortrijk / Courtrai
114 Leuven / Louvain
115 Liège / Luik
116 Lier
116 Mechelen / Malines
117 Mons / Bergen
117 Mouscron / Moeskroen

118 Namur / Namen
119 Oostende / Ostende
119 Roeselare / Roulers
121 Sint-Niklaas / St-Nicolas
120 Sint-Truiden / St-Trond
122 Spa
122 Tienen
123 Tongeren
123 Tournai / Doornik
124 Turnhout
124 Verviers
125 Wavre / Waver
125 Zeebrugge

Luxembourg / Luxemburg

126 Esch sur Alzette
127 Luxembourg

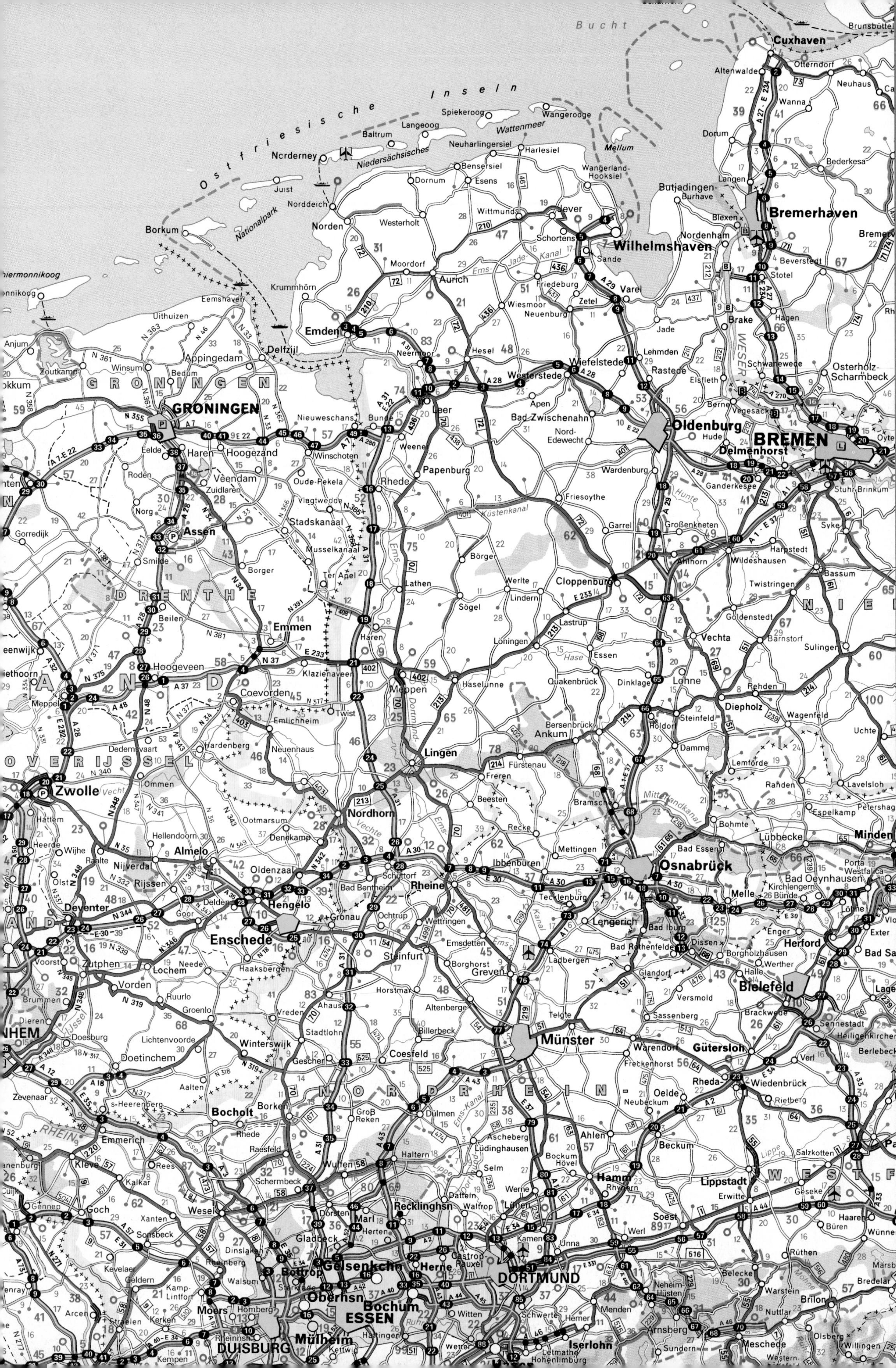

Calais · Dunkerque · St Omer · Oostende (Ostende) · Blankenberge · Knokke-Heist · Zeebrugge · BRUGGE (BRUGES) · GENT (GAND) · ANTWERPEN (ANVERS) · Mechelen · St-Niklaas · Aalst · BRUXELLES / BRUSSEL · Middelburg · Vlissingen · Bergen op Zoom · Roosendaal · Breda

Oudenaarde · Kortrijk (Courtrai) · Ieper (Ypres) · Tourcoing · Roubaix · Tournai (Doornik) · Mons (Bergen) · Charleroi · Nivelles · Soignies · la Louvière · Binche · Maubeuge

LILLE · Béthune · Hazebrouck · Armentières · Lens · Douai · Valenciennes · Denain · Cambrai · Arras · le Quesnoy · Avesnes · Chimay · Couvin

Montreuil · Hesdin · Doullens · Albert · Péronne · St Quentin · Guise · Vervins · Charleville-Mézières · Rethel

AMIENS · Beauvais · Montdidier · Noyon · Chauny · Laon · Soissons · Compiègne · Senlis · Chantilly · Pontoise · REIMS

WEST VLAANDEREN · OOST-VLAANDEREN · ZEELAND · VLAAMS BRABANT · HAINAUT · NORD · PAS-DE-CALAIS · SOMME · OISE · AISNE · ARDENNES

s-Hertogenbosch
Tilburg
EINDHOVEN
Helmond
Venlo
Krefeld
Moers
DUISBURG
Mülheim
ESSEN
Bochum
Gelsenkchn
Oberhsn
Herne
DORTMUND
Hagen
WUPPERTAL
Lüdenscheid
DÜSSELDORF
Neuss
Mönchengladbach
Roermond
Solingen
Remscheid
Leverkusen
KÖLN
Hasselt
Genk
Maastricht
AACHEN
Heerlen
Sittard
Düren
BONN
Bad Godesberg
LIÈGE
(LUIK)
Verviers
Spa
Eupen
Malmedy
Huy
Namur
Bastogne
LUXEMBOURG
Arlon
Trier
Wittlich
Koblenz
Bitburg
Merzig
Saarlouis
Völklingen
SAARBRÜCKEN
Zweibrücken
Homburg
St. Wendel
Sarreguemines
Forbach
St. Avold
METZ
Thionville
Longwy
Verdun
Sedan
Bouillon
LIMBURG
BRABANT
LUXEMBOURG
RHEINLAND
PFALZ
SAARLAND
MOSELLE
MEUSE

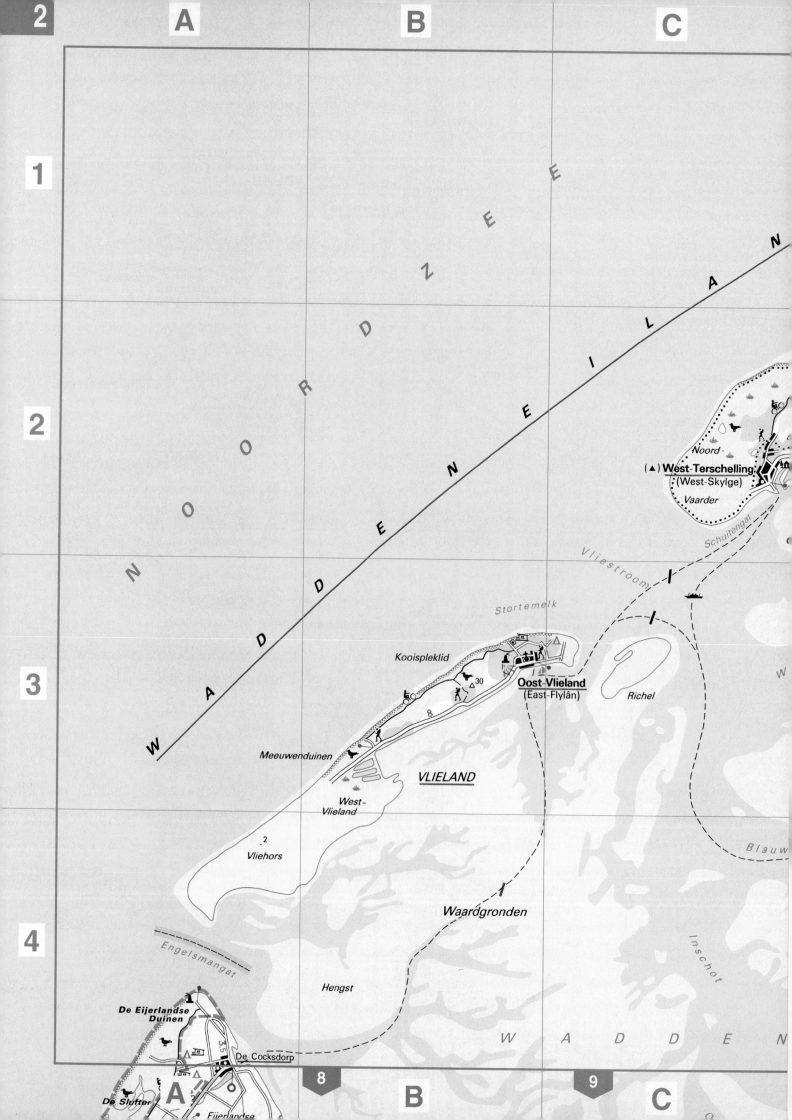

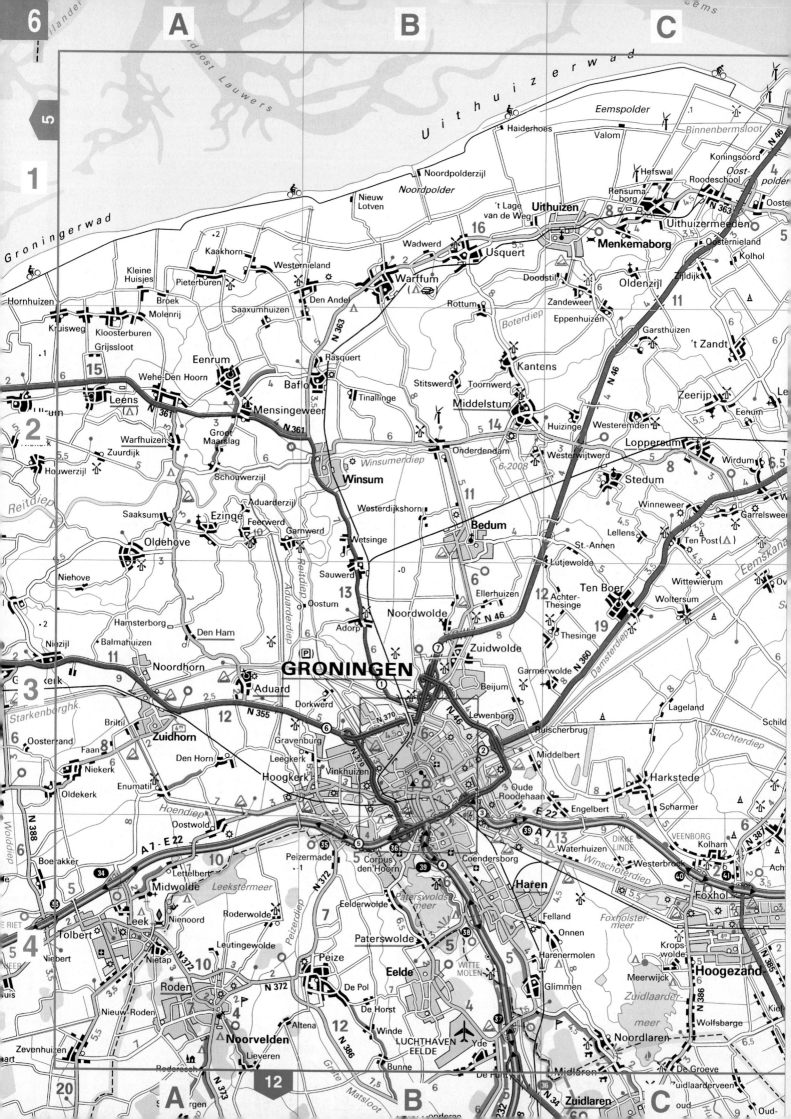

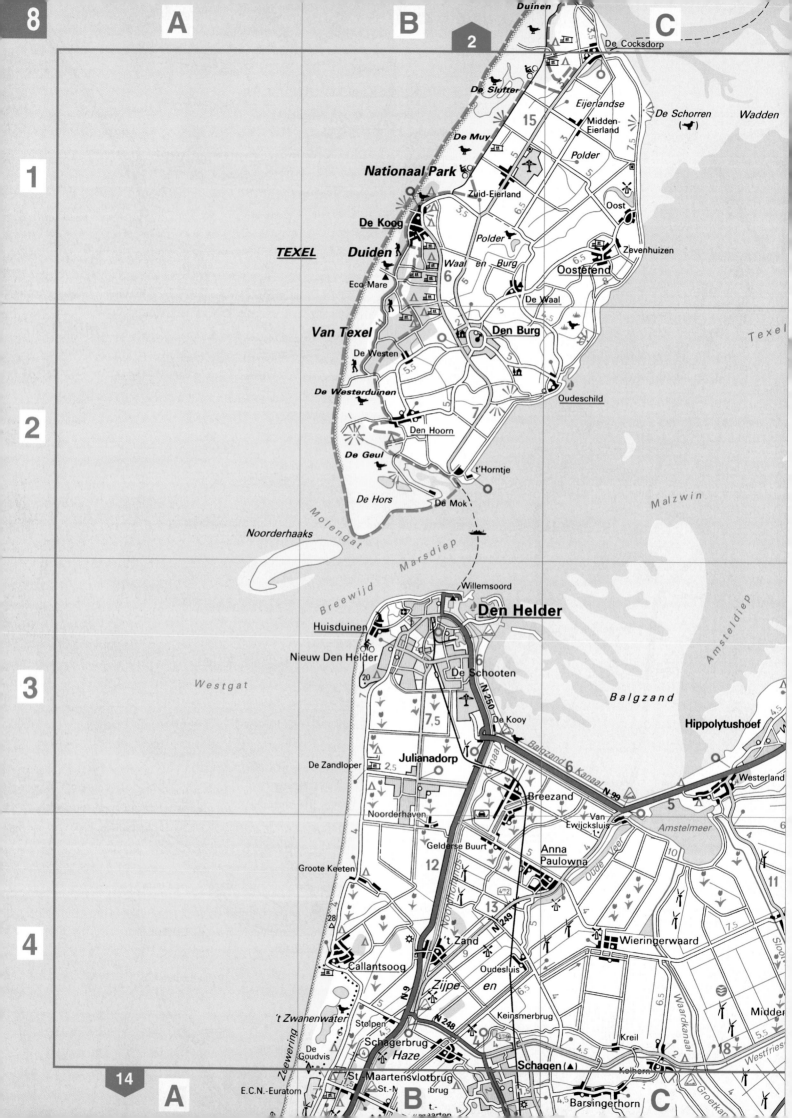

1

Duinen

De Cocksdorp

De Slufter

Eijerlandse

De Schorren
(⌐)   *Wadden*

Midden-
Eierland   15

Polder

De Muy

Nationaal Park   Zuid-Eierland   Oost

De Koog

TEXEL   **Duiden**   *Polder*   Zevenhuizen

Waal en Burg   6   **Oosterend**

Eco-Mare

De Waal

Van Texel   **Den Burg**

De Westen

De Westerduinen   7   Oudeschild

2

De Geul   Den Hoorn

De Hors   t'Horntje

Molengat   De Mok

Noorderhaaks   *Malzwin*

Marsdiep

Breewijd   Willemsoord

Den Helder

Huisduinen

Westgat   Nieuw Den Helder

De Schooten   *Balgzand*   **Hippolytushoef**

3

De Kooy

N 250

7,5   De Zandloper   Balgzand 6 Kanaal N 99   Westerland

Julianadorp   5

Breezand   *Amstelmeer*

Noorderhaven   Van
Ewijcksluis 1·

Gelderse Buurt   **Anna
Paulowna**   10

Groote Keeten   12   4m2

13   N 249   Wieringerwaard

4

28   't Zand   9

Callantsoog   Oudesluis

Zijpe   en   6,5

't Zwanenwater   Stolpen   Keinsmerbrug   Kreil   18

De
Goudvis   **Schagerbrug**
Haze

E.C.N.-Euratom   St. Maartensvlotbrug   St.-M   brug   **Schagen** (▲)   Kolhorn   **Barsingerhorn**

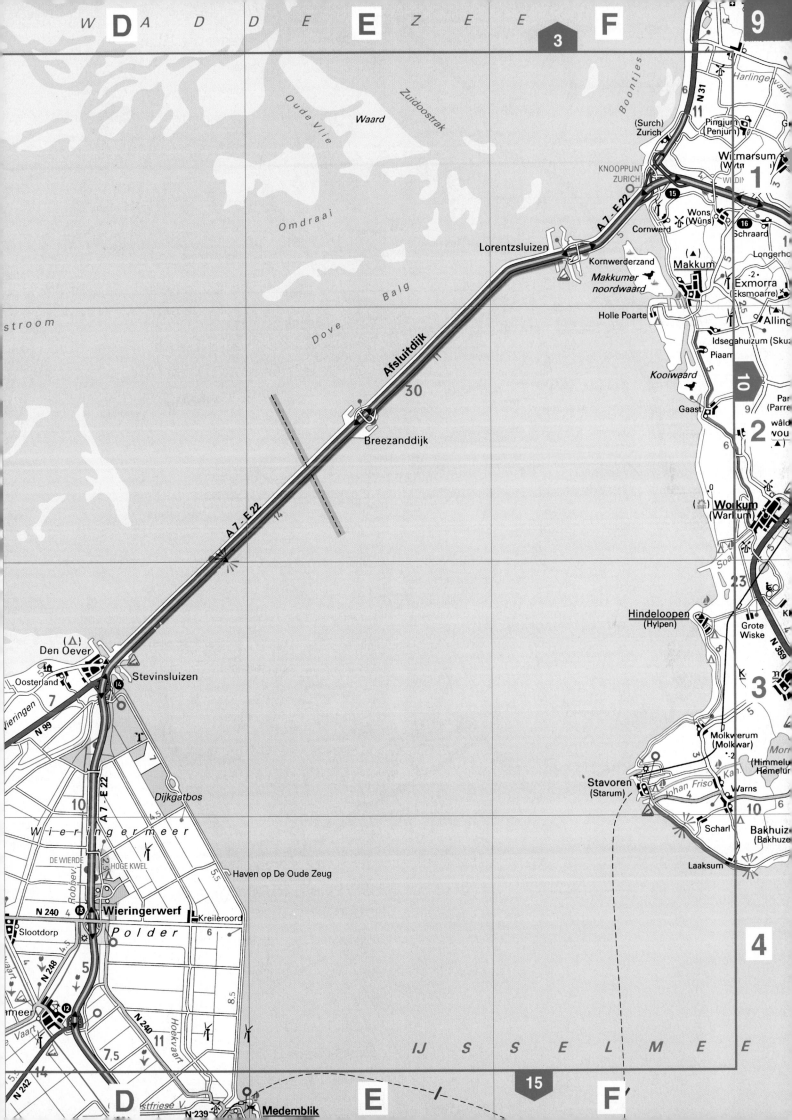

A | B | C

1

2

Zand

(

Noordwijkerhout

(🏊)
Noordwijk aan Zee

3

Noordwijk-Binnen

(🏊 ⛵)
Katwijk aan Zee

Rijnsburg

Katwijk a/d Rijn

Oegstg

Valkenburg

Katwijkse-
Duinen 33

9

4

Duinrell

Wassenaar
( )

Oostduinen

Meijendel

De Kieviet

Pier

LEIDEN

Voorschoten

Vlietland

Oud Wassenaar

Duivenvoorde

10

8,5

(🏊) **SCHEVENINGEN**

Madurodam

Kerkehout

Stompwijk

(🅿) **DEN HAAG**

2,5

Huis ten
Bosch

11

13

('S-GRAVENHAGE)

6

1,5

Leidschendam

Zoetermee

Kijkduin

Voorburg

A | B | C

Loosduinen

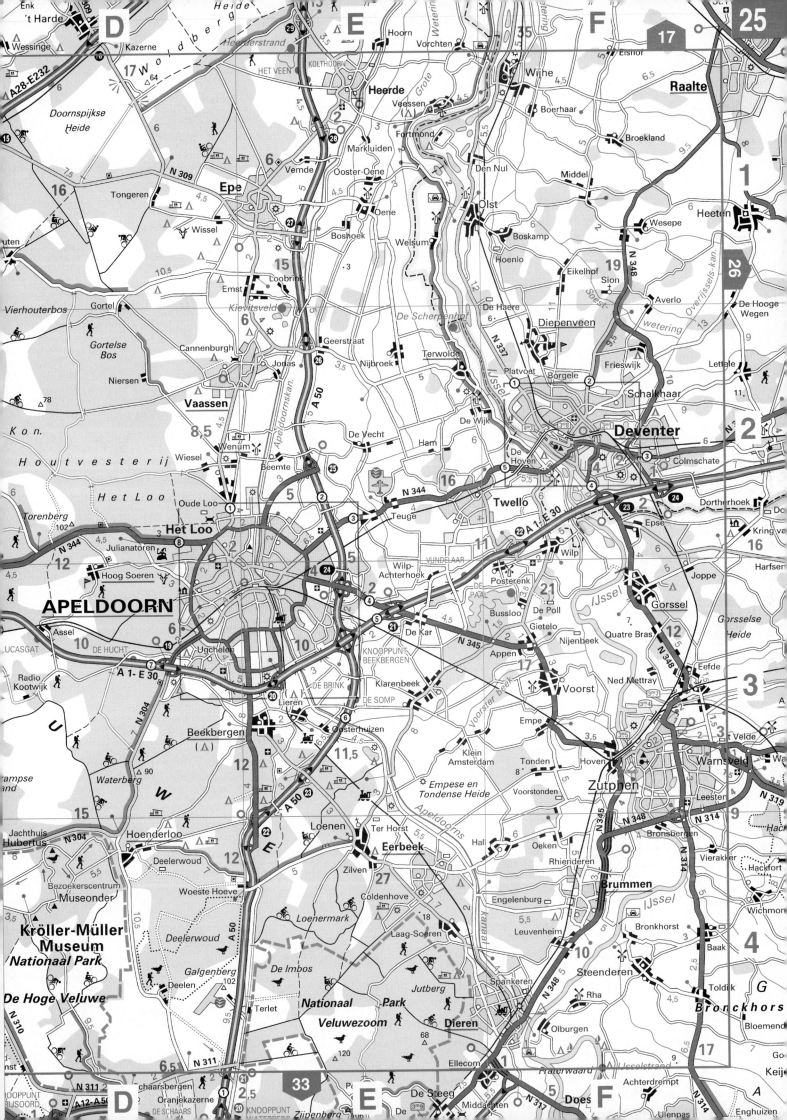

A
B
C

1

2

3

4

Harwich

Kingston-upon-Hull

's-G

Europoort

Maasvlakte

N 15

8

7,5

Oostvoornse Meer

2

Oostvoorne

Voornes

Helhoek

9,5

Strype

Stuifakker

V O

Rockanje

Duin

3,5

Quackjeswater

Haringvlietdam

Nie Hel

Hinder

9

De Quack

4,5

10,5

Slijkgat

Kwade Hoek

Havenhoofd

7

Oostdijk

Hellevoetsluis

G O E R E E

6

Goedereede

N 215

6

Ouddorp

N 57

3

2

Stellendam

Duinhof

5

5

5

1

18

5,5

Visschershoek

Springersdiep

Slikken van

Melissant

De Punt

Hompelvoet

Trammuseum

O o s t e r

Brouwersdam

18

Port Zélande

14

Dirksland

4,5

Kabbelaarsbank

Stampersplaat

Veermansplaat

Flakkee

Brouwershavense

Gat

Den Osse

G R E V E L I N G

Renesse

Moermond

Scharendijke

Brouwershaven

S

Ellemeet

Looperskapelle

Zonnemaire

Herkingen

O V E

Nieuw-Haamstede

Noordwelle

Elkerzee

Brijdorpe

4

(Δ) Haamstede

N 57

Serooskerke

3,5

8,5

S C H O U W E N

Nieuwerkerke Schutje

37

Noordgouwe

A
4
B
11
3
C

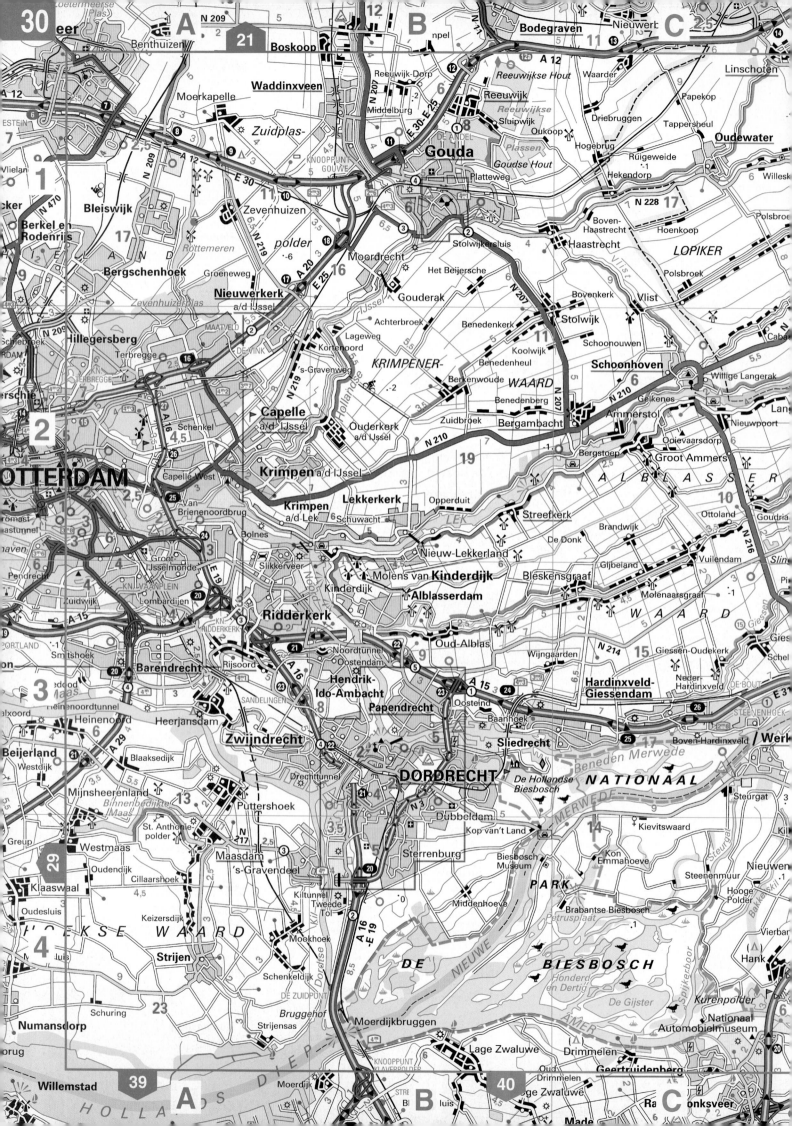

A B C

1

2

Waterwin

.16

Vr

(⚓) **Domburg**

Duinbeek

Oostkap

24

Schoonoord

Oostkap

9

Aagtekerke

Molembaix

Seroo

N 287

7

6

Grijps

4,5

2,5

(⚓) **Westkapelle**

W A L C H

Poppendamr

.1

Boudewijnskerke

Meliskerke

Klein Mariekerke

13

6

St.-Janskerke

N 288

22

Oostgat

Middelbu

2,5

(⚓) **Zoutelande**

Biggekerke

Ter H

3,5

Groot-Valkenisse

Koudekerke

3

N 288

8

Dishoek

3,5

Vebenabos

Wes

Sou

3

Paauwenburg

Vlissingen

Gevangentoren

3

Kingston upon Hulle

W i e l i n g e n

Nieuwesluis

Bre

4

Nieuwvliet-Bad

Boerenhol

N 675

Cadzand-Bad

Nieuwvliet (△)

Groede

3

Zomerdorp Het Zwin

1.

Kruisdijk

3

2,5 .1

N 58

Cadzand

Hadenesse

17

Sch

Albertstrand

N 384

Het Zw

3,5

45 46

Zuidzande

N 253

6

Duinbergen

Knokke

Het Zoute

Oosthoel

Oostburgsch Brug

Zeebrugge

A

KNOKKE

B

Terhofstede

Tragel

C

3

N 34

4

3

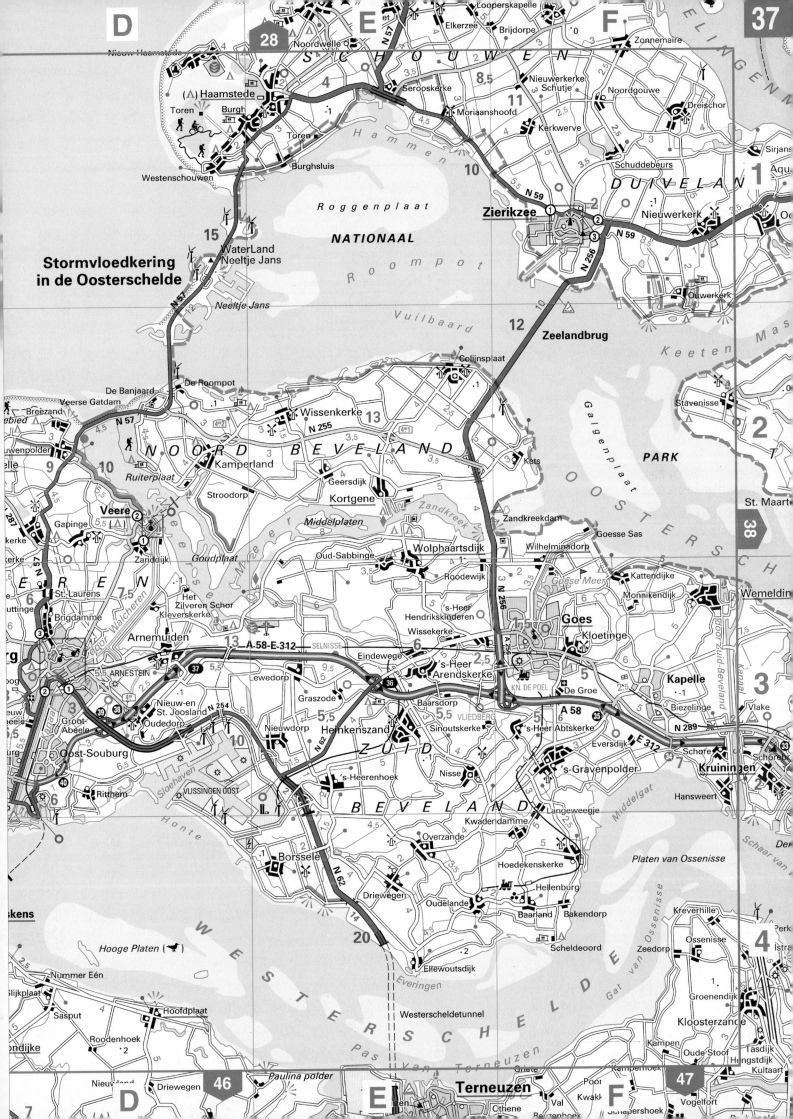

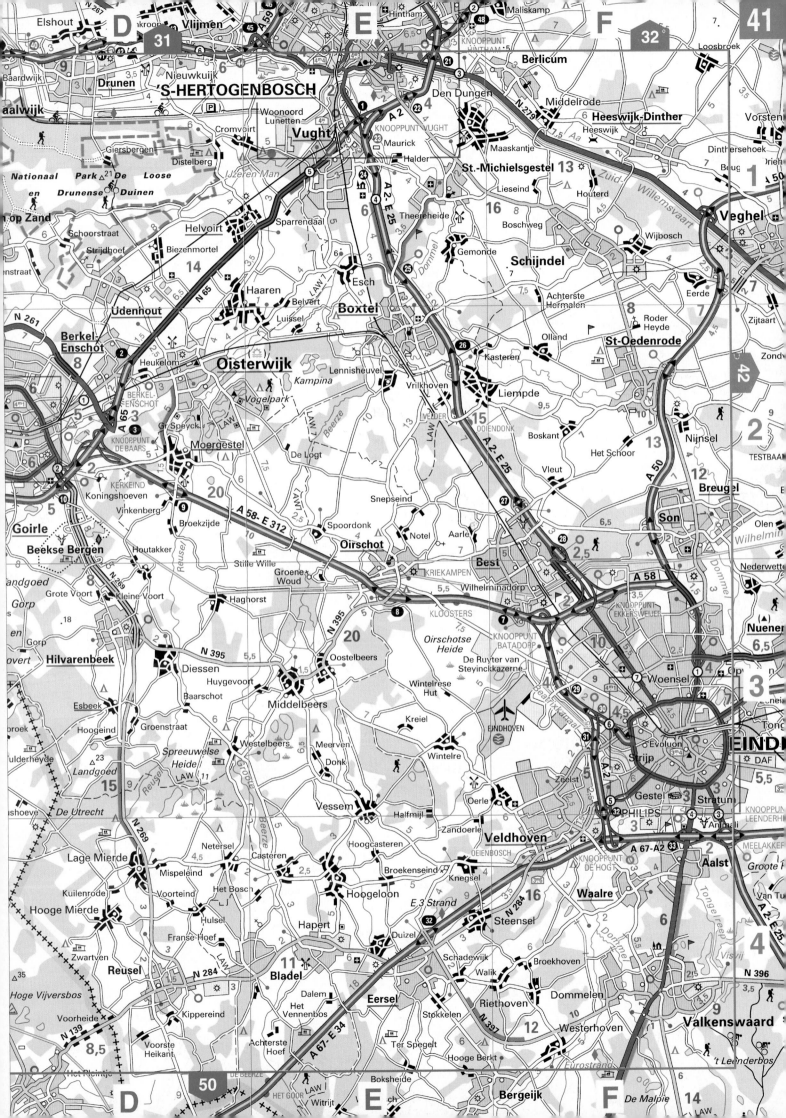

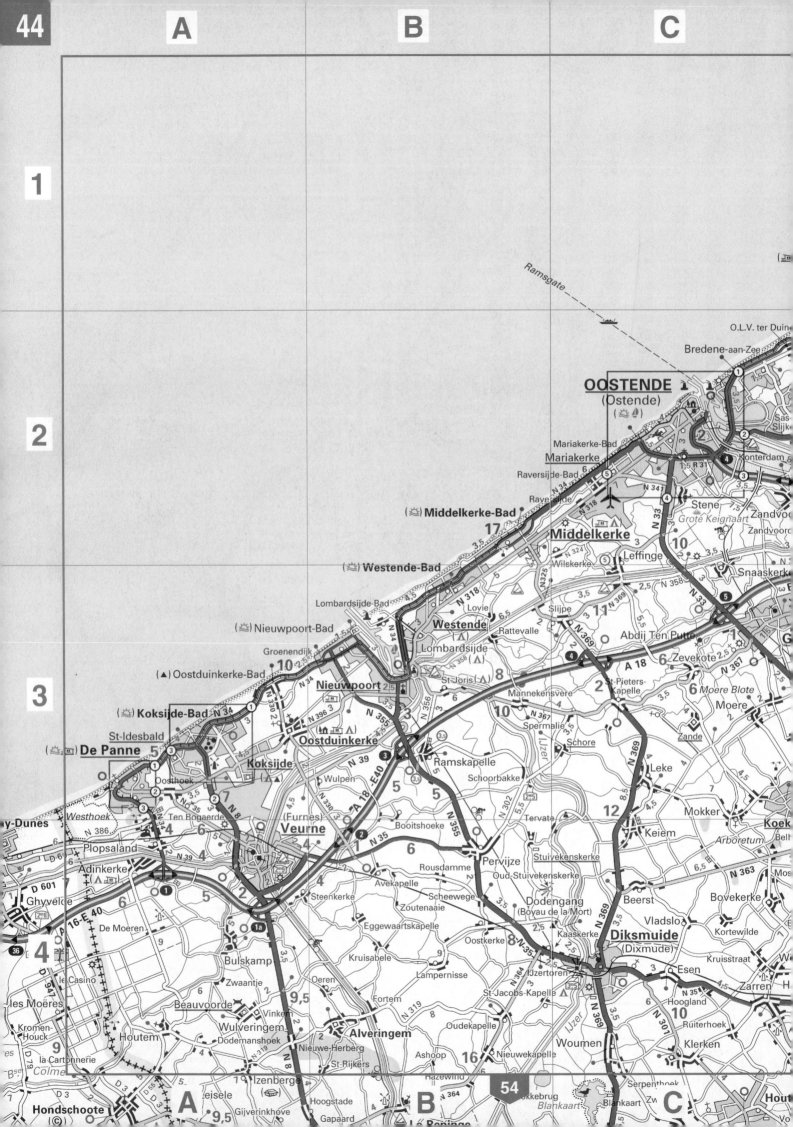

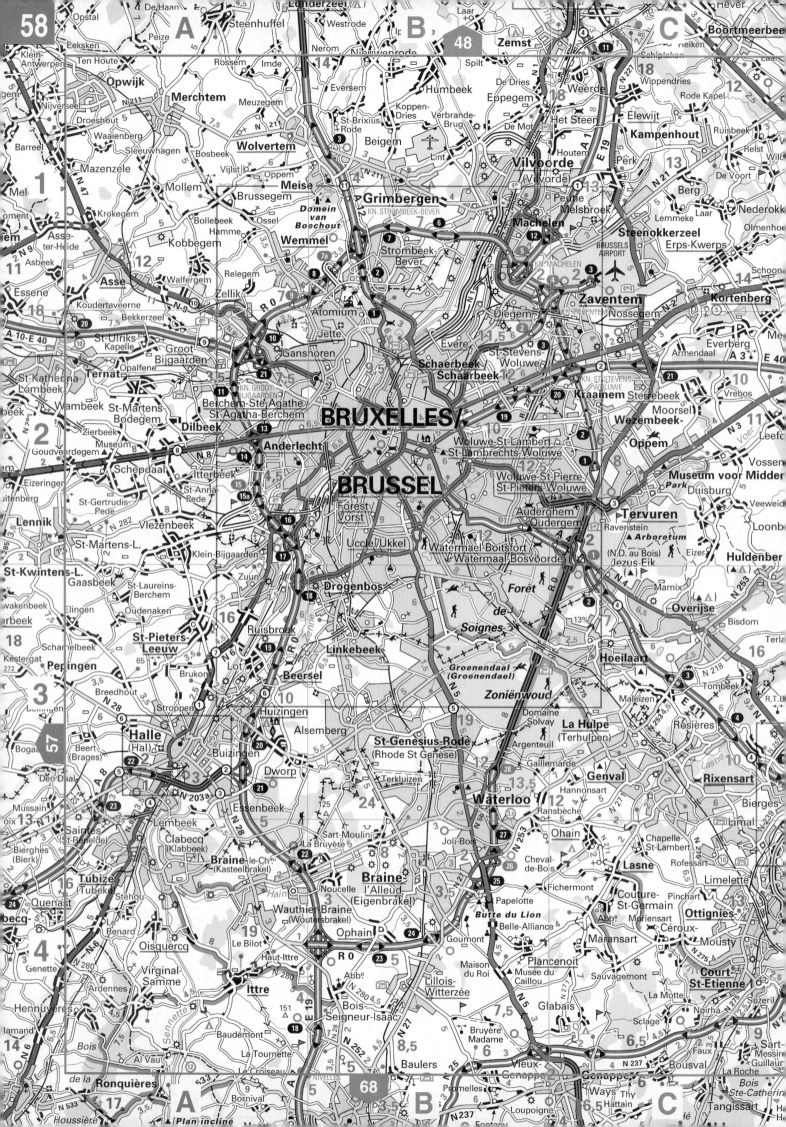

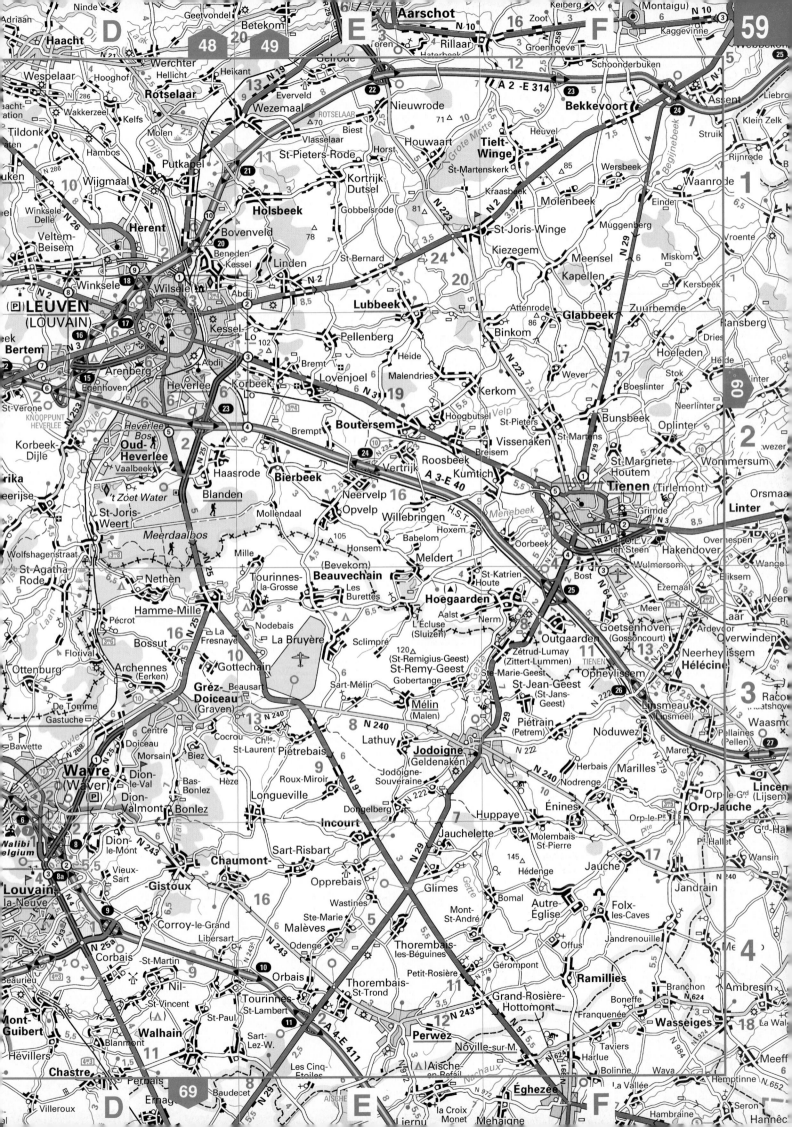

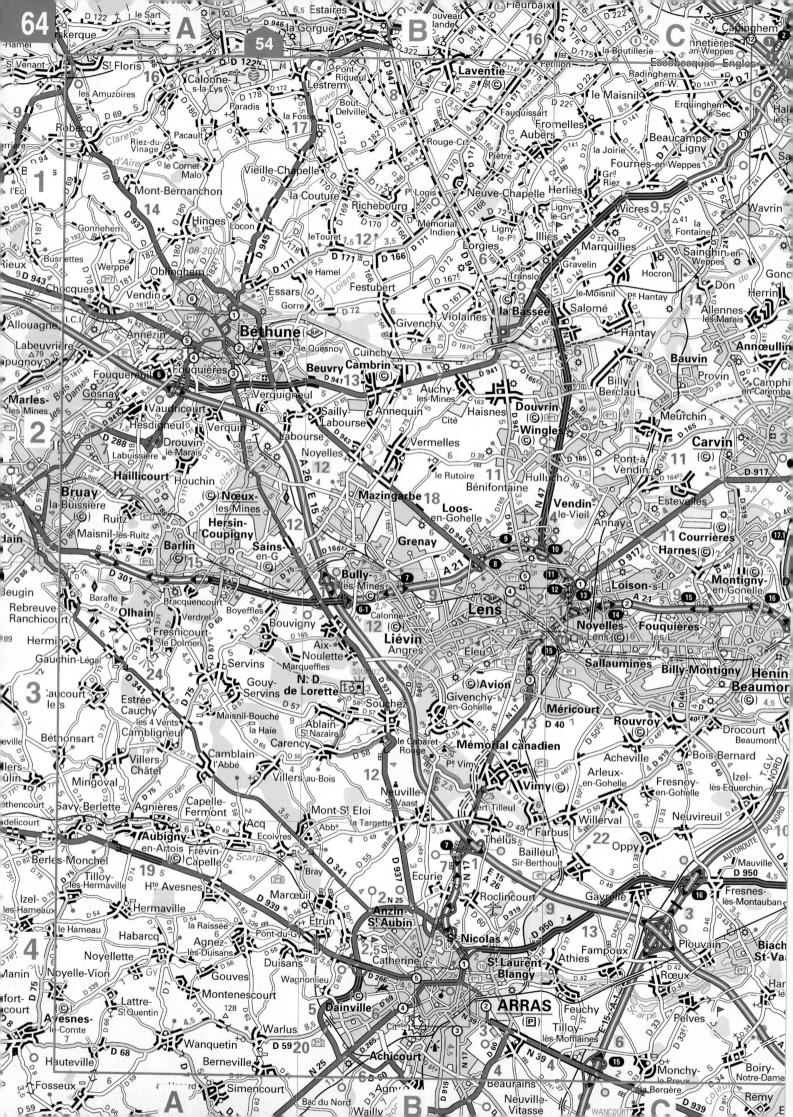

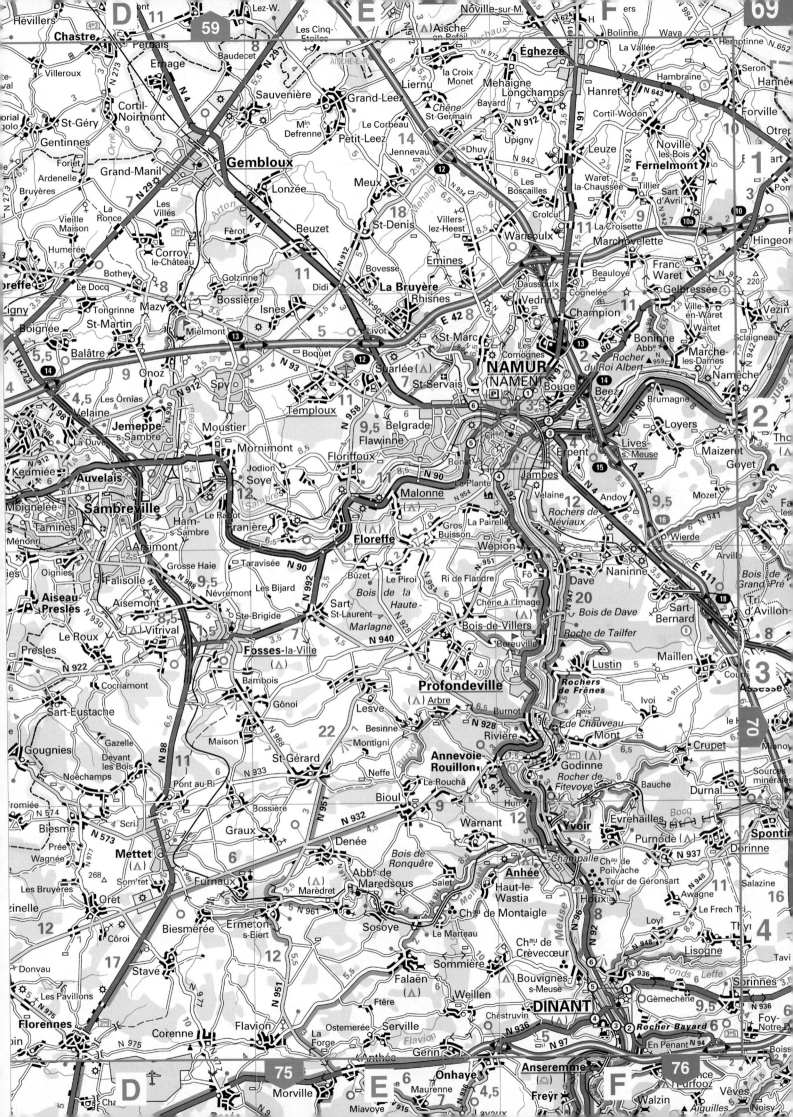

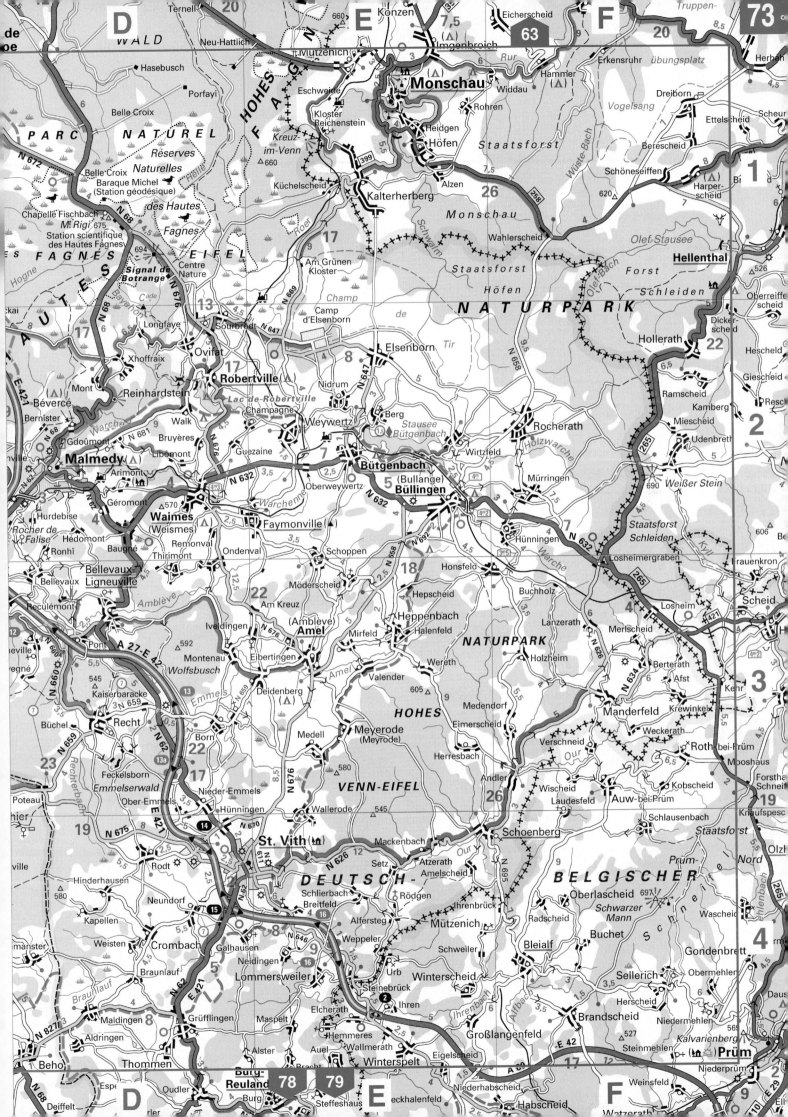

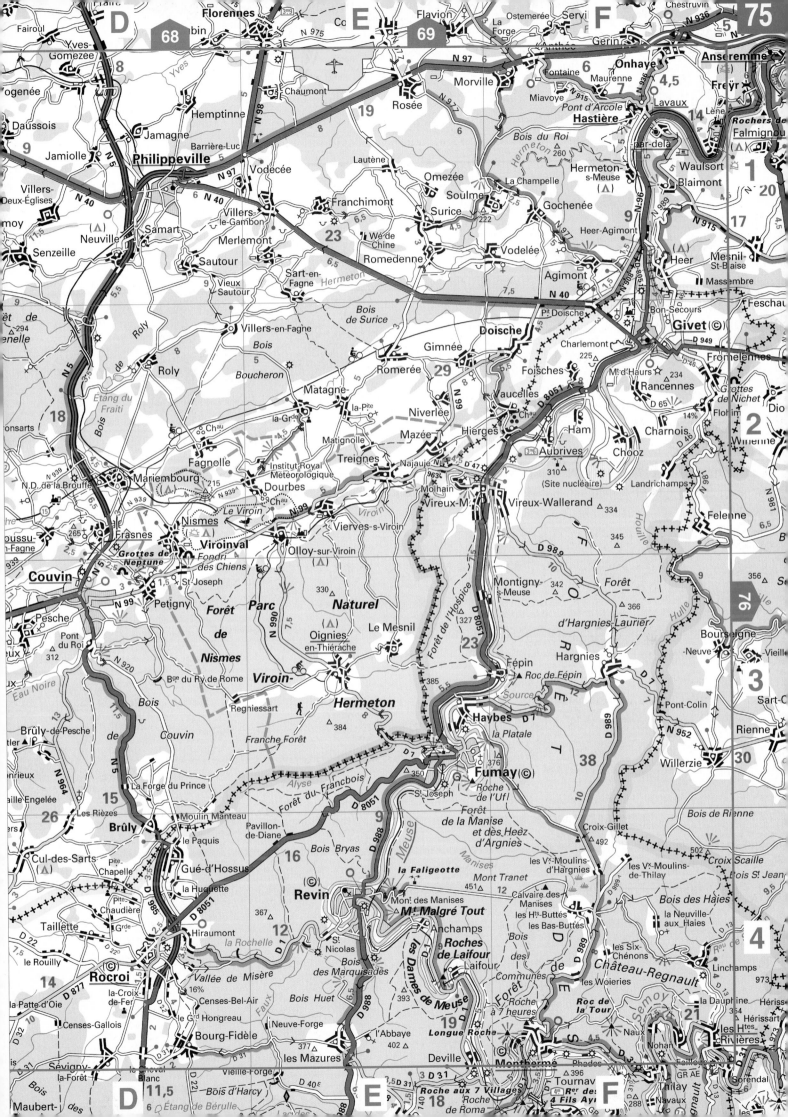

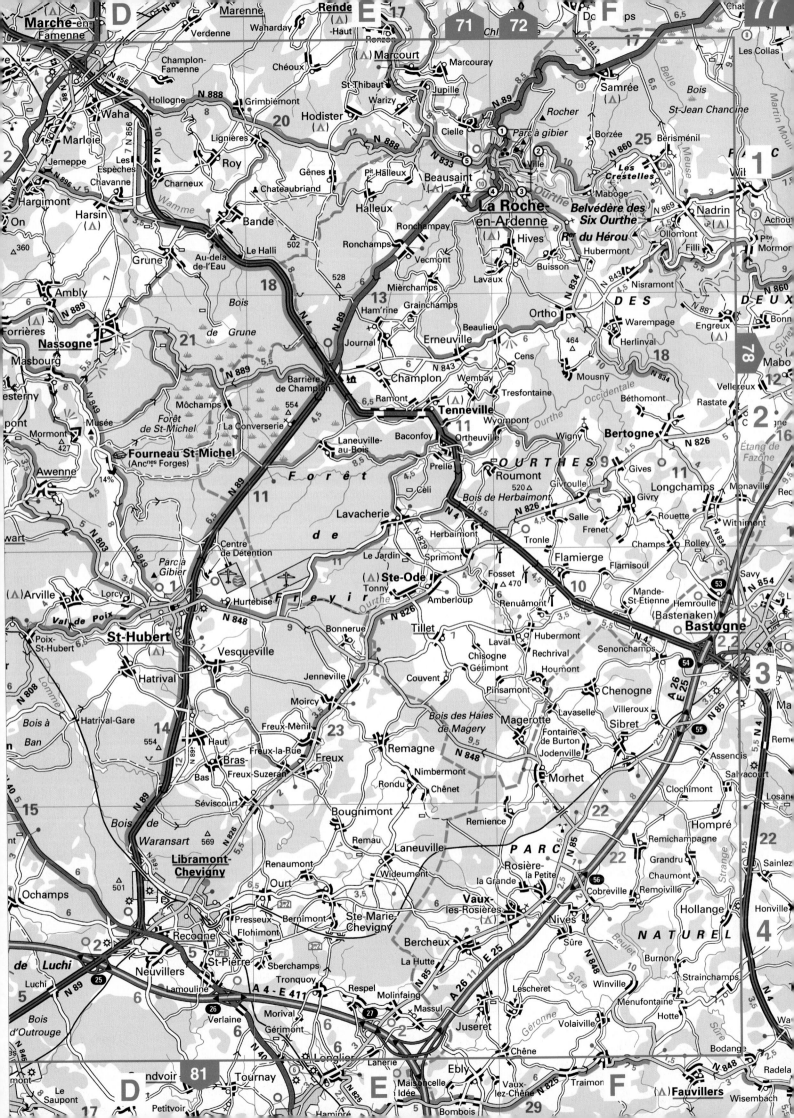

Nederland

A

ALKMAAR

B

APELDOORN

AMERSFOORT

Baan (De) ...31 D4
Baard ...4 B4
Baardwijk ...41 D1
Baarland ...37 F4
Baarle-Nassau ...40 C3
Baarlo (IJsselham) ...17 D1
Baarlo (Venlo) ...43 E4
Baarlo (Zwartsluis) ...17 E2
Baarn ...23 E3
Baars ...11 E4
Baarschot ...41 D3
Baarsdorp ...37 E3
Babberich ...33 F2
Babyloniënbroek ...31 D4
Badhoevedorp ...21 C2
Baexem ...51 F1
Baflo ...6 B2
Baggelhuizen ...12 B3
Baijum (Baaium) ...3 F4
Bakel ...42 C2
Bakendorp ...37 F4
Bakhuizen (Bakhuzen) ...10 A4
Bakkersdam ...46 A1
Bakkeveen (Bakkefean) ...11 F1
Bakkum ...14 A3
Balgoij ...32 C3
Balinge ...12 C4
Balk ...10 B3
Balkbrug ...18 A2
Balloo ...12 C2
Ballum ...4 B1
Balmahuizen ...6 A3
Banholt ...62 C2
Banjaard (De) ...37 D2
Bant ...16 C1
Bantega (Bantegea) ...10 C4
Barchem ...26 B3
Barendrecht ...29 F1
Bareveld ...13 D1
Bargebek ...10 B3
Barger-Compascuum ...13 E4
Barger-Oosterveen ...19 E1
Barger-Oosterveld ...13 E4
Bargeres ...13 D4
Barlo ...34 C2
Barneveld ...24 B3
Barnflair ...13 F3
Barrière (De) ...50 B1
Barsbeek ...17 E2
Barsingerhorn ...14 C1
Bartlehiem ...4 C3
Barwoutswaarder ...21 F4
Basse ...11 E4
Batenburg ...32 B3
Bath ...38 C4
Bathmen ...26 A2
Battenoord ...38 B1
Bavel ...40 B2
Beatrixkanaal ...41 F3
Beckum ...27 D2
Bedaf ...42 A1
Bedum ...6 B2
Beegden ...51 F2
Beek (Bergh) ...33 F2
Beek (Limburg) ...62 B1
Beek (Ubbergen) ...33 E3
Beek en Donk ...42 B2
Beekbergen ...25 E3
Beekhuizen ...33 E1
Beekhuizerzand ...24 C2
Beekse Bergen ...41 D2
Beemte ...25 E2
Beerenplaat ...38 B1
Beers (Friesland) ...4 C4
Beers (Noord-Brabant) ...33 D4
Beersdonk ...42 C3
Beerta ...7 F4

Beerze ...18 B3
Beerzerveld ...18 C3
Beesd ...31 E2
Beesel ...53 E1
Beetgum (Bitgum) ...4 B3
Beetgumermolen
(Bitgummole) ...4 B3
Beets ...15 D3
Beetsterzwaag
(Beetstersweach) ...11 E1
Beijersche (Het) ...30 B1
Beijum ...6 B2
Beilen ...12 B3
Beinsdorp ...21 D2
Bekveld ...26 A4
Belfeld ...43 E4
Bellingwolde ...7 F4
Belt (De) ...18 B2
Belt-Schutsloot ...17 E1
Belterwijde ...17 E1
Beltrum ...26 C4
Belvert ...41 E1
Bemelen ...62 B2
Bemmel ...33 D2
Beneden-Leeuwen ...32 B2
Beneden Merwede ...30 B4
Beneden Regge ...18 B4
Benedenberg ...30 B2
Benedeneind ...32 B1
Benedenheul ...30 B2
Benedenkerk ...30 B2
Beneluxtunnel ...29 E2
Bennebroek ...21 D2
Bennekom ...32 C1
Benneveld ...13 D4
Benningbroek ...15 D1
Benschop ...31 D1
Bente (De) ...19 D1
Bentelo ...26 C2
Benthuizen ...21 D4
Bentveld ...21 D2
Berckt (De) ...43 E3
Berg (Den) ...17 F4
Berg (Terblijt) ...51 E4
Berg en Dal ...33 D3
Berg en Terblijt ...62 B2
Bergambacht ...30 C2
Bergeijk ...50 B1
Bergen (Limburg) ...43 E1
Bergen (Noord-Holland) ...14 B2
Bergen (Aan de) ...51 F1
Bergen (De) ...42 C2
Bergen aan Zee ...14 A2
Bergen op Zoom ...38 C3
Bergentheim ...18 C3
Bergharen ...32 C3
Berghem ...32 B4
Bergherbos ...34 A3
Berghuizen ...18 A1
Bergschenhoek ...29 F1
Bergse Maas ...31 D4
Bergstoep ...30 C2
Beringe ...43 D4
Berkel ...29 F1
Berkel en Rodenrijs ...29 F1
Berkel-Enschot ...41 D2
Berkelaar ...51 F2
Berkelland ...26 C4
Berkenheuvel ...11 F3
Berkenwoude ...30 B2
Berkhout ...15 D2
Berkum ...17 F2
Berlicum ...41 F1
Berlikum (Berltsum) ...3 F3
Best ...41 E2
Betanie ...39 F2
Betuwestrand ...31 F2

Beugen ...43 D1
Beugt ...42 A1
Beulakerwijde ...17 E1
Beuningen (Gelderland) ...32 C3
Beuningen (Overijssel) ...27 F1
Beuseberg ...26 B2
Beusichem ...31 F2
Beverweerd ...31 F1
Beverwijk ...14 B4
Biddinghuizen ...16 C4
Bierum ...7 D1
Biervliet ...46 B1

Biesbosch
(Nationaal Park De) ...30 B4
Biesbosch Museum ...30 B4
Biesheuvel ...31 D4
Biessum ...7 D2
Biezen ...46 A2
Biezenmortel ...41 D1
Biggekerke ...36 C3
Bijland (De) ...33 F2
Bijlham ...31 F2
Bikbergen ...23 D2
Bikkels (De) ...42 C3
Bildtpollen ...4 C1
Biljoen ...33 D2
Bilt (De) ...23 E4
Bilthoven ...23 E4
Bingelrade ...51 F4
Bingerden ...33 F1
Birstum ...10 C1
Bisschopswetering ...17 E3
Bisselt ...33 D4
Bissen ...62 C2
Blaaksedijk ...29 F3
Bladel ...41 E4
Blankenham ...17 D1
Blaricum ...23 E4
Blauwe Slenk ...3 D3
Blauwe Sluis ...39 F1
Blauwesluis ...32 B3
Blauwhuis (Blauhûs) ...10 A2
Bleijerheide ...63 D1
Bleiswijk ...29 F1
Blerick ...43 E4
Blesdijke (Blesdike) ...11 E4
Bleskensgraaf ...30 C3
Blesse (De) ...11 E4
Blessum ...4 B4
Blijdenstein ...17 F1
Blije (Blija) ...4 C2
Blitterswijck ...43 E2
Bloemendaal
(Gelderland) ...26 A4
Bloemendaal
(Noord-Holland) ...21 D1
Bloemendaal aan Zee ...21 C1
Blokzijl ...17 D1
Bobeldijk ...15 D2
Bocholtz ...63 D2

Bocholtzerheide ...63 D2
Bodegraven ...21 E4
Boekel (Noord-Brabant) ...42 B1
Boekel (Noord-Holland) ...14 B3
Boekelo ...27 D2
Boekend ...43 E4
Boekestein ...23 D2
Boeket ...51 E1
Boelenslaan
(Boelensloane) ...5 E4
Boer ...4 F4
Boer (De) ...42 C1
Boer (Ten) ...6 C3
Boerakker ...5 F4
Boerdonk ...42 B2
Boerenhol ...36 C4
Boerhaar ...25 F1
Boijl ...11 F3
Bokhoven ...31 F4
Boksheide ...41 E4
Boksum ...4 B4
Bolnes ...30 A2
Bolsward (Boalsert) ...10 A1
Bommel (Den) ...29 E4
Bong ...43 E4
Bonnerveen ...13 D2
Bontebok ...11 E2
Bontebrug ...34 B3
Boomkamp ...26 B4
Boompjesdijk ...38 C1
Boornbergum
(Boarnburgum) ...11 E1
Boornzwaag
(Boarnsweach) ...10 C2
Borculo ...26 B3
Borger ...13 D3
Borgercompagnie ...7 D4
Borgharen ...62 B1
Borgsweer ...7 E2
Borkel ...50 C1
Born ...51 E4
Borne ...27 D1
Bornerbroek ...26 C1
Bornwird ...5 D2
Borssele ...37 E4
Borteldonk ...39 D3
Bosbad Hoeven ...39 E2
Bosch (Het) ...41 E4

Bosch en Duin ...23 E4
Boschheurne ...26 B4
Boschplaat (De) ...3 E2
Boschweg ...41 F2
Boshoek ...25 E1
Boshoven (Limburg) ...51 D1
Boshoven
(Noord-Brabant) ...40 C3
Boskamp ...25 F1
Boskant ...41 F2
Boskoop ...30 B1
Bosschenhoofd ...39 E2
Boswijk ...31 F1
Botlek ...29 E3
Botlektunnel ...29 E3
Botshoofd ...38 C2
Boudewijnskerke ...36 C4
Boukoul ...53 E2
Bourtange ...13 F1
Bouvigne ...39 F2
Boven-Haastrecht ...30 C1
Boven-Hardinxveld ...30 C3
Boven-Leeuwen ...32 B2
Boven Pekela ...7 E1
Bovenboer ...17 F1
Boveneind ...32 B3
Bovenkarspel ...15 E1
Bovenkerk
(Noord-Holland) ...21 F2
Bovenkerk (Zuid-Holland) ...30 C2
Bovensluis ...39 D1
Bovensmilde ...12 B2
Boxmeer ...43 D1
Boxtel ...41 E2
Bozum (Boazum) ...10 B1
Braakman ...46 C2
Braam (Den) ...27 E3
Braamt ...34 A3
Braassemermeer ...21 D3
Brabantse Biesbosch ...30 C4
Brakel ...31 E3
Bramel (Den) ...26 A3
Brammelo ...26 C3
Brandwijk ...30 C2
Brantgum ...5 D2
Breda ...40 B2
Brederode ...21 D1
Bredevoort ...34 C2

ARNHEM

Apeldoornsestr. ...DY 3
Boulevard
Heuvelink ...DZ 8
Bouriciusstr. ...CY 9
Eusebiusbinnensingel ...DZ 16
Ir. J. P.
Muylwijkstr. ...DZ 25
Jansbinnensingel ...CZ 28
Janspl. ...CZ 30
Jansstr. ...CZ 31
Ketelstr. ...CDZ 34
Looierstr. ...DZ 39
Oranjewachtstr. ...DZ 48
Rijnstr. ...CZ
Roggestr. ...DZ 55
Velperbinnensingel ...DZ 60
Velperbuitensingel ...DZ 61
Vijzelstr. ...CZ 63
Walburgstr. ...DZ 66

ASSEN

Brinkstr. ...Y 3
Burg. Jollesstr. ...Z 4
Ceresstr. ...Y 5
Collardslaan ...YZ 6
Gedemptesingel ...Y 13
Havenkade ...Y 18
Julianastr. ...Y 22
Kloekhorststr. ...Y 23
Kloosterstr. ...YZ 24
Koopmanspl. ...Y 25
Kruisstr. ...Y 27
Marktstr. ...Y 30
Minervalaan ...Y 31
Neptunuspl. ...Y 32
Nieuwe Huizen ...Y 33
Noordersingel ...Y 34
Oudestr. ...Y 36
Oude Molenstr. ...Y 37
Parkstr. ...Z 39
Prinses Beatrixlaan ...Z 40
Singelpassage ...Y 43
Torenlaan ...YZ 48
van de Feltzpark ...Z 12
Zuidersingel ...Z 57

BERGEN OP ZOOM

Antwerpsestraatweg	BZ	3
Arn. Asselbergsstr.	BY	4
Auvergnestr.	AZ	6
Blauwehandstr.	BY	7
Boutershemstr.	AZ	8
Burg. Stulemeijerlaan	AY	9
Burg. van Hasseltstr.	BZ	10
De Boulevard Noord	AZ	12
Fortuinstr.	AY	13
Glymesstr.	AZ	14
Grote Markt	AY	15
Halsterseweg	AY	16
Kerkstr.	BZ	20
Kloosterstr.	BZ	22
Kortemeestr.	AY	23
Kremerstr.	AY	24
Lange Parkstr.	AY	25
Lieve Vrouwestr.	AY	26
Minderbroedersstr.	ABY	28
Rooseveltlaan	BZ	39
St-Josephstr.	BYZ	34
Stationsstr.	BY	36
Steenbergsestr.	AY	37
van der Rijtstr.	BY	32
van Overstratenlaan	AY	30
Wouwsestraatweg	AY	41
Zuivelstr.	BY	43

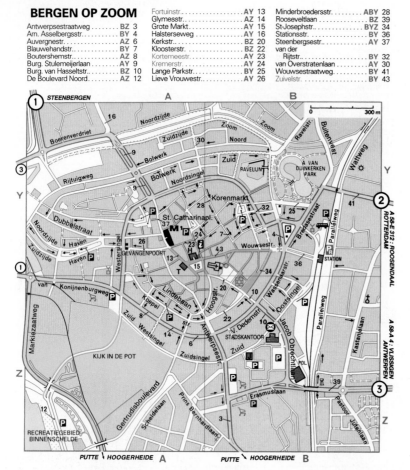

Bredeweg	33	E4
Breedenbroek	34	B3
Breehees	40	C3
Breemortel	42	C3
Breezand (Noord-Holland)	8	B3
Breezand (Zeeland)	37	D2
Breezanddijk	9	E2
Breklenkamp	19	E4
Bremberg	39	F2
Bremerbergstrand	16	C4
Breskens	36	C4
Breugel	42	A2
Breukelen	22	C3
Breukeleveen	23	D3
Brielle	29	D2
Brienenoordbrug (Van)	29	F2
Brigdamme	37	D3
Brijdorpe	28	B4
Briltil	6	A3
Brinkheurne	35	D2
Brinkmanshoek	26	B4
Britsum	4	C3
Britswert	10	B1
Broek (Groningen)	6	A1
Broek (Noord-Brabant)	42	A2
Broek (Zuid-Holland)	31	D2
Broek (Het)	34	A2
Broek in Waterland	15	D4
Broek op Langedijk	14	B2
Broekenseind	41	F4
Broekhoven	41	F4
Broekhuizen (Limburg)	43	F3
Broekhuizen (Utrecht)	32	A1
Broekhuizenvorst	43	F2
Broekland	25	F1
Broeksittard	51	F4
Broeksterwoude (Broeksterwâld)	5	D3
Broekzijde	41	D2
Bronckhorst	25	F4
Bronkhorst	25	F4
Bronneger	13	D2
Bronsbergen	25	F4
Brouwersdam	28	A4
Brouwershaven	28	B4
Brouwershavense Gat	28	A4
Brouwhuis	42	B3
Bruchem	31	F3
Brucht	18	C3
Bruchterveld	18	C3
Bruggen	33	D4
Bruil	26	B4
Bruinisse	28	B1
Bruisterbosch	62	C2
Brummen	25	F4
Brunssum	63	D1
Brunsting	12	B3
Bruntinge	12	B3
Buchten	51	E3
Budel	51	D1
Budel-Dorplein	51	D1

Budel-Schoot	51	D1
Buggenum	51	F1
Buiksloot	21	F1
Buinen	13	D2
Buinerveen	13	D2
Buitenkaag	21	D3
Buitenpost (Bûtenpost)	5	E3
Buitenveldert	21	F2
Bult (De)	11	E4
Bunde	62	B1
Bunne	6	B4
Bunnik	23	E4
Bunschoten	23	F2
Burdaard (Birdaard)	4	C3
Buren	31	F2
Buren (Bueren) (Fryslân)	4	C1
Burg (Den)	8	B2
Burgerbrug	14	B2
Burgermeester Beinsdorp	13	F3
Burgerveen	21	E3
Burgervlotbrug	14	B2
Burgh	37	E1
Burgh-Haamstede	37	E1
Burghsluis	37	E1
Burgum (Bergum)	5	D4
Burgwerd (Burchwert)	10	A1
Burum (Boerum)	5	F3
Bussereind	53	E1
Bussloo	25	F3
Bussum	23	D2
Buttinge	37	D3
Buurmalsen	31	F2
Buurse	27	E3
Buurserzand	27	D4

C

Cabauw	30	C2
Cadier en Keer	62	B2
Cadzand	36	B4
Cadzand-Bad	36	B4
Calfven	38	C4
Callantsoog	8	B4
Caluna	51	F1
Camperduin	14	A1
Cannenburgh	25	E2
Capelle	40	C2
Capelle aan den IJssel	30	A2
Capelle-West	30	A2
Carnisse	29	F3
Cartils	62	C3
Castenray	43	E3
Casteren	41	E4
Castricum	14	B3
Castricum aan Zee	14	A3
Catrijp	14	B1
Catsop	62	B1
Centrum	39	D3
Chaam	40	B3

Chaamdijk	40	B3
Chaamse Bossen	40	B2
Cillaarshoek	30	A4
Clinge	47	E1
Cocksdorp (De)	2	A4
Coendersborg	6	B4
Coentunnel	21	F1
Coevorden	19	D1

Coldenhove	25	E4
Colijnsplaat	37	E2
Collendoorn	18	C2
Colmont	62	C2
Colmschate	25	F2
Corle	34	C2
Cornjum	4	C3
Cornwerd	9	F1

Corpus den Hoorn	6	B4
Cothen	31	F1
Craailo	23	E2
Crapoel	62	C2
Craubeek	62	C1
Creil	16	B1
Cromvoirt	41	E1
Croy	42	B2
Cruquius (Museum)	21	D2
Cuijk	33	D4
Culemborg	31	F2

D

Daarle	18	B4
Daarlerveen	18	C4
Dale	34	C2
Dalem	41	E4
Dalen	18	D1
Dalerpeel	18	B1
Dalerveen	19	D1
Delfsen	17	F3
Damwoude (Damwâld)	5	D3
Darp	11	F4
Darthuizen	32	A1
Dassemus	40	B3
Dearsum	10	B1
Dedemsvaart	18	B2
Dedgum	10	A2
Deelen	25	D4
Deest	32	C2
Deil	31	F2
Deinum	4	B4
Delden (Gelderland)	26	A4
Delden (Overijssel)	27	D2
Delerwoud	25	D4
Delfgauw	29	E1
Delfstrahuizen (Dolsterhuzen)	10	C3
Delft	29	E1
Delftse Hout	29	E1
Delftse Schie	29	F2
Delfzijl	7	D2
Delwijnen	31	E4
Demen	32	C3
Demmerik	22	C3
Denekamp	19	F4
Deurne	42	C3
Deurningen	27	E1
Deursen-Dennenburg	32	C3
Deurze	12	C2
Deventer	25	F2
Dever	21	D3
Dichteren	34	A2
Dickninge	17	F1
Didam	33	F2
Diefdijk	31	E2

Diemen	22	C1
Diepenheim	26	C3
Diepenveen	25	F2
Dieren	25	F4
Diessen	41	D3
Dieteren	51	F3
Diever	12	A3
Dieverbrug	12	A3
Diffelen	18	B3
Dijken	10	B3
Dijkerhoek	26	A2
Dijkerstraat	51	E1
Dijkhuizen	17	F1
Dintel	39	D2
Dinteloord	39	D1
Dintelsas	39	D1
Dinthersehoek	42	A1
Dinxperlo	34	B3
Diphoorn	13	D4
Dirkshorn	14	B1
Dirksland	28	C4
Dishoek	36	C3
Distelberg	41	D1
Dodewaard	32	C2
Doenrade	51	F4
Doesburg	33	F1
Doesburgerbuurt	24	B4
Doetinchem	34	A2
Doeveren	31	E4
Doezum	5	F4
Dokkum	5	D2
Dokkumer Ee	5	D3
Dokkumer Nieuwe Zijlen	5	D2
Dolder (Den)	23	E4
Doldersum	11	F3
Dollard	7	F3
Dolphia	27	E2
Domburg	36	C2
Domme Aanleg	34	C2
Dommel	50	C1
Dommelen	41	F4
Domwier	4	C4
Donderen	12	B1
Dongen	40	C1
Dongjum (Doanjum)	3	F4
Doniaga	10	C3
Donk	41	E3
Donk (De)	30	C2
Donkerbroek	11	F2
Doodstil	6	C1
Doonheide	42	B2
Doorn	31	F1
Doornenburg	33	E2
Doornspijk	16	C4
Doorwerth	33	D1
Dordrecht	30	B3
Dordtse Kil	30	A4
Dorkwerd	6	B3
Dorst	40	B2

BREDA

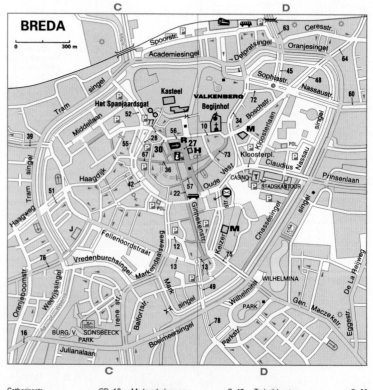

Catharinastr.	CD	10
Concordiastr.	C	12
Dr Struyckenstr.	C	16
Eindstraat	C	22
Ginnekenstr.	CD	
Grote Markt	C	27
Haven	C	28
Havermarkt	C	30
J. F. Kennedylaan	C	34
Lange Brugstr.	C	36
Lunetstr.	C	39
Markendaalseweg	C	42
Mauritsstr.	D	45
Nieuwe Boschstr.	D	48
Nieuwe Ginnekenstr.	C	49
Nieuwe Haagdijk	C	51
Nieuwe Prinsenkade	C	52
Prinsenkade	C	55
Reigerstr.	C	56
Ridderstr.	C	57
Sint-Ignatiusstr.	D	60
Terheijdenstr.	D	63
Teteringenstr.	D	64
Tolbrugstr.	C	67
Valkenstr.	D	72
van Coothpl.	CD	13
Veemarktstr.	D	73
Vierwindenstr.	D	75
Vincent van Goghstr.	C	76
Vismarktstr.	C	77
Wilhelminastr.	D	78

Dorth 26 A2
Dortherhoek 26 A2
Douvergenhout 51 F4
Draaibrug 46 A1
Draaisterhuizen
 (Draeisterhuzen) 10 B2
Drachten 11 E1
Drachstercompagnie
 (Drachster Kompenije)....5 E4
Drechttunnel 30 B3
Dreischor 37 F1
Drempt 33 F1
Dreumel 32 A3
Drie Hoefijzers 47 E2
Driebergen-Rijsenburg 31 F1
Drieborg 7 F3
Driebruggen 30 C1
Driedorp 24 B3
Driehoek (Moerdijk) 39 D1
Driehoek (Zundert) 39 E3
Driehuis 14 A4
Driehuizen
 (Noord-Brabant) 42 A1
Driehuizen
 (Noord-Holland) 14 C3
Driel 33 D1
Drielandenpunt 63 E3
Driene 27 C2
Drieschouwen 47 D2
Driesprong 24 C4
Driesprong (De) 11 E3
Driesum (Driezum) 5 D3
Driewegen (Borssele)......37 E4
Driewegen (Terneuzen) 46 B1
Drijber 12 B4
Drimmelen 30 C4
Drogeham (Droegeham).....5 E4
Drogt 18 A2
Drogteropslagen 18 B2
Drongelen 31 E4
Dronrijp (Dronryp) 3 F4
Dronten 16 C3
Drontermeer 17 D4
Drouwen 13 D2
Drouwenerveen 13 D2
Drouwenerzand 12 C3
Drumpt 32 A2
Drunen 41 D1
Druten 32 B2
Dubbeldam 30 B4

Duifhuis 42 B1
Duinbeek 36 C2
Duinen 24 C1
Duinhof 28 B3
Duinrell 20 C4
Duiven 33 E2
Duivendrecht 22 C2
Duivenvoorde 20 C4
Duizel 41 E4
Dukenburg 33 D3
Dungen (Den) 41 E1
Dunsborg 26 A4
Durgerdam 22 C1
Dussen 31 D4
Dwarsdijk 31 F1
Dwarsgracht 17 E1
Dwingelderveld
 (Nationaal Park) 18 A1
Dwingeloo 12 A4

E

Eagum 10 C1
Earnewâld (Eernewoude) 5 D4
Eastermar (Oostermeer) 5 E4
Ebbenbroek 18 C3
Echt-Susteren 51 F3
Echteld 32 B2
Echten 18 A1
Echten (Ychten) 10 C3
Echtenerbrug
 (Ychtenbrêge) 10 C3
Echterbosch 53 E3
Eck en Wiel 32 A1
Eckelrade 62 B2
Eco Mare
 (Natuurrecreatiecentrum) .8 B1
Edam 15 D4
Ede 32 C1
Ederveen 24 B4
Ee 5 E2
Ee (Ie) 5 E2
Eede 46 A2
Eefde 25 C3
Eefsele 26 C4
Eekt 17 D4
Eelde 6 B4
Eelderwolde 6 B4

DELFT

Delftgauwseweg .... BV 9
Delftsestraatweg .... BV 10
Hof van Delftlaan .... AV 16
Hoornseweg .... AV 18
Krakeelpolderweg .... BV 24
Martinus
 Nijhofflaan .... BV 28
Nassaulaan .... BV 30
Papsouwselaan .... BV 42
Ruys
 de Beerenbrouckstr. ...... AV 43
Voorhofdreef .... BV 52
Westplantsoen............ AV 57

DELFT

Brabantse Turfmarkt .... DZ 3
Breestr. .... CZ 4
Camaretten .... CY 6
Choorstr. .... CY 7
Engelsestr. .... CZ 12
Havenstr. .... CZ 13
Hippolytusbuurt .... CY 15
Jacob Gerritstr. .... CYZ 19
Koornmarkt .... CZ 22
Lange Geer .... CDZ 25
Markt .... CY 27
Nassaulaan .... DZ 30
Nieuwe Langendijk .... DY 33
Nieuwstr. .... CY 34
Noordeinde .... CY 36
Oostpoortweg .... DZ 37
Oude Kerkstr. .... CY 39
Oude Langendijk .... CYZ 40
Schoemakerstr. .... DZ 45
Schoolstr. .... CY 46
Sint-Agathapl. .... CY 48
Sint-Jorisweg .... DY 49
Stalpaert
 v. d. Wieleweg .... DY 50
Voldersgracht .... CY 51
Voorstr. .... CY 54
Westlandseweg .... CZ 55
Wijnhaven .... CYZ 58

Eembrugge 23 E3
Eemdijk 23 E2
Eemmeer 23 E2
Eemnes 23 E2
Eems 7 E2
Eemshaven 7 D1
Eemskanaal 6 C3
Eemster 12 A3
Eemstrand 23 F2
Een 12 A1
Een-West 12 A1
Eeneind 42 A3
Eenigenburg 14 B1
Eenrum 6 A2
Eenum 6 C2
Eerbeek 25 C4
Eerde 41 F1
Eersel 41 E4
Eerste 13 E2
Eerste Dwarsdiep 13 D2
Ees 13 D3
Eese 11 E4
Eesergroen 13 D3
Eeserveen 13 D3
Eesterga 10 C3
Eesveen 11 E4
Eethen 31 E4
Eext 12 C1
Eexterveen 13 D1
Eexterveenschekanaal ...13 D1
Eexterzandvoort 13 D1
Effen 39 F2
Efteling (De) 41 D2
Egchel 43 D4
Egchelheide 51 F1
Egede 18 B4
Egmond aan den Hoef ...14 A2
Egmond aan Zee 14 A2
Egmond-Binnen 14 A2
Eibergen 26 C4
Eibernest (Het) 26 C4
Eijerlandse Duinen (De) 2 A4
Eijs 62 C2
Eijsden 62 B2
Eikelenbosch (Limburg) 43 D3
Eikelenbosch
 (Noord-Brabant) 40 B3
Eikelhof 25 F1
Eiland 51 F2
Eiland ('t) 46 A1
Eiland van Maurik 32 A2
Eind 51 E1
Eindewege 37 E3
Eindhoven 42 A1
Einighausen 51 F4
Eijs 62 C2
Ekamp 7 E4
Ekehaar 12 B1
Elahuizen (Ealahuzen) ...10 A3
Elburg 17 D4
Elden 33 D2
Eldijk 32 B2
Elim 18 C1
Elkenrade 62 C2
Elkerzade 28 B4
Ell 51 E2

Ellecom 33 F1
Ellemeet 28 A4
Ellerhuizen 6 B3
Ellerstrand 16 C4
Ellertsveld 12 C3
Ellewoutsdijk 37 E4
Elp 12 C3
Elsen 26 B2
Elsendorp 42 C2
Elshof 25 F1
Elshout 31 E4
Elsloo (Elslo) 62 B1
Elsloo (Elslo) 11 F3
Elspeet 24 C2
Elst (Gelderland) 33 D2
Elst (Utrecht) 32 B1
Emmadorp 47 F1
Emmeloord 16 C1
Emmen (Drenthe) 13 E4
Emmen (Overijssel) ...17 F3
Emmer-Compascuum ...13 E4
Emmer-Erfscheidenveen ..13 E4
Emmerhout 13 E4
Emmermeer 13 D4
Emminkhuizen 24 B4
Empe 25 F3
Empel 31 F4
Emst 25 E1
Engbertsdijksvenen ...18 C4
Engel (De) 21 D3
Engelbert 6 C3
Engelen 31 F4
Engelenburg 25 F4
Engelsmanplaat 5 D1
Engelum 4 B4
Enghuizen 34 A2
Engwierum (Ingwierrum) ...5 E2
Enkhuizen 15 F1
Ennemaborgh 7 E4
Enschede 27 E2
Ens 16 C2
Enspijk 31 F2
Enter 26 C1
Enumatil 6 A3
Epe 25 E1
Epen 62 C2
Eperheide 62 C2
Eppenhuizen 6 C2
Epse 25 F2
Erica 19 E1
Erichem 32 A2
Erlecom 33 E3
Erm 13 D4
Ermelo 25 D4
Ermerzand 13 D4
Erp 42 B1
Erve Kots 34 C2
Esbeek 41 D3
Esch 41 E1
Escharen 32 C4
Esdonk 42 B2
Espel 16 B1
Essen 24 C1
Essenburgh 24 C1
Est 31 F3

DELFT map and index.

DEVENTER

Amstellaan . . . . X 3
Brinkgreverweg . . . . W 13
Deensestr. . . . . X 18
Europapl. . . . . W 21
Henri Dunantlaan . . . . W 30

Herman Boerhaavelaan . . . . . . W 31
Joh. van Vlotenlaan . . . . W 37
Karel de Grotelaan . . . . W 38
Lebuinuslaan . . . . W 48
Margijnenenk . . . . W 51
Mr H. F. de Boerlaan . . . . X 54
Oosterwechelseweg . . . . W 60

Snipperlingsdijk . . . . X 66
van
  Lithstr. . . . . W 50
van Oldenielstr. . . . . W 58
Zamenhofpl. . . . . W 76
Zutphenselaan . . . . X 79
Zutphenseweg . . . . X 81

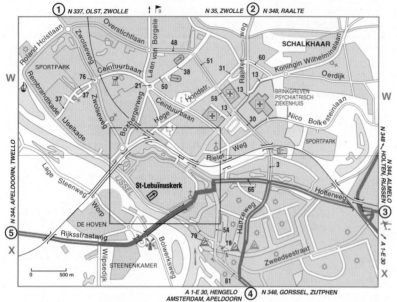

Etersheim	15	D3
Etsberg	53	E2
Etten	34	A3
Etten-Leur	39	F2
Euromast	29	F2
Europoort	28	C2
Eurostrand	41	F4
Eursinge (Havelte)	11	D1
Eursinge (Ruinen)	12	A4
Eursinge (Westerbork)	12	C4
Everdingen	31	E2
Eversdijk	37	F3
Evertsoord	43	F3
Evoluon	41	F3
Ewijk	32	C2
Exel	26	B3
Exloërkijl	13	E2
Exloërmond	13	E2
Exloo	13	D3
Exloo (Boswachterij)	13	D3
Exmorra (Eksmoarre)	10	A1
Eygelshoven	63	D1
Ezinge	6	A2
Ezumazijl	5	E2

F

Faan	6	A3
Farebuorren (Vaardeburen)	4	C2
Farmsum	7	D2
Feanwâldsterwâl (Veenwoudsterwal)	5	D3
Feerwerd	6	A2
Felland	6	C4
Ferwert (Ferwerd)	4	C2
Ferwoude (Ferwâlde)	10	A2
Fijnaart	39	D1
Finkeburen	10	C3
Finkum	4	C3
Finsterwolde	7	E3
Firdgum	3	F3
Flaasbloem (De)	40	B4
Fleringen	19	D4
Flieren	33	E2
Fluessen	10	B3
Fluitenberg	18	B1
Fochteloo	12	A2
Fogelsanghstate	5	E3
Follega	10	C3
Folsgare (Folsgeare)	10	B2
Formerum	3	D2
Fort	18	A2
Fortmond	25	E1
Foudgum	5	D2
Foxel	13	E4
Foxhol	6	C4
Fraeylemaborg	7	D3
Franeker (Frjentsjer)	3	F4
Frankrijk	24	B1
Franse Hoef	41	D4
Fraterwaard	25	E4
Frederika polder	38	B4
Frederiksoord	11	F4
Friens	10	C1
Frieschepalen (Fryske Peallen)	11	F1
Frieswijk	25	F2
Froombosch	6	C4

G

Gaag	29	E2
Gaanderen	34	A2
Gaarkeuken	5	F3
Gaast	9	F2
Gaastmeer (De Gaastmar)	10	A2
Gaete	39	F1
Galder	40	A3
Galgenberg	25	D4
Gameren	31	F3
Ganzedijk	7	E3
Ganzert	32	A1
Gapinge	37	D2
Garderen	24	C2
Garmerwolde	6	C3
Garminge	12	C4
Garnwerd	6	A2
Garrelsweer	6	C2
Garsthuizen	6	C2
Garyp (Garijp)	5	D3
Gassel	33	D4
Gasselte	13	D2
Gasselterboerveen	13	D2
Gasselternijveen	13	D2
Gasselternijveenschemond	13	E2
Gastel	50	C1
Gasteren	12	C1
Gasthuis	62	B2
Gauw	10	B1
Gawege	38	B4
Gebroek	51	F3
Geerdijk	18	C3

Geerestein	23	F4
Geersbroek	40	B2
Geersdijk	37	F2
Geerstraat (Gelderland)	25	E2
Geerstraat (Noord-Brabant)	39	E2
Geertruidenberg	30	C4
Geervliet	29	E3
Gees	12	C4
Gees (Boswachterij)	12	B4
Geesbrug	18	C1
Geesteren (Gelderland)	26	B3
Geesteren (Overijssel)	19	D4
Geeuwenbrug	12	A3
Geffen	32	C2
Geldermalsen	31	F2
Gelders-End	27	D3
Gelderse Buurt	8	B4
Gelderswoude	21	D4
Geldrop	42	A3
Geleen	51	F4
Gelkenes	30	C2
Gellicum	31	E3
Gelselaar	26	B3
Gemert	42	B2
Gemonde	41	E1
Genderen	31	E4
Gendringen	34	B3
Gendt	33	E2
Genemuiden	17	D2
Genne	17	E3
Gennep	33	E4
Gerkesklooster (Gerkeskleaster)	5	F3
Godlinze	7	D2

Gersloot	11	D2
Gerstslag ('t)	34	B3
Gerwen	42	A3
Gestel	41	F3
Geul (De)	8	B2
Geulle	62	B1
Geuzenveld	21	F1
Gevangentoren	37	D4
Geverik	62	B1
Gewande	32	A4
Geysteren	43	E2
Giersbergen	41	D1
Giesbeek	33	E1
Giessen	31	D3
Giessen-Oudekerk	30	C3
Giessenburg	30	C3
Gietelo	25	F3
Gieten	13	D2
Gieten (Boswachterij)	12	C3
Gieterveen	13	D1
Giethoorn	17	E1
Gijbeland	30	C3
Gijsselte	18	A1
Gilze	40	C2
Ginderdoor	42	B2
Ginkelduin	32	A1
Ginneken	40	B2
Ginnum	4	C2
Glane	27	F2
Glanerbrug	27	F2
Glimmen	6	B4
Glind (De)	24	B4
Glip (De)	21	D2
Godlinze	7	D2

Goedereede	28	C3
Goënga	10	B1
Goëngahuizen	11	D1
Goes	37	F3
Goesse Sas	37	F2
Goidschalxoord	29	D3
Goingarijp	10	C2
Goirle	40	C2
Gooi	26	A4
Gooi ('t)	23	E2
Gooimeer	23	E2
Goor	26	C2
Goorn (De)	14	C2
Goorzicht	34	C3
Gorinchem	31	D3
Gorishoek	38	B3
Gorp	41	D3
Gorp en Rovert (Landgoed)	41	D4
Gorpeind	40	B4
Gorredijk (De Gordyk)	11	D2
Gors (De)	15	D4
Gorssel	25	F3
Gortel	25	D2
Gortelse Bos	25	D2
Gouda	30	B1
Gouden Ham (De)	32	B2
Gouderak	30	B1
Goudriaan	30	C2
Goudse Hout	21	E4
Goudswaard	29	E4
Goudvis (De)	8	B4
Goutum	4	C3
Gouwe	15	D1
Gouwsluis	21	E4
Goy ('t)	31	E1
Graaf	31	D1
Graauw	47	E1
Graetheide	51	E4
Grafhorst	17	D3
Graft	14	C3
Gramsbergen	18	C2
Grashoek	43	D4
Graszode	37	E3
Grathem	51	F2
Grauwe Kat	10	A1
Grave	32	C4
Graveland ('s-)	23	D3
Gravendeel ('s-)	30	B4
Gravenmoer ('s-)	40	C1
Gravenpolder ('s-)	37	F3
Gravenweg ('s-)	30	A2
Gravenzande ('s-)	29	D1
Greffeling	32	A3
Greffelkamp	33	F1
Greonterp	10	A2
Greup (Klaaswaal)	29	F4
Greup (Oud-Beijerland)	29	F3
Grevelingendam	28	C4
Grevelingenmeer	28	C4
Grevenbicht	51	E3
Griendtsveen	43	D3
Griete	47	D1
Grijpskerk	5	F3
Grijpskerke	36	C3
Grijssloot	6	A2
Groe (De)	37	F3
Groede	36	C4
Groene Heuvels(De)	32	C2
Groene Woud	41	E3
Groenekan	23	D3
Groenendijk (Zeeland)	38	A4
Groenendijk (Zuid-Holland)	21	D4

Groeneveld	23	E3
Groeneweg	30	A1
Groningen	43	D1
Groenlanden	33	D2
Groenlo	26	C4
Groenstraat	43	D3
Groenveld	14	B1
Groesbeek	33	E3
Groessen	33	E2
Groet	14	A1
Groeve (De)	6	C4
Grolloo	12	C2
Grolloo (Boswachterij)	12	B3
Groningen	6	C3
Gronsveld	62	D1
Groot-Abeele	37	D4
Groot Agelo	19	E4
Groot Ammers	30	C2
Groot-Bedaf	40	C3
Groot Dochteren	26	A3
Groot Genhout	62	C1
Groot-IJsselmonde	29	F2
Groot Maarslag	6	A2
Groot Speyck	41	E2
Groot-Valkenisse	36	C3
Groot Welsden	62	C2
Groote Keeten	8	B4
Groote Peel (Nationaal Park De)	42	C3
Grootebroek	15	E1
Grootegast	5	F4
Grootschermer	14	C3
Grosthuizen	15	D2
Grote Gaastmeer	10	B3
Grote Koolwijk	32	B4
Grote Peel	43	D2
Grote Veld (Het)	26	A3
Grote Voort	41	D3
Grote Weide	40	B4
Grote Wiske	18	A3
Grou (Grouw)	10	C1
Grubbenvorst	43	F3
Gulpen	62	C2
Gunterstein	22	C3
Guttecoven	51	E4
Gytsjerk (Giekerk)	4	C3

H

Haaften	31	F3
Haag	43	D2
Haag (Den) = 's-Gravenhage	20	B4
Haaksbergen	27	D3
Haal (De)	14	C4
Haalderen	33	E2
Haalweide	18	A1
Haamstede	37	E1
Haantje ('t) (Drenthe)	13	D4
Haantje ('t) (Noord-Brabant)	39	D2
Haar (De) (Gelderland)	35	D2
Haar (De) (Groningen)	5	F4
Haar (Kasteel De)	21	F4
Haaren	41	E1
Haarle	26	A1
Haarlem	21	D1
Haarlemmerliede	21	E1
Haarlemmermeerpolder	21	D3
Haarlerberg	18	B4
Haarlo	26	C3
Haarsteeg	31	F4

DEVENTER

Bagijnenstr. . . . . Y 4
Bergkerkpl. . . . . Z 6
Bergstr. . . . . Z 7
Binnensingel . . . . Z 8
Bokkingshang . . . . Z 10
Brink . . . . Y
Brinkpoortstr. . . . . Y 15
Broederenstr. . . . . Y 16
Bursepl. . . . . Z 17
Engestr. . . . . Z
Gedempte Gracht . . . . Y 22
Golstr. . . . . Z 23
Graven . . . . Z 24
Grote Kerkhof . . . . Z 25
Grote Overstr. . . . . Z 27
Grote Poot . . . . Z 28
Hofstr. . . . . Z
Hoge Hondstr. . . . . Y 34
Industrieweg . . . . Y 36
Kapjeswelle . . . . Y 39
Kleine Overstr. . . . . Z 40
Kleine Poot . . . . Z 42
Korte Bisschopsstr. . . . . . Z 45
Lange Bisschopsstr. . . . . . Z 46
Leeuwenbrug . . . . Y 49
Menstr. . . . . Z 52
Nieuwstr. . . . . YZ
Noordenbergstr. . . . . Y 57
Ossenweerdstr. . . . . Y 61
Pontsteeg . . . . Z 63
Roggestr. . . . . Z 64
Sijzenbaanpl. . . . . Y 65
Snipperlingsdijk . . . . Z 66
Spijkerboorsteeg . . . . Z 67
Stromarkt . . . . Z 69
T. G. Gibsonstr. . . . . Y 71
van Twickelostr. . . . . Y 72
Verzetslaan . . . . Y 75
Walstr. . . . . Z
Zandpoort . . . . Z 78

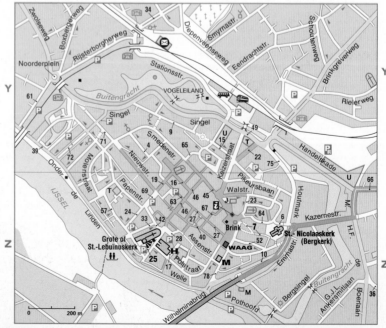

DORDRECHT

Brouwersdijk . . . . AZ 10
Burgemeester Jaslaan . . . . BZ 12
Dubbelsteynlaan . . . . BZ 15
Jan Vethkade. . . . . AZ 24
Kapteynweg . . . . BZ 27
Kotterstr. AZ 28
Krispijnseweg . . . . AZ 30
Laan der Verenigde Naties. . . . . . AZ 31
Maarten Harpertszoon Trompweg . AZ 33
Overkampweg . . . . BZ 37
Pieter Zeemanstr. . . . . AY 40
Rechte Zandweg . . . . BZ 43
Reeweg Oost . . . . BY 45
Stevensweg . . . . BZ 54
S. M. Hugo van Gijnweg . . . . AZ 49
Viottakade. . . . . AZ 57
Weeskinderendijk Beneden. . . . . . AY 58

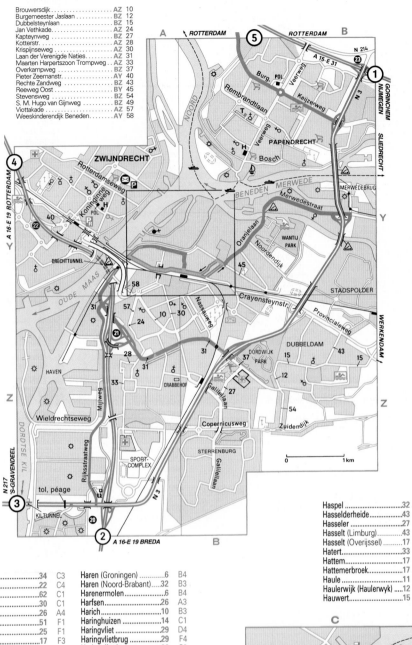

Have (Ten)	11	F3	Heide	51	F1
Havelte	11	F4	Heide (Susteren)	51	F3
Havelterberg	11	F4	Heide (Venray)	43	D2
Havenbuurt	15	E4	Heidenhoek	34	A2
Havenhoofd	28	C3	Heidenskip (It)	10	A3
Havixhorst	17	F1	Heidveld	42	C3
Hazelaar	39	D2	Heijen	43	D1
Hazerswoude-Dorp	21	D4	Heijenrath	62	C2
Hazerswoude-Rijndijk	21	D4	Heijningen	39	D1
Hedel	31	E4	Heijplaat	29	F2
Hedenesse	36	C4	Heikant (Noord-Brabant)	40	C3
Hedikhuizen	31	E4	Heikant (Zeeland)	47	E1
Hee	3	E4	Heilig Land Stichting	33	D3
Heechsân (It)	5	E4	Heiligerlee	7	E4
Heeg (Heech)	10	B2	Heille	45	F1
Heel	51	F2	Heiloo	14	B3
Heelsum	32	C1	Heimolen	38	C3
Heelweg-Oost	34	B2	Heinenoord	29	F3
Heelweg-West	34	B2	Heinenoordtunnel	29	F3
Heemse	18	C2	Heinkenszand	37	E3
Heemserveen	18	B2	Heino	17	F4
Heemskerk	14	B4	Heitrak	43	D4
Heemstede			Hekelingen	29	E3
(Noord-Holland)	21	D1	Hekendorp	30	C1
Heemstede (Utrecht)	31	E1	Heksenberg	63	D1
Heen (De)	38	C2	Helden	43	E4
Heensche Molen	38	C2	Helder (Den)	8	B3
Heenvliet	29	D3	Helenaveen	43	D4
Heenweg	29	D2	Helhoek	28	C2
Heer	62	B2	Helhuizen	26	A1
Heer Abtskerke ('s-)	37	F3	Helkant	39	F1
Heer Arendskerke ('s-)	37	E3	Hellegat	39	F2
Heer			Hellenburg	37	F4
Hendrikskinderen ('s-)	37	E3	Hellendoorn	18	B4
Heerde	25	E1	Hellendoornseberg	18	B4
Heerderstrand	17	D4	Hellevoetsluis	29	D3
Heerenberg ('s-)	34	A3	Hellouw	31	E3
Heerenbroek ('s-)	17	E3	Hellum	7	D3
Heerenhoek ('s-)	37	E3	Helmond	42	B3
Heerenveen			Helvoirt	41	E3
(It Hearrenfean)	11	D2	Helwijk	39	F1
Heerewaarden	32	A3	Hem	15	E2
Heerhugowaard	14	C2	Hemelrijk	42	C2
Heerjansdam	30	A3	Hemelum (Himmelum)	10	A3
Heerle	39	D3	Hemmen	32	C2
Heerlen	63	D1	Hempens	4	C4
Heerlerbaan	63	D1	Hemrik (De Himrik)	11	E2
Hees	18	A1	Hendrik-Ido-Ambacht	30	B3
Heesbeen	31	E4	Hengelo (Gelderland)	26	A4
Heesch	32	B4	Hengelo (Overijssel)	27	D2
Heescheind	39	A4	Hengeveld	26	C2
Heesselt	32	A3	Hengstdijk	47	E1
Heeswijk	41	F1	Hensbroek	14	C2
Heeswijk-Dinther	41	F1	Henschotermeer	23	F4
Heetdelle Zeesserbos			Henxel	35	D2
(De)	18	A2	Herbaijum (Hjerbeam)	3	E4
Heeten	26	A1	Herfte	17	F2
Heetveld	17	E2	Herikerberg	26	C2
Heeze	42	B4	Herinckhave	19	D4
Heezerenbosch	42	A4	Herkenbosch	53	E2
Hefswal	6	C1	Herkenrade	62	B2
Hegebeintum			Herkingen	38	D2
(Hogebeintum)	4	C2	Hernen	32	C3
Hegelsom	43	E3	Herpen	32	C4
Hei	51	D2	Herpt	31	E4
Hei-en Boeicop	31	E2	Herten	51	F2
Heibloem	51	F1	Hertme	27	D1

Haspel	32	B1
Hasselderheide	43	F3
Hasseler	27	D2
Hasselt (Limburg)	43	F3
Hasselt (Overijssel)	17	E2
Hatert	33	D3
Hattem	17	E4
Hattemerbroek	17	E4
Haule	11	F1
Haulerwijk (Haulerwyk)	12	A1
Hauwert	15	D1

Haart	34	C3
Haarzuilens	22	C4
Haasdal	62	C1
Haastrecht	30	C1
Hackfort	26	A4
Haelen	51	F1
Haere (De)	25	F1
Haerst	17	F3
Hagestein	31	E1
Haghorst	41	D3
Haiderhoes	6	B1
Haler	51	E2
Halfeind	47	E1
Halfmijl	41	E3
Halfweg (Beemster)	14	C3
Halfweg (Haarlemmerliede en Spaarnwoude)	21	E1
Hall	25	F4
Halle	34	B2
Halle-Heide	34	B2
Halle-Nijman	34	B2
Hallerdijk	34	B2
Hallum	4	C3
Halsteren	38	C2
Ham	25	E2
Ham (Den) (Groningen)	6	A3
Ham (Den) (Overijssel)	18	B4
Hambroekplas	26	C4
Hamert (De)	43	E1
Hamsterborg	6	A3
Handel	42	B2
Hank	30	C4
Hankate	18	B4
Hansweert	37	F3
Hantum	5	D2
Hantumerhoek	5	D2
Hantumhuizen (Hantumhuzen)	5	D2
Hapert	41	E4
Haps	33	D4
Harbrinkhoek	19	D4
Harculo	17	E4
Harde ('t)	17	D4
Hardenberg	18	C2
Hardenbroek	31	F1
Harderwijk	24	B1
Hardinxveld-Giessendam	30	C3

Haren (Groningen)	6	B4
Haren (Noord-Brabant)	32	B3
Harenermolen	6	B4
Harfsen	26	A3
Harich	10	B3
Haringhuizen	14	C1
Haringvliet	29	D4
Haringvlietbrug	29	F4
Haringvlietdam	28	C3
Harkema (De Harkema)	5	E4
Harkstede	6	C3
Harlingen (Harns)	3	E4
Harmelen	22	C4
Harmienehoeve	35	D2
Harpel	13	F2
Harreveld	34	B2
Harskamp	24	C3
Harskampse Zand	24	C4
Hartelkanaal	29	D2
Hartwerd	10	A1
Haskerdijken	11	D2
Haskerhorne	10	C3

DORDRECHT

Achterhakkers	CX	3
Aert de Gelderstr.	CX	4
Baginhof	DV	6
Blauwpoortspl.	CV	7
Bleijenhoek	DV	9
Dubbeldamseweg	DX	13
Groenmarkt	CV	16
Groothoofd	DV	18
Grote Kerksbuurt	CV	19
Grote Spuistr.	CV	21
Hoogstratensingel	DVX	22
Johan de Wittstr.	CX	25
Korte Engelenburgerkade	CV	26
Lange Geldersekade	DV	34
Museumstr.	DV	34
Oranjelaan	DX	36
Papetersspad	CX	39
Prinsenstr.	CV	42
Riedijk	DV	46
Scheffersspl.	CDV	48
Spuiweg	CX	
Stationsweg	DX	51
Steegoversloot	DV	52
Twintighuizen	CX	55
Visstr.	DV	57
Voorstr.	CDV	
Vriesestr.	DV	
Wilgenbos	CX	60
Wolwevershaven	CV	61

EINDHOVEN

Bilderdijklaan	BZ	3
Demer	BY	
Hermanus		
Boexstr.	BY	16
Keizersgracht	BY	25
Kerkstr.	BY	28
Kleine Berg	BY	27
Lardinoisstr.	BY	31
Mecklenburgstr.	BZ	34
P. C. Hooftlaan	BY	42
Rechtestr.	BY	45
St-Jorislaan	BZ	48
Stadhuispl.	BZ	50
Stationspl.	BZ	51
Stationsweg	BY	53
Stratumseind.	BY	54
Ten Hagestr.	BY	57
Vrijstr.	BY	
18 Septemberpl.	BY	60

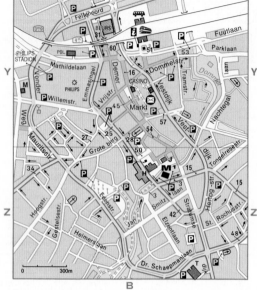

Hertogenbosch ('s-)	31	F4
Herwen	33	F2
Herwijnen	31	E3
Herxen	17	F4
Hessum	18	A3
Heteren	32	C1
Heugem	62	B2
Heukelom (Limburg)	43	E1
Heukelom (Noord-Brabant)	41	D2
Heukelum	31	E3
Heumen	33	D4
Heurne (Aalten)	34	C3
Heurne (Berkelland)	26	B4
Heurne (De) (Aalten)	34	B3
Heurne (De) (Rheden)	33	E1
Heusden (Asten)	42	C4
Heusden (Heusden)	31	E4
Heythuysen	51	F1
Hiaure	5	D2
Hichtum	10	A1
Hidaard	10	B1
Hien	32	C1
Hierden	18	B3
Hieslum	10	A2
Hijken	12	B3
Hijkersmilde	12	A2
Hijum	4	C3
Hilaard	4	B4
Hilgelo ('t)	35	D3
Hillegersberg	29	F2
Hillegom	21	D2
Hilvarenbeek	41	D3
Hilversum	23	D3
Hilversumse Meent	23	D2
Hindeloopen (Hylpen)	9	F3
Hingen	51	F3
Hinnaard	10	B1
Hintham	32	A4
Hippolytushoef	8	C3
Hitzum	3	F4
Hoedekenskerke	37	F4
Hoef (De)	21	F3
Hoek	46	C1
Hoek van Holland	29	D2
Hoekske (Het)	39	E3
Hoenderloo	25	D4
Hoenkoop	30	C1
Hoenlo	25	F1
Hoensbroek	62	C1
Hoenzadriel	31	F4
Hoeve	33	E2
Hoeve (De)	11	E3
Hoevelaken	23	F3
Hoeven	39	E2
Hoeven (In de)	43	D3
Hoevestein	39	D3
Hoge Enk	17	D4
Hoge Hexel	18	A4
Hoge Vaart	23	E1
Hoge Veluwe (Nationaal Park De)	25	D4
Hogebrug	30	C1
Hole (Ter)	47	E1
Holk	25	F2
Hollander	51	F1
Hollands Diep	30	A4
Hollandsche Rading	23	D3
Hollandscheveld	18	B1
Hollandse Biesbosch (De)	30	B4
Hollandse Brug	23	D2
Hollandse IJssel	23	D4
Holle Poarte	9	F2
Hollum	3	F1
Holset	63	D2
Holsloot	19	D1
Holst	53	E2
Holte	13	E1
Holten	26	B2
Holterberg	26	B1
Holterberg (Natuurdiorama)	26	A1
Holterhoek	27	D4
Holthe	12	B3
Holthees	43	E2
Holtheme	18	C2
Holtum	51	E3
Holwerd	4	D2
Holwierde	7	D2
Holy	29	E2
Holysloot	22	C1
Hommelheide	51	F3
Hommerts (De Hommerts)	10	B2
Homoet	33	D2
Hongerige Wolf	7	F3
Honselersdijk	29	D1
Honthem	62	B2
Hoofddorp	21	E2
Hoofdplaat	37	D4
Hoog Keppel	33	F1
Hoog Soeren	25	D3
Hoogblokland	31	D3
Hoogcasteren	41	E4
Hoogcruts	62	C2
Hooge (Ter)	37	D2
Hooge Berkt	41	E4
Hooge Mierde	41	D4
Hooge Platen	37	D4
Hooge Polder	30	C4
Hooge Vuursche (Kasteel De)	23	E3
Hooge Wegen (De)	26	A2
Hooge Zwaluwe	39	F1
Hoogeind (Noord-Brabant)	41	D3
Hoogeind (Zuid-Holland)	31	E2
Hoogeloon	41	E4
Hoogengraven	18	B3
Hoogenweg	18	C2
Hoogerheide	38	C4
Hoogersmilde	12	A3
Hoogeveen	18	B1
Hoogeveense Vaart	17	F1
Hoogezand-Sappemeer	6	C4
Hooghalen	12	B3
Hooghalen (Boswachterij)	12	B3
Hooghuis ('t)	50	A1
Hoogkarspel	15	E1
Hoogkerk	6	B3
Hoogland	23	F3
Hooglanderveen	23	F3
Hoogmade	21	D3
Hoogvliet	29	E3
Hoogwoud	14	C1
Hoonhorst	17	F4
Hoorn (Gelderland)	17	E4
Hoorn (Noord-Holland)	15	D2
Hoorn (Den) (Noord-Holland)	8	B2
Hoorn (Den) (Zuid-Holland)	29	E1
Hoorn (Hoarne)	3	D2
Hoornaar	31	D3
Hoornsterzwaag (Hoarnsterweach)	11	F2
Hoornsterzwaagcompagnie (Hoarnsterweach Kompenije)	11	E2
Horck (De)	51	F1
Horickheide	51	E1
Horn	51	F2
Horn (Den)	6	A3
Hornhuizen	6	A2
Horntje ('t)	8	B2
Horssen	32	B3
Horst (Gelderland)	24	B2
Horst (Limburg)	43	E3
Horst (De) (Drenthe)	6	B4
Horst (De) (Gelderland)	33	D4
Horst (Strand)	24	B2
Horst (Ter)	25	E4
Horstermeer	23	D2
Horsterwold	24	B2
Houdringe	23	E4
Hout	53	E1
Hout (Den)	40	B1
Hout ('t)	42	B3
Houtakker	41	D3
Houtdorp	24	C2
Houten	31	E1
Houterd	41	F1
Houtgoor	40	B3
Houthem	62	B1
Houthuizen	43	F1
Houtigehage (De Houtigehage)	5	E4
Houtribsluizen	16	A3
Houwerzijl	5	F2
Hoven	25	F3
Hoven (De)	25	F3
Hugten	42	B4
Huijbergen	39	D4
Huis ten Bosch	20	B4
Huis ter Heide	40	C1
Huisduinen	8	B3
Huisseling	32	C3
Huissen	33	E2
Huisvenner	40	B3
Huize-Padua	42	B2
Huizen	23	E2
Huizinge	6	C2
Hulhuizen	33	E2
Hulkesteinse Bos	23	F2
Hulsbeek (Het)	27	E1
Hulsberg	62	C1
Hulsel	41	D4
Hulsen	26	B1
Hulshorst	24	C1
Hulst	47	E1
Hulten	40	C2
Hummelo	34	A2
Húns	4	B4
Hunsel	51	E2
Huppel	35	D2
Hurdegaryp (Hardegarijp)	5	D2
Hurkske	42	B2
Hurwenen	31	F3
Hushoven	51	E2
Hutten (De)	42	C4
Huttenheugte	13	D4
Huygevoort	41	E3

I

Idaerd (Idaard)	10	C1
Idink	34	B3
Idsegahuizum (Skuzum)	9	F2
Idserdaburen	10	A2
Idskenhuizen (Jiskenhuzen)	10	C3
Idzard (Ter)	11	E3
IJhorst	18	A4
IJlst (Drylts)	10	B2
IJmeer	23	D1
IJmuiden	14	A4
IJpelo	26	C1
IJssel	33	F2

IJsselham	11	D4
IJsselmeer	15	E1
IJsselmuiden	17	D3
IJsselstein	31	D1
IJsselsteyn	43	D3
IJsselstrand	26	A4
IJtunnel	21	F1
IJzendijke	46	B1
IJzendoorn	32	B2
IJzeren	62	C2
IJzeren Man	41	E2
IJzerlo	34	C3
IJzervoorde	34	A2
Illikhoven	51	E3
Ilp (Den)	14	C4
Ilpendam	15	D4
Indoornik	32	C2
Ingber	62	C2
Ingen	32	A1
Itens	10	B1
Itteren	62	B1
Ittersum	17	E4
Ittervoort	51	E2

J

Jaarsveld	31	D2
Jabeek	51	F4
Jagertje ('t)	47	E1
Jannum	5	D3
Jellum	4	C4
Jelsum	4	C3
Jipsingboermussel	13	F2
Jipsingboertange	13	F2
Jipsinghuizen	13	F2
Jirnsum (Irnsum)	10	C1
Jislum	4	C3
Jisp	14	C4
Jistrum (Eestrum)	5	D3
Johannes Post Kazerne	17	F1
Jonas	25	E2
Jonkersland	11	E2
Joppe	25	F3
Jorwerd (Jorwert)	4	B4
Joure (De Jouwer)	10	C2
Jubbega (Jobbegea)	11	E2
Jubbegaastercompagnie	11	E2
Jukwerd	7	D2
Julianadorp	8	B3
Julianakanaal	51	E3
Julianatoren	25	D2
Junne	18	B3
Jutberg	25	E4
Jutphaas	31	E1
Jutrijp	10	B2

K

Kaag	21	D3
Kaakhorn	6	A1
Kaarschot	39	F2
Kaart	3	D2
Kaatsheuvel	40	C1
Kade	39	D1
Kade (De)	32	B1
Kadoelen	17	E2
Kagerplassen	21	D3
Kalenberg	11	D4
Kalkwijk	7	D4
Kallenkote	11	F4
Kalverdijk	14	B1
Kamerik	21	E1
Kamp	43	E2
Kampen (Overijssel)	17	D3
Kampen (Zeeland)	37	A4
Kampereiland	17	D3
Kamperhoek	47	D1
Kamperland	37	D2
Kamperveen	17	D3
Kamperzeedijk	17	E2
Kandelaar	29	E2
Kanis	21	F4
Kantens	6	B2
Kapel-Avezaath	32	A2
Kapel in't Zand	53	E1
Kapelle	37	F3
Kapellebrug	47	E1
Kappenbutten	34	B3
Kar (De)	25	E3
Kasteren	41	F2
Katlijk (Ketlik)	11	E3
Kats	37	F2
Kattendijke	37	F3
Katwijk	33	D4
Katwijk aan den Rijn	20	C3
Katwijk aan Zee	20	C3
Katwijkseduinen	20	C3
Katwoude	15	D4
Kedichem	31	E3
Keent	32	C3
Keijenborg	26	A4
Keinsmerbrug	14	B1
Keizersdijk	30	A4
Kekerdom	33	E2
Keldonk	42	B2
Kelpen	51	E1
Kempenhaeghe	42	B3
Kerckebosch	23	E4
Kerk-Avezaath	32	A2
Kerkbuurt (Andijk)	15	E1
Kerkbuurt (Harenkarspel)	14	B1
Kerkbuurt (Waterland)	15	D4
Kerkbuurt (Zuid-Holland)	29	E2
Kerkdriel	31	F4
Kerkehout	20	C4
Kerkenveld	18	B1
Kerklaan	22	C3
Kerkrade	63	D1
Kerkwerve	37	F1
Kerkwijk	31	F4
Kersel	40	A3
Kessel (Limburg)	53	E1
Kessel (Noord-Brabant)	32	A3
Kesseleik	53	E1
Kesteren	32	B2

ENKHUIZEN

Bocht	B	3
Driebanen	B	4
Hoornseveer	A	6
Kaasmarkt	B	7
Karnemelksluis	B	9
Klopperstr.	A	10
Melkmarkt	B	12
Nieuwstr.	B	13
Noorder Havendijk	B	15
Oosterhavenstr.	B	16
Sijbrandspl.	B	24
St-Janstr.	B	19
Spijtbroeksburgwal	A	21
Staeleversgracht	B	22
Venedie	B	25
Vijzelstr.	B	
Waagstr.	B	27
Wegje	B	28
Westerstr.	AB	
Zuiderspui	B	33
Zuider Boerenvaart	A	30
Zuider Havendijk	B	31
Zwaanstr.	B	34

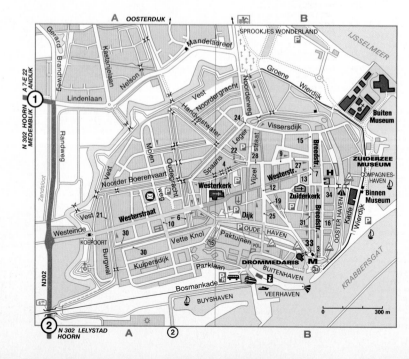

ENSCHEDE

Achter't Hofje . . . . Z 3
Brammelerstr. . . . . Y 7
Haverstraatpassage . . Z 10
Hendrik Jan
 van Heekpl. . . . . . . Z 12
Hofpassage . . . . Z 13
Kalanderstr. . . . . Z 16
Klokkenplas. . . . . YZ 18
Korte
 Haaksbergerstr. . . . YZ 19
Korte
 Hengelosestr. . . . . . Y 21
Langestr. . . . . Y 22
Marktstr. . . . . Y 27
Nijverheidstr. . . . . Z 31
Piet Heinstr. . . . . Y 33
Pijpenstr. . . . . Z 34
Raadhuisstr. . . . . Z 36
Stadsgravenstr. . . . . . Y 39
van
 Lochemstr. . . . . Y 24
van Loenshof . . . . . . Z 25
Visserijstr. . . . . Y 40
Walstr. . . . . YZ 43
Windbrugstr. . . . . Z 46

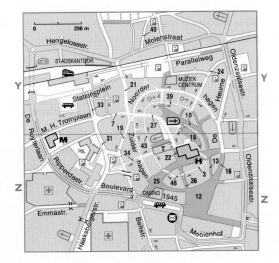

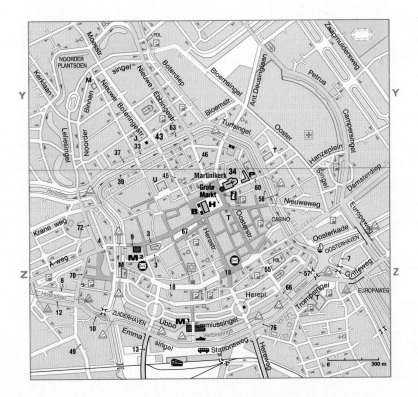

GOUDA

Boelekade . . . . BY 2
Doelenstr. . . . . BZ 4
Dubbele Buurt . . . . BY 5
Goejanverwelledijk. BZ 6
Hoogstr. . . . . BY 7
Jeruzalemstr. . . . . . BY 8
Kerkhoflaan. . . . . . . BZ 9
Kleiweg. . . . . BY
Korte Groenendaal . BY 10
Korte Tiendeweg . . . BY 12
Lange Noodgodsstr. BZ 13
Lange Tiendeweg . . BY 14
Lazaruskade . . . . . AYZ 16
Nieuwe Markt . . . . . BY 17
Nieuwe
 Veerstal . . . . BZ 19
Onder
 de Boompjes . . . AY 20
Reigerstr. . . . . AZ 21
Sint-
 Anthoniestr. . . . . BY 23
Vossenburchkade . . BY 24
Vredebest . . . . BY 25
Walestr. . . . . BZ 26
Wijdstr. . . . . BY 27

Ketelbrug 16   B3
Ketelhaven 16   C3
Ketelmeer 16   C3
Kethel 29   E2
Keukenhof 21   D2
Keurhost (De) 34   D2
Kiefkamp 26   A4
Kiel (De) 13   D3
Kiel-Windeweer 6   C4
Kiesterzijl 3   E4
Kieviet (De) 20   C4
Kievitsdel 32   C1
Kievitsveld 25   D2
Kievitswaard 30   C4
Kijkduin 29   D1
Kijkuit 47   D1
Kilder 34   A3
Kille 31   D4
Kiltunnel 30   B4
Kimswerd (Kimswert) . . .3   E4
Kinderdijk 30   B3
Kinderdijk (Molens van) .30   B3
Kinselmeer 23   D1
Kip ('t) 27   D4
Kippereind 41   D4
Kiulart 10   A3
Klaaswaal 29   F4
Kladde 38   C2
Klarenbeek 25   E3
Klazienaveen 19   E1
Klazienaveen-Noord . . .13   E4
Klein Amsterdam 25   E3
Klein-Azewijn 34   A3
Klein-Dongen 40   C1
Klein Mariekerke 36   C3
Klein-Ulsda 7   F4
Klein Vink 43   F1
Klein Zundert 39   E3
Klein Zwitserland 5   E3
Kleine Gaastmeer 10   A2
Kleine Huisjes 6   A1
Kleine Voort 41   D3
Kleine Wiske 10   A3
Klencke (De) 13   D4
Kleverskerke 37   D3
Klijndijk 13   D4
Klimmen 62   C1
Kling (De) 51   F4
Klingelenburg 31   F3
Klinkenberg 32   A1
Kliuw (De) 10   B1
Kloetinge 37   F3
Klomp (De) 32   B1
Klooster 18   C1
Kloosterburen 6   A2
Kloosterhaar 18   C3
Kloosterveen 12   B2
Kloosterzande 38   A4
Klosse (De) 17   E1
Klundert 39   E1
Klutsdorp 38   C2
Knegsel 41   E4
Knijpe (De) 11   D2
Knollendam 14   B4
Kockengen 22   C4
Koedijk 14   B2
Koehool 3   F3
Koekange 18   A1
Koekangerveld 18   A1
Koevering 38   C2
Koewacht 47   D2

Kolderveen 17   F1
Kolham 6   C4
Kolhol 6   C1
Kolhorn 8   C4
Kollum 5   E3
Kollumerpomp 5   E3
Kollumerzwaag
 (Kollumersweach) 5   E3
Kommerdijk 33   E2
Kommerzijl 5   F3
Kon. Emmahoeve 30   C4
Koningsbosch 51   F3
Koningslust 43   E4
Koningsoord 6   C1
Koningstafel 32   B2
Koog (De) 8   B1
Koog aan de Zaan 14   C4
Kooiveld ('t) 35   D2
Kooiwaard 9   F2
Kooldert 42   B1
Koolwijk 30   C2
Kootwijk 24   C3
Kootwijkerbroek 24   C3
Kootwijkerzand 24   C2
Kopje (Het) 21   D1
Kopstukken 13   F2
Korenburgerveen 34   C3
Korengarst 7   D2
Korn 31   D4
Kornhorn 5   F4
Korte Hoeve (De) 32   A4
Kortehemmen 11   E1
Kortenhoef 23   D3
Kortenoord 30   A2
Korteraar 21   E3
Korteven 38   C3
Kortezwaag 11   E2
Kortgene 37   E2
Kösterskoele (De) 26   C2
Kostverloren 7   F1
Kostvlies 13   D2
Kotten 35   D2
Koudekerk aan den Rijn . .21   D1
Koudekerke 36   C3
Koudhorn 24   C2
Koudum 10   A3
Kraanven 40   C1
Krabbendam 14   B1
Krabbendijke 38   B4
Krabbenkreek 38   B2
Krachtighuizen 24   B2
Kraggenburg 17   D2
Kraloo 12   A4
Krammer 38   C2
Kranenburg 26   A4
Kreek 39   E1
Kreekraksluizen 38   C3
Kreielt 41   B3
Kreijl 42   B4
Kreil 8   C4
Kreileroord 9   D4
Kreverhille 37   F4
Krewerd 7   D2
Krim (De) 18   B1
Krimpen aan de Lek 30   A2
Krimpen aan den IJssel . .30   A2
Kring van Dorth 9   C4
Kröller-Müller-Museum . .25   D4
Kromme-Elleboog 7   E3

Kromme Mijdrecht 21   E2
Kromme Rijn 23   E4
Krommenie 14   B4
Krommeniedijk 14   B4
Kronenberg 43   E3
Kropswolde 6   C4
Kruidenwijk 26   B1
Kruiningen 38   A3
Kruiningergors 29   D2

Kruis ('t) 14   C2
Kruisdijk 36   C4
Kruisdorp 38   A4
Kruisland 39   D2
Kruispolderhaven 38   B4
Kruisstraat
 (Halderberge) 39   E2
Kruisstraat
 ('s-Hertogenbosch) 32   A4

Kruisweg 6   A2
Kûbaard 10   A1
Kudelstaart 21   E3
Kuikhorne 5   D3
Kuilenrode 41   D4
Kuinder of Tjonger 11   E3
Kuinre 10   C4
Kuiperberg 19   E4
Kuitaart 47   E1

Kuivezand 39   E2
Kulver (De) 27   D4
Kunrade 62   C1
Kuttingen 62   C4
Kwadendamme 37   F4
Kwadijk 15   D3
Kwakel (De) 21   F3
Kwakkel 47   F1
Kwintsheul 29   D1

GRONINGEN

A-Kerkhof . . . . Z 3
A-Str. Z 4
Brugstr. . . . . Z 9
de Brink . . . . Z 7
Eeldersingel . . . . Z 10
Eendrachtskade N. Z. . . . . Z 8
Eendrachtskade Z. Z. . . . . Z 12
Emmaviaduct. . . . . Z 13
Gedempte Zuiderdiep . . . . Z 18
Grote Markt . . . . Z
Herestr. Z
Lopende Diep . . . . Y 33
Martinikerkhof . . . . YZ 34
Noorderhaven N. Z. . . . . Y 37
Noorderhaven Z. Z. . . . . Y 39
Oosterstr. . . . . Z
Ossenmarkt . . . . Y 43
Oude Boteringestr. . . . . Z 45
Oude Ebbingestr. . . . . Y 46
Paterswoldseweg . . . . Z 49
Rademarkt . . . . Z 55
Radesingel . . . . Z 57
Schuitendiep . . . . Z 58
St-Jansstr. . . . . Z 60
Spilsluizen . . . . Y 63
Verlengde
 Oosterstr. . . . . Z 66
Vismarkt . . . . Z 67
Westerhaven . . . . Z 70
Westersingel . . . . Z 72
Zuiderpark . . . . Z 76

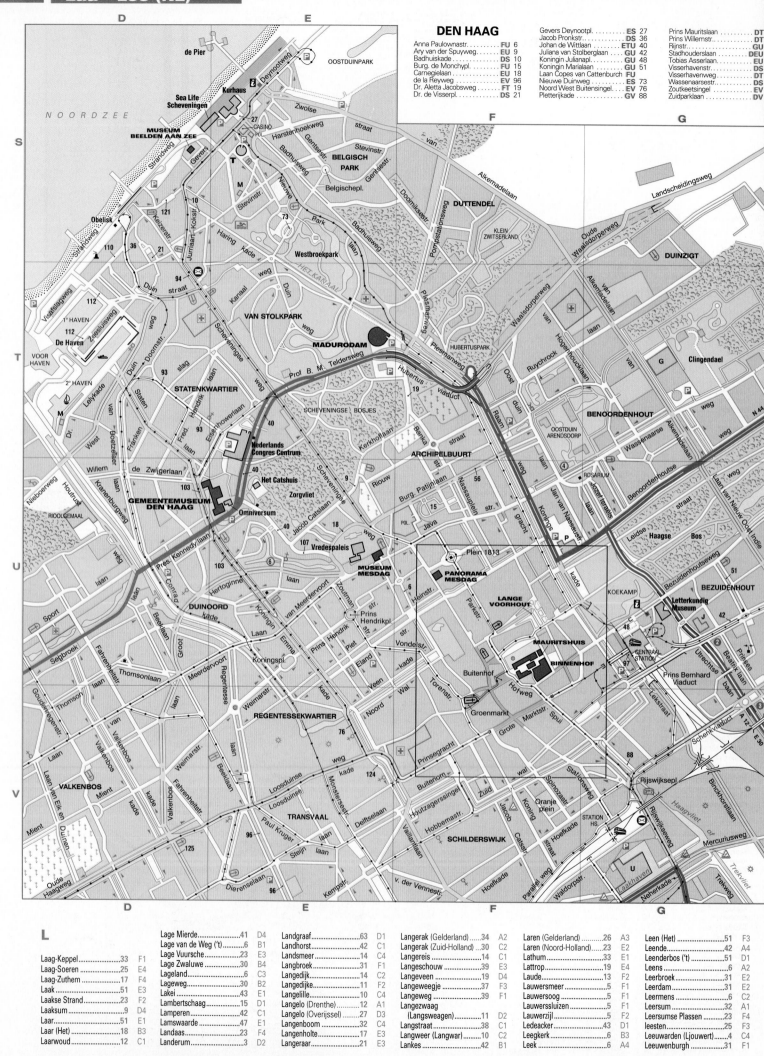

DEN HAAG

Anna Paulownastr. .... FU 6
Ary van der Spuyweg ...... EU 9
Badhuiskade .... DS 10
Burg. de Monchypl. ...... FU 15
Carnegielaan .... EU 18
de la Reyweg .... EV 96
Dr. Aletta Jacobsweg ..... FT 19
Dr. de Visserpl. .... DS 21

Gevers Deynootpl. .... ES 27
Jacob Pronkstr. .... DS 36
Johan de Wittlaan .... ETU 40
Juliana van Stolberglaan ... GU 42
Koningin Julianapl. ...... GU 48
Koningin Marialaan .... GU 51
Laan Copes van Cattenburch FU
Nieuwe Duinweg .... ES 73
Noord West Buitensingel. .. EV 76
Pletterijkade .... GV 88

Prins Mauritslaan .... DT
Prins Willemstr. .... DT
Rijnstr. .... GU
Stadhouderslaan .... DEU
Tobias Asserlaan .... EU
Visserhavenstr. .... DS
Visserhavenweg .... DT
Wassenaarsestr. .... EU
Zoutkeetsingel .... EV
Zuidparklaan .... DV

L

Laag-Keppel 33 F1
Laag-Soeren 25 E4
Laag-Zuthem 17 F4
Laak 51 E3
Laakse Strand 23 F2
Laaksum 9 D4
Laar 51 E1
Laar (Het) 18 B3
Laarwoud 12 C1

Lage Mierde 41 D4
Lage van de Weg ('t) ...6 B1
Lage Vuursche 23 E3
Lage Zwaluwe 30 B4
Lageland 6 C3
Lageweg 30 B2
Lakei 43 E1
Lambertschaag 15 D1
Lamperen 42 E1
Lamswaarde 47 E1
Landaas 23 F4
Landerum 3 D2

Landgraaf 63 D1
Landhorst 42 C1
Landsmeer 14 C4
Langbroek 31 F1
Langedijk 14 C2
Langedijke 11 F2
Langelille 10 C4
Langelo (Drenthe) 12 A1
Langelo (Overijssel) ...27 D3
Langenboom 38 C4
Langenholte 17 E1
Langeraar 21 E3

Langerak (Gelderland) ...34 A2
Langerak (Zuid-Holland) .30 C2
Langereis 14 C4
Langeveen 19 D4
Langeweegje 37 F3
Langeweg 39 E3
Langezwaag
(Langsweagen) 11 D2
Langstraat 38 C1
Langweer (Langwar) ...10 C2
Lankes 42 B1
Lankum 6 A4

Laren (Gelderland) 26 A3
Laren (Noord-Holland) ..23 E2
Lathum 33 E1
Lattrop 19 E4
Laude 13 F2
Lauwersmeer 5 F1
Lauwersoog 5 F1
Lauwerssluizen 5 F1
Lauwerzijl 5 F2

Leen (Het) 51 F3
Leende 42 A4
Leenderbos ('t) 51 D1
Leens 6 A2
Leerbroek 31 F1
Leerdam 31 E2
Leermens 6 C2
Leersum 32 A1
Leersumse Plassen 23 F4
leesten 25 F3
Leeuwarden (Ljouwert) ..4 F1
Leeuwenburgh 31 F1

HAARLEM

Anegang . . . . BCY
Bakenessergracht . . . . CY 6
Barrevoetestr. . . . . BY 7
Barteljorisstr. . . . . BY 9
Botermarkt . . . . BYZ 13
Damstr. . . . . CY 18
Donkere Spaarne . . . . CY 19
Frans Halsstr. . . . . CX 25
Friese Varkenmarkt . . . . . CXY 27
Gasthuisvest . . . . BZ 28
Ged. Voldersgracht . . . . BY 30
Gierstr. . . . . BZ 31
Groot Heiligland . . . . BZ 33
Grote
  Houtstr. . . . . BYZ
Hagestr. . . . . CZ 34
Hoogstr. . . . . CZ 39
Jacobstr. . . . . BY 40
Keizerstr. . . . . BY 45
Klokhuispl. . . . . CY 48
Koningstr. . . . . BY 49
Kruisstr. . . . . BY
Nassaustr. . . . . BY 54
Nieuwe
  Groenmarkt. . . . . BY 55
Ostadestr. . . . . BX 57
Oude Groenmarkt . . . . BCY 58
Smedestr. . . . . BY 66
Spaarndamseweg . . . . CX 67
Spaarnwouderstr. . . . . CZ 69
Tuchthuisstr. . . . . BZ 72
Verwulft . . . . BYZ 75
Zijlsingel . . . . BY 79
Zijlstr. BY

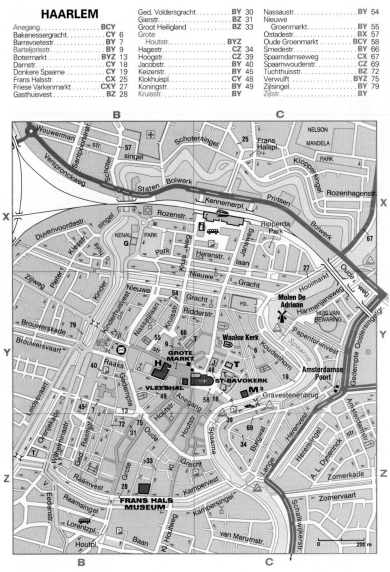

Leeuwte (Drenthe) 12 A4
Leeuwte (Overijssel) 17 D1
Legerplaats 24 C4
Leiden 20 C4
Leiderdorp 21 D4
Leidschendam 20 C4
Leimuiden 21 E3
Leistert (De) 51 F1
Lek 30 B2
Lekkerkerk 30 B2
Lekkum .4 C3
Lellens 6 C2
Lelystad 16 A3
Lelystad Haven 16 A4
Lemele 18 B4
Lemelerberg 18 B4
Lemelerveld 18 A4
Lemiers 63 D2
Lemmer (De Lemmer) 10 C4
Lemstervaart 10 C1
Lengel 34 A3
Lennisheuvel 41 E2
Lens 10 B1
Lent 33 D2
Leo-Stichting 26 B4
Leons 4 B2
Lepelstraat 38 C2
Lerop 53 E2
Lettelbert 6 A4
Lettele 26 A2
Leuken 51 E1
Leuken ('t) 43 E1
Leunen 43 D2
Leur 32 C3
Leusden 23 F4
Leusden Zuid 23 F4
Leuth 33 E3
Leutingewolde 6 A4
Leuven 31 E3
Leuvenheim 25 F4
Leuvenum 24 C2
Leuvenumse Bos 24 C2
Leveroy 51 F1
Lewedorp 37 E3
Lewenborg 6 B3
Lexmond 31 D2
Lhee 12 A4
Lheebroek 12 A3

Lichtaard 5 D2
Lichtenvoorde 34 C2
Liempde 41 E2
Liendebos ('t) 32 A2
Lienden 32 B2
Lier (De) 29 D2
Lieren 25 E3
Lierop 42 B3
Lies 3
Liesbos Park (Het) 39 F2
Lieseind 41 F1
Lieshout 42 B2
Liessel 42 C3
Lievelde 34 C2
Lieveren 12 A1
Lieving 12 B3
Ligtenberg 26 B1
Lijmers 33 F2
Lijnden 21 E1
Lijndonk 40 B2
Lilbos (Abdij) 51 F2
Limbricht 51 F4
Limmel 62 B1
Limmen 14 B3
Linde 26 A4
Linde (Plaats) 18 B2
Linden 33 D4
Lindenholt 33 D3
Linge 31 E2
Lingebos (Het) 31 E2
Linnaeushof 21 D2
Linne 51 F2
Linschoten 30 C1
Lintelo 34 C3
Linthorst-Homan Kanaal . . . 12 B4
Lintvelde 26 B4
Lioessens (Ljussens) 5 E2
Lippenhuizen
  (Lippenhuzen) 11 E2
Lippenwoude 10 B2
Lisse 21 D2
Lisserbroek 21 D2
Lith 32 A3
Lithoijen 32 A3
Lithse Ham (De) 32 A4
Lobith 33 F2
Lochem 26 B3
Lochemseberg 26 B4

Loenen (Gelderland) 25 E4
Loenen (Utrecht) 22 C3
Loenersloot 22 C3
Loevestein 31 D3
Logt (De) 41 E2
Loil 33 F1
Lollum 10 A1
Lombardijen 29 F3
Lomm 43 F3
Longerhouw 10 A1
Lonneker 27 E2
Loo (Berkelland) 27 D4
Loo (Duiven) 33 E2
Loo (Overijssel) 26 A2
Loo (Het) 25 D2
Loo (Koninklijke
  Houtvesterij Het) 25 D2
Loo ('t) 17 D4
Loobeek 43 D2
Loobosch 24 C2
Loobrink 25 E1
Looërmark 26 A2
Loon 12 B2
Loon op Zand 40 C1
Loonse en Drunense
  Duinen 41 D2
Looperskapelle 28 B4
Loosbroek 41 F1
Loosdrechtse Plassen 23 D2
Loosduinen 29 D1
Lopik 31 D1
Lopikerkapel 31 D1
Loppersum 6 C2
Lorentzsluizen 9 E1
Losdorp .7 D2
Losser 27 F2
Losserhof 27 E1
Lottum 43 F3
Lucaswolde 5 F4
Luchtenveld 5 E4
Luinjeberd 11 D2
Luissel 41 E2
Lunen 32 C3
Lunteren 24 B4
Luntershoek 47 D1
Lutjegast 5 F3
Lutjewinkel 14 C1
Lutjewolde 6 C3
Lutte (De) 27 F1
Luttelgeest 17 D1
Lutten 18 B2
Luttenberg 18 A4
Lutterzand 27 F1
Luxwoude 11 D2
Luyksgestel 50 B1
Lytse Geast (De) 5 D4
Lytsewierrum 10 B1
Lytshuzen 10 B2

M

Maaijkant 40 B3
Maalbroek 53 E2
Maalderij 35 D2
Maarheeze 51 D1
Maarn 23 F4
Maarsbergen 23 F4
Maarssen 22 C4
Maarssenbroek 22 C4
Maarsseveen 23 D4
Maarten Maartenshuis 31 F1
Maartensdijk 23 D3
Maas 62 B3
Maas (Aan de) 43 B1
Maas en Waal (Land van) . . 32 B2
Maas Land 32 A4
Maas-Schwalm-Nette
  (Grenspark) 51 F3
Maas-Waalkanaal 32 C4
Maasband 51 E4
Maasbommel 32 B3
Maasbracht 51 F2
Maasbree 43 E4
Maasdam 30 A4
Maasdijk 29 D2
Maashees 43 E2
Maashorst 32 B4
Maaskantje 41 F1
Maasland 29 E2
Maassluis 29 D2
Maastricht 62 B2
Maastunnel 29 F2
Maasvlakte 28 C2
Macharen 32 B3
Made 40 A1
Madurodam 28 B4
Magrette 47 D1
Makkinga (Makkingea) 11 F2
Makkum 9 F1
Makkumernoordwaard 9 F1
Malburgen 33 D1
Malden 33 D3
Maliskamp 32 A4
Mallem 26 C3
Mander 19 D4
Manderveen 19 D4
Manpad 21 D2
Mantgum 10 B1
Mantinge 12 C4
Maren-Kessel 32 A3
Margraten 62 C2
Mariaheide 42 B1
Mariahoop 53 E3
Mariahout 42 B2
Mariaparochie 19 D4
Mariënberg 18 C3
Mariënheem 26 A1
Mariënkroon 31 F4
Mariënvelde 34 B2

's-HERTOGENBOSCH

Bethaniestr. . . . . Z 4
Burg. Loefflpl. . . . . YZ 9
de Bossche Pad . . . . Z 7
Emmapl. . . . . Y 10
Geert van Woustr. . . . . Y 12
Graafseweg . . . . Y 16
Havensingel . . . . Y 22
Hinthamereinde . . . . Y 24
Hinthamerstr. . . . . Y
Hoge Steenweg . . . . Z 25
Jan Heinsstr. . . . . Y 28
Kerkstr. Z 30
Koninginnenlaan . . . . Y 31
Maastrichtseweg . . . . Z 34
Muntelbolwerk . . . . Y 39
Oostwal . . . . Z 42
Oranje Nassaulaan . . . . Y 43
Orthenstr. . . . . Y 46
Schapenmarkt . . . . Z 54
Sint-Jacobstr. . . . . Z 57
Sint-Josephstr. . . . . Z 58
Spinhuiswal . . . . Z 60
Stationsweg . . . . Z 62
Torenstr. . . . . Z 66
van der Weeghensingel . . . . Y 73
van Noremborghstr. . . . . Y 40
Visstr. . . . . Z 67
Vlijmenseweg . . . . Z 69
Vughterstr. . . . . Z
Vughterweg . . . . Z 70
Wilhelminapl. . . . . Z 75
Willemspl. . . . . Z 76

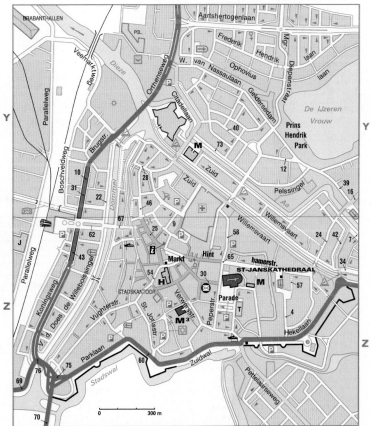

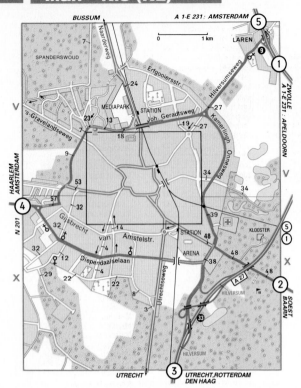

HILVERSUM

Achterom .... Z 2
Berkenlaan .... X 3
Bosdrift .... X 4
Bussumergrintweg .. V 7
Eikenlaan .... X 8
Geert van Mesdagweg . V 9
Godelindeweg ...... V 13
Groest .... Z
Havenstr. .... Z
Hilvertsweg .... X, Z 14
Hoge Naarderweg ...... Y 17
Insulindelaan .... V 18
Jan van der Heijdenstr... V 19
Kerkstr. .... YZ
Kolhornseweg .... X 22
Krugerweg .... V 23
Lage Naarderweg ...... X 24
Langestr. .... Z 26
Larenseweg .... X 27
Leeuwenstr. .... Y 28
Loosdrechtseweg ..... X 32
Loosdrechtse bos ..... X 29
Minckelersstr. .... V 34
Noorderweg .... Y 37
Oostereind .... X 38
Oosterengweg .... X 39
Prins Bernhardstr. ... Z 42
Prof. Kochstr. ...... YZ 43
Schapenkamp .... YZ 44
Schoutenstr. .... YZ 47
Soestdijkerstraatweg .. X 48
Spoorstr. .... Z 49
Stationsstr. .... Z 52
Vaartweg .... V 53
van Ghentlaan .... X 12
Veerstr. .... Z 54
Vreelandseweg .... X 57
Zuiderweg .... YZ 58

Munnikeburen
  (Munnekebuorren) 11 D4
Munnikenheide.............39 E2
Munnikens-Vinkel......32 B4
Munstergeleen.........51 F4
Muntendam.................7 D4
Mussel.......................13 E2
Muy (De)......................8 B1

N

Naaldwijk...................29 D1
Naarden.....................23 D2
Naarderbos................23 D2
Nabbegat..................32 C4
Nagelbeek.................62 C1
Nagele......................16 C2
Nansum.......................7 D2
Neck.........................14 C4
Neder-Hardinxveld....30 C3
Neder Rijn................32 C2
Nederasselt..............32 C3
Nederbetuwe.............32 A2
Nederhemert-Noord....31 E4
Nederhemert-Zuid......31 E4
Nederhorst den Berg....22 C2
Nederland.................17 D1
Nederweert................51 E1
Nederweerterdijk......43 D2
Nederwetten..............42 A3
Nederwoud.................24 B4
Neede........................26 C3
Neer..........................53 E1
Neerbeek...................62 C1
Neerdorp...................26 A2
Neerijnen..................31 F3
Neeritter...................51 E2
Neerkant...................43 D4
Neerloon....................32 C3

Nieuw Amsterdam...........19 D1
Nieuw Balinge..............12 C4
Nieuw-Beerta.................7 F3
Nieuw-Beijerland.........29 E3
Nieuw-Bergen...............43 E1
Nieuw Buinen................13 E2
Nieuw Den Helder............8 B3
Nieuw-Dijk...................33 F2
Nieuw Dordrecht...........13 E4
Nieuw en St.Joosland....37 D3
Nieuw-Haamstede..........37 D1
Nieuw-Heeten...............26 A1
Nieuw-Helvoet..............29 D3
Nieuw-Lekkerland.........30 B2
Nieuw-Milligen.............24 C3
Nieuw-Namen................47 F1
Nieuw-Roden...................6 A4
Nieuw-Scheemda..............7 E3
Nieuw-Schoonebeek.......19 E1
Nieuw-Vennep...............21 D2
Nieuw-Vossemeer..........38 C2
Nieuw Weerdinge..........13 E1
Nieuw Wehl..................33 F1
Nieuw-Zwinderen..........18 C1
Nieuwaal....................31 E4
Nieuwdorp...................37 E3
Nieuwe Haven...............18 C3
Nieuwe Krim.................18 C1
Nieuwe Maas.................29 F2
Nieuwe Merwede............30 B4
Nieuwe Molen...............47 D2
Nieuwe-Niedorp.............14 C1
Nieuwe Pekela..............13 E1
Nieuwe-Schans..............32 B3
Nieuwe Tonge...............29 D4
Nieuwe Vaart................11 E2
Nieuwe Vaart (Plaats)....11 E2
Nieuwe Waterweg...........29 D2
Nieuwe-Wetering...........21 D3
Nieuwe Wetering...........17 E2
Nieuwebildtzijl..............4 B3
Nieuwebrug (Fryslân).....11 D2
Nieuwebrug (Overijssel)..18 B3
Nieuwediep..................13 D1
Nieuwegein..................31 E1
Nieuwehorne (Nijhoarne)..11 E2
Nieuwendam..................22 C1
Nieuwendijk
  (Noord-Brabant).........31 D4
Nieuwendijk
  (Zuid-Holland)...........29 E4
Nieuwenhagen...............63 D1
Nieuwenhoorn...............29 D3
Nieuwer-ter-Aa.............22 C3
Nieuwerbrug.................21 F4
Nieuwerkerk.................37 F1

Mariënwaard.........31 F2
Mark....................40 B4
Markelo...............26 B2
Marken.................15 E4
Markenbinnen.......14 B3
Markermeer...........15 D3
Markerwaarddijk...16 A2
Markiezaatsmeer...38 C4
Markmuiden...........25 E1
Marknesse............17 D1
Markvelde.............26 C3
Marle...................18 B4
Marlestate...........10 B3
Marnewaard............5 F1
Marrum...................4 C2
Marssum (Marsum)....4 B4
Marsum..................7 D2
Marterhaar...........18 A1
Marum....................5 F4
Marveld................26 C4
Marwijksoord.......12 C2
Mastbos................40 A2
Mastenbroek.........17 E3
Mastenbroek (Polder)...17 F3
Maten (De)...........13 F3
Mattemburgh.........38 C3
Maurik.................32 A2
Mauritsfort..........46 C1
Mechelen..............62 C2
Meddo..................35 D2
Meddose Veen........35 D3
Medemblik............15 D1
Medler.................26 B4
Meeden...................7 E4
Meedhuizen.............7 D2
Meele (De)...........17 F2
Meene (De)...........34 B2
Meent (De)...........31 F2
Meer...................18 B4
Meerenbroek.........34 A2
Meerkerk..............31 D2
Meerlo.................43 D4
Meern (De)...........22 C4
Meers..................51 E4
Meerssen..............62 B1
Meerstal Blok.......19 E1
Meerven...............41 E3
Meerwijck..............6 C4
Meeuwen...............31 D4
Meeuwenduinen (De)...2 B3
Megchelen............34 B4
Megen..................32 B3
Meije...................21 F4
Meijel.................43 D4
Meijendel............20 B4
Mekkelhorst..........27 F1
Melderslo.............43 E3
Melick.................53 E2
Meliskerke...........36 C3
Melissant............28 C2
Menaldum (Menaam)....4 B4
Menkemaborg...........6 C1
Mensingeweer..........6 A2
Menzel.................32 B4
Meppel.................17 F1
Meppelerdiep........17 E1
Meppen.................12 C4
Merkelbeek...........51 F4

Merselo................43 D2
Merum..................51 F2
Merwedekanaal.......31 E2
Mesch..................62 B3
Meteren................31 F3
Meterik................43 E3
Metslawier (Mitselwier)...5 D2
Meulunteren.........24 B4
Mheer..................62 B3
Midbuul................51 D1
Middachten...........33 E1
Middel.................25 F1
Middelaar.............33 D4
Middelbeers.........41 E3
Middelbert.............6 B3
Middelburg (Zeeland)...37 D3
Middelburg
  (Zuid-Holland).....30 B1
Middelharnis........29 D4
Middelie..............15 D3
Middelkoop...........31 E2
Middelplaten........37 E2
Middelrode...........41 F1
Middelsluis.........29 F4
Middelstum.............6 B2
Midden-Delfland....29 D2
Midden-Eierland......8 C1
Midden Regge........18 C4
Middenbeemster.....14 C3
Middenhoeve.........30 B4
Middenhof............38 B4
Middenmeer............9 D4
Midlaren.............12 C1
Midlum...................3 E4
Midsland................3 D2
Midsland aan Zee.....3 D2
Midwolda................7 E3
Midwolde................6 A4
Midwoud................15 D1
Mierlo..................42 B3
Mijdrecht.............21 F3
Mijnden................22 C3
Mijnsheerenland...29 F3
Mildam..................11 D3
Milheeze..............42 C2
Mill.....................33 D4
Millingen aan de Rijn...33 E4
Milsbeek..............33 E4
Minnertsga (Minnertsgea)...3 F3
Mispeleind...........41 D2
Miste...................35 D2
Moer (De)..............40 C1
Moerdijk...............39 E1
Moerdijkbruggen...30 B4
Moeren.................39 E3
Moergestel...........41 D2
Moerkapelle..........30 A1
Moermond..............28 A4
Moersbergen.........31 F1
Moershoofde.........46 A2
Moerstraten..........38 C2
Moesdijk..............51 E1
Moespot................17 D1
Mok (De).................8 C2
Molembaix.............36 C2
Molenaarsgraaf.....30 C3
Molenhoek (Limburg)...33 D4

Molenhoek (Zeeland)....47 E1
Molenpolder.........23 D4
Molenrij................6 A2
Molenschot...........40 B2
Molenstraat.........41 D1
Molenwijk.............42 B1
Molkwerum (Molkwar)..9 F3
Monnickendam.......15 D4
Monnikendijk........37 F3
Monster................29 D1
Montferland.........34 A3
Montferland.........34 A3
Montfoort.............31 D1
Montfort...............51 F2
Mook...................33 D4
Mookhoek.............30 A4

Moordhuizen..........32 A3
Moordrecht...........30 B1
Moorsel................42 B3
Moorveld..............62 B1
Moriaanshoofd......37 E1
Morige.................13 F1
Morra....................5 E2
Mortel..................42 B2
Mosselhoek...........38 C3
Muggenbeet...........17 D1
Muiden.................23 D2
Muiderberg...........23 D2
Muiderslot...........23 D1
Mullegen..............17 D4
Mûnein (Molenend)....5 D2
Munnekezijl (Muntsjesyl)...5 F2

LEEUWARDEN

Blokhuispl. .... CZ 4
de Brol .... CZ 6
Druifstreek. .... CZ 9
Groningerstraatweg ... CY 13
Harlingersingel .... BY 15
Harlingerstraatweg ... BY 16
Hoeksterend. .... CY 18
Kleine Kerkstr. .... BY 21
Monnikemuurstr. ...... CY 22

Naauw. .... CZ 24
Nieuwestad. .... BZ
Nieuwe
  Kade .... CY 25
Over de Kelders .... CYZ 27
Peperstr. .... CZ 28
Prins Hendrikstr. ...... BZ 31
Schoenmakersperk ... BY 34
St-Jacobsstr. .... CY 36
Sophialaan .... BZ 37
Speelmansstr. .... CY 39

Tesselschadestr. ...... BZ 42
Torenstr. .... BY 43
Tuinen .... CY 44
Turfmarkt. .... CY 45
Tweebaksmarkt .... CZ 46
Voorstreek. .... CY
Waagpl. .... CZ 48
Westerplantage ...... BYZ 49
Wirdumerdijk. .... CZ 53
W.
  Lodewijkstr. .... CZ 51

Nieuwerkerk aan den IJssel	30	A2	Nieuwleusen	18	A2	Nijbroek	25	E2	Nijetrijne	11	D4	Nistelrode	32	B4	Noordeinde (Noord-Holland)	14	C3

Nieuwerkerk
aan den IJssel 30 A2
Nieuwerkerke.................37 F1
Nieuweroord...................18 B1
Nieuwesluis....................22 C3
Nieuweschans..................7 F4
Nieuweschoot.................11 D3
Nieuwesluis....................36 C4
Nieuwkoop.....................21 E4
Nieuwkoopse Plassen......21 E4
Nieuwkuijk.....................41 D1
Nieuwland (Zeeland) 46 B1
Nieuwland
(Zuid-Holland) 31 D2
Nieuwlande....................18 C1

Nieuwleusen...................18 A2
Nieuwolda........................7 E3
Nieuwolda-Oost...............7 E3
Nieuwpoort.....................30 C2
Nieuwstad........................7 D1
Nieuwstadt.....................51 F1
Nieuwveen......................21 E3
Nieuwvliet......................36 C4
Nieuwvliet-Bad................36 C4
Niezijl..............................5 F3
Nigtevecht......................22 C2
Niftrik............................32 C3
Nij Altoenae.....................3 F3
Nij Amerika.....................10 B3
Nij Beets.........................11 D1

Nijbroek.........................25 E2
Nijega (Nyegea)................5 D4
Nijehaske.......................11 D2
Nijeholtpade
(Nijeholtpea).................11 E3
Nijeholtwolde.................11 D3
Nijelamer........................11 D3
Nijemirdum
(Nijemardum).................10 B4
Nijenbeek.......................25 F3
Nijenburgh......................14 B3
Nijenhuis.........................26 C2
Nijenhuis ('t)..................17 F4
Nijenrode........................22 C3
Nijensleek.......................11 F4

Nijetrijne.........................11 D4
Nijeveen..........................17 F1
Nijhoven..........................40 B4
Nijhuizum.........................10 A2
Nijken............................51 F1
Nijkerk............................23 F3
Nijkerkerveen...................23 F3
Nijland (Nijlân).................10 B1
Nijmegen.........................33 D3
Nijmegen (Rijk van).........32 C4
Nijnsel............................37 F2
Nijswiller........................63 D2
Nijverdal.........................26 B1
Nispen............................39 D3
Nisse..............................37 E3

Nistelrode.......................32 B4
Noardburgum
(Noordbergum)................5 D3
Noorbeek........................62 C2
Noord (De).......................14 C1
Noord Beveland...............37 E2
Noord Deurningen............19 F4
Noord-Scharwoude...........14 B2
Noord-Willemskanaal........12 B1
Noordbeemster................14 C3
Noordbroek.......................7 D4
Noordeinde......................21 E3
Noordeinde
(Gelderland)...................17 D3

Noordeinde
(Noord-Holland) 14 C3
Noordeinde (Overijssel) ...17 E1
Noordeloos.....................31 D2
Noorden..........................21 F3
Noorderhaaks....................8 B3
Noorderhaven....................8 B4
Noorderplassen................23 E1
Noordervaart...................51 F1
Noordgouwe.....................37 F1
Noordhoek
(Halderberge).................39 E2
Noordhoek (Moerdijk).....39 E1
Noordhollands-
Duinreservaat.................14 A1

LEIDEN

Aalmarkt . . . . DY 3
Apothekersdijk . . . . DY 4
Beestenmarkt . . . . CY 6
Bernhardkade . . . . EX
Binnenvestgracht . . . . CY 7
Boerhaavelaan CX
Breestr. . . . . DYZ
Burggravenlaan . . . . EZ
Burgsteeg . . . . DZ 9
de Laat de Kanterstr. . . . . . EZ
Doezastr. . . . . DZ
Donkersteeg . . . . DY 12
Evertsenstr. . . . . EZ
Garenmarkt . . . . DZ
Geregracht . . . . DZ 13
Haarlemmerstr. . . . . DEY
Haarlemmerweg . . . . DX
Haven . . . . EY
Herensingel . . . . EY
Herenstr. . . . . DZ
Hogerijndijk . . . . EZ

Hogewoerd. . . . . DEZ
Hooglandse Kerkgracht . . . DYZ 18
Hoogstr. . . . . DY 19
Hooigracht . . . . DZ
Houtstr. . . . . CZ 21
Jan van Goyenkade . . . . CZ
Jan van Houtkade . . . . DZ
Kaiserstr. . . . . CZ
Kloksteeg . . . . DZ 22
Koningstr. . . . . DX
Koornbrugsteeg . . . . DZ 2
Korevaarstr. . . . . DZ
Kort Rapenburg . . . . CY 25
Lammenschansweg. . . . . . . DZ
Langebrug. . . . . DZ
Langegracht . . . . DY
Langemare . . . . DY
Leiliestr. . . . . DZ
Levendaal . . . . DZ
Maarsmansteeg. . . . . DYZ 30
Maredijk . . . . DX
Maresingel . . . . DEX

Marnixstr. . . . . EX
Molenstr. . . . . EX
Molenwerf . . . . CDY 31
Morssingel . . . . CY
Morsstr. . . . . CY
Nieuwerijn . . . . EZ
Nieuwe Beestenmarkt . . . . CY 33
Nieuwsteeg . . . . DZ 34
Nieuwstr. . . . . DZ 35
Noordeinde . . . . CY
Oegstgeesterweg . . . . DX 36
Ooesterkerkstr. . . . . EZ
Oudesingel . . . . DEY
Oudevest . . . . DEY
Oude Herengracht . . . . EY 39
Oude Vaarkenmarkt . . . . . . CY 60
Papengracht . . . . CYZ 40
Pieterskerkchoorsteeg . . . . DZ 43
Pieterskerkhof . . . . CDZ 45
Pieterskerkstr. . . . . DYZ 46
Plantagelaan . . . . EZ 48
Plesmanlaan . . . . CY 49
Prinsessekade . . . . CY 51

Rapenburg . . . . CZ
Rijnsburgersingel . . . . CDX
Rijnsburgerweg CX
Schelpenkade . . . . CZ
Schipholweg CX
Schuttersveld . . . . EX
Sophiastr. CX
Stationspl. CX
Stationsweg CX
Steenschuur . . . . DZ
Steenstr. . . . . CY 55
Trompstr. . . . . EZ
Turfmarkt . . . . CY 57
Uiterstegracht . . . . EZ
Utrechtsebrug . . . . EZ 58
Vismarkt . . . . DZ 61
Vollersgracht . . . . DY 63
Volmolengracht . . . . DY 64
Watersteeg . . . . DZ 67
Willem
de Zwijgerlaan . . . . DEX
Wittesingel . . . . CZ
Zoeterwoudsesingel . . . . DEZ

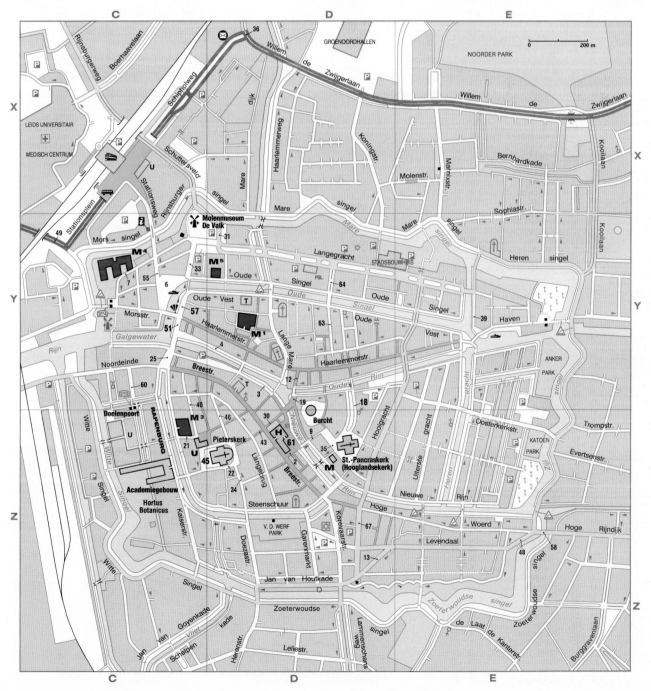

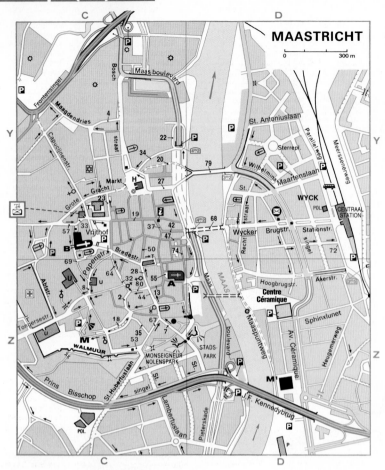

MAASTRICHT

0   300 m

WYCK

CENTRAAL STATION

Centre Céramique

Achter de Molens	CZ	3
A. D. Barakken	CY	4
Begijnenstr.	CZ	7
Bouillonstr.	CZ	8
Cortenstr.	CZ	13
Grote Looiersstr.	CZ	18
Grote Staat	CY	19
Gubbelstr.	CY	20
Helmstr.	CY	23
Hoenderstr.	CY	27
Hondstr.	CY	28
Kapoenstr.	CZ	32
Keizer Karelpl.	CZ	33
Kleine Gracht	CY	34
Kleine Looiersstr.	CZ	35
Kleine Staat	CY	37
Maastr. Brugstr.	CZ	42
Maastr. Heidenstr.	CZ	44
Maastr. Smedenstr.	CY	47
Minckelerstr.	CY	50
Nieuwenhofstr.	CZ	53
Onze Lieve Vrouwepl.	CZ	55
Oude Tweebergenpoort	CY	57
St-Jacobstr.	CY	64
St-Pieterstr.	CZ	67
St-Servaasbrug	DY	68
St-Servaasklooster	CY	69
Spoorweglaan	DY	72
Stokstr.	CY	74
van Hasseltkade	CY	22
Wilhelminabrug	DY	79
Witmakersstr.	CZ	80
Wycker Brugstr.	DY	

Oosterdijk	15	F1
Oosterduinse Meer	21	D3
Oostereinde	7	E4
Oosterend	8	C1
Oosterend (Aasterein)	3	E2
Oosterens	42	B1
Oosterhesselen	12	C4
Oosterhof	26	C2
Oosterholt	17	D3
Oosterhout	40	B1
Oosterhout-Nijmegen	33	D2
Oosterhuizen	25	E3
Oosterland (Noord-Holland)	9	D3
Oosterland (Zeeland)	38	A1
Oosterleek	15	C2
Oosterlittens (Easterlittens)	10	B1
Oosternieland	6	C1
Oosternijkerk (Easternijtsjerk)	5	E2
Oosterschelde	37	F2
Oosterscheldedam (Stormvloedkering)	37	D1
Oosterwierrum (Easterwierrum)	10	C1
Oosterwijk (Gelderland)	26	A4
Oosterwijk (Zuid-Holland)	31	E2
Oosterwijtwerd	7	D2
Oosterwolde	17	D4
Oosterwolde (Easterwâlde)	11	F2
Oosterzand	5	F3
Oosterzee (Eastersee)	10	C3
Oostgat	36	B2
Oosthem (Easthim)	10	B2
Oosthuizen	15	D3
Oostkapelle	36	C2
Oostmahorn (De Skâns)	5	E2
Oostrum (Friesland)	5	E2
Oostrum (Limburg)	43	E2
Oostum	6	B3
Oostvaardersdijk	23	E1
Oostvaardersplassen	23	E1
Oostvoorne	28	C2
Oostwold (Leek)	6	A4
Oostwold (Scheemda)	7	E3
Oostwoud	15	D1
Oostzaan	14	C4
Ootmarsum	19	E4
Opeinde (De Pein)	5	E4
Opende	5	F4
Ophemert	32	A3
Opheusden	32	B2

Oost	8	C1
Oost-Graftdijk	14	C3
Oost Maarland	62	B2
Oost-Souburg	37	D3
Oost-Vlieland (East-Flylân)	2	B3
Oostburg	46	A1
Oostburgsche Brug	46	A1
Oostbuurt	29	E2
Oostdijk (Zeeland)	38	B3
Oostdijk (Zuid-Holland)	28	B3
Oostduinen	20	C4
Oosteind	40	B1
Oosteind (Het)	39	E2
Oosteinde (Drenthe)	17	F1
Oosteinde (Groningen)	6	C1
Oosteinde (Noord-Holland)	21	F2
Oostelbeers	41	E4
Oostendam	30	B3
Oostendorp	17	D4
Ooster-Oene	25	E1
Oosterbeek	33	D1
Oosterbierum (Easterbierrum)	3	E3
Oosterblokker	15	E2
Oosterboer	17	F1

Noordhollandskanaal	8	B3
Noordhorn	6	A3
Noordijk	26	C3
Noordink	26	A4
Noordlaren	6	C4
Noordpolder	6	B1
Noordpolderzijl	6	B1
Noordschans	39	E1
Noordscheschut	18	B1
Noordse Dorp	21	F3
Noordsebuurt	21	F3
Noordsleen	13	D4
Noordster (De)	18	A1
Noordstraat	38	A4
Noordtunnel	30	B3
Noordwelle	28	A4
Noordwijk (Drenthe)	18	A1
Noordwijk (Groningen)	5	F4
Noordwijk aan Zee	20	C3
Noordwijk-Binnen	20	C3
Noordwijkerhout	21	D2
Noordwolde	6	B3
Noordwolde (Noardwâlde)	11	E3
Noordwolde-Zuid (Noardwâlde-Súd)	11	E3
Noordzeekanaal	21	E1
Nootdorp	29	E1
Norg	12	A1
Norgerhaven	12	A2
Norgervaart	12	B2
Notel	41	E2
Notsel	40	B2
Nuenen	42	A3
Nuil	12	B4
Nuilerveld	18	A1
Nuis	5	F4
Nul (Den)	25	F1
Nuland	32	A4
Nulde (Strand)	24	B2
Numansdorp	29	F4
Nummer Eén	37	D4
Nunhem	51	E3
Nunspeet	24	C1
Nuth	62	C1

O

Obbicht	51	E4
Obdam	14	C2
Ochten	32	B2
Odijk	31	F1
Odiliapeel	42	B1
Odoorn	13	D3
Odoorn (Boswachterij)	12	C3
Oeffelt	33	E4
Oegstgeest	20	C3
Oekel	39	F3
Oeken	25	F4

Oene	25	E1
Oensel (Gelderland)	31	F3
Oensel (Limburg)	62	C1
Oentsjerk (Oenkerk)	4	C3
Oerle	41	F3
Oesterdam	38	C4
Oever (Den)	9	D3
Offingawier	10	B2
Ofwegen	21	D3
Ohé en Laak	51	E3
Oijen (Limburg)	43	E4
Oijen (Noord-Braband)	32	B3
Oirlo	43	E2
Oirsbeek	51	F4
Oirschot	41	E3
Oisterwijk	41	D2
Okkenbroek	26	A2
Olburgen	25	F4
Oldeberkoop (Oldeberkeap)	11	E3
Oldebroek	17	D4
Oldeholtpade (Aldeholtpea)	11	E3
Oldeholtwolde	11	E3
Oldehove	6	A2
Oldekerk	6	A3
Oldelamer	11	D3
Oldemarkt	11	D4
Oldemeyer	18	C2
Olden Eibergen	26	C4
Oldenaller	24	B2
Oldeneel	17	E4
Oldengeard	12	A4
Oldenhave	18	A1
Oldenkotte	27	D4
Oldenzaal	27	E1
Oldenzijl	6	C1
Oldetrijne	11	D3
Olen	42	A2
Olland	41	F2
Olst	25	F1
Olterterp	11	E1
Ommel	42	C3
Ommelanderwijk	13	D1
Ommen	18	B3
Ommeren	32	A2
Ommerenveld	32	A2
Ommerschans	18	A2
Onderdendam	6	B2
Onderdijk	15	D1
Onnen	6	C4
Onstein	26	A4
Onstwedde	13	E1
Ooievaarsdorp	30	C1
Ooij (Ubbergen)	33	E3
Ooij (Zevenaar)	33	E2
Ooijen	43	F2
Ool	51	F2
Oolde	26	A2
Ooltgensplaat	38	C1

MIDDELBURG

Achter de Houttuinen	AZ	3
Bierkaai	BZ	4
Dampl.	BY	6
Groenmarkt	AYZ	7
Hoogstr.	AZ	9
Houtkaai	BZ	10
Koepoortstr.	BY	12
Koestr.	AZ	13
Koorkerkstr.	BZ	15
Korte Burg	AY	16
Korte Delft	BYZ	18
Korte Noordstr.	AY	19
Langeviele	AZ	
Lange Delft	ABZ	
Lange Noordstr.	AY	21
Londensekaai	BZ	22
Markt	AZ	
Nieuwe Burg	AZ	24
Nieuwe Haven	AZ	25
Nieuwe Vlissingseweg	AZ	27
Nieuwstr.	BZ	28
Plein 1940	AZ	30
Pottenmarkt	AZ	2
Rotterdamsekaai	BY	31
Schuitvlotstr.	AY	5
Segeerstr.	BZ	33
Sint-Pieterstr.	BY	34
Stadhuisstr.	AY	36
Vismarkt	ABZ	37
Vlissingsestr.	AZ	39
Volderijlaagte	AY	40
Wagenaarstr.	AY	42
Walensingel	AYZ	43

Miniatuur Walcheren

Koepoort

Oostkerk

ABDIJ

Gistpoort

Engelse Kerk

Markt

DAUWENDAELE

Ophoven 51 F1
Opijnen......................31 F3
Oploo.........................43 D1
Opmeer......................14 C1
Oppenhuizen 10 B2
Opperdoes.................15 D1
Opperduit...................30 B2
Opwierde.....................7 D2
Oranje........................12 A3
Oranjekanaal.............12 B3
Oranjekazerne...........33 D1
Oranjewoud (Oranjewâld).11 D2
Orthen........................31 F4
Orvelte.......................12 C3
Osdorp.......................21 F1
Oshaar.......................18 A1
Osingahuizen............10 B2
Ospel..........................51 E1
Ospeldijk....................42 C4
Oss.............................32 B4
Osse (Den).................28 B4
Ossendrecht..............38 C4
Ossenisse...................37 F4
Ossenwaard...............33 F2
Ossenzijl....................11 D4
Ostaaien....................39 E3
Oterleek.....................14 C2
Othene.......................47 D1
Otterlo.......................24 C4
Ottersum....................33 E4
Otterweg....................10 C4
Ottoland.....................30 C2
Oud-Ade.....................21 D3
Oud-ALblas................30 B3
Oud-Annerveen..........12 C1
Oud-Avereest.............18 A2
Oud-Beijerland...........29 F3

NIJMEGEN

Augustinenstr............. B 4
Barbarossastr............. C 6
Bisschop Hamerstr...... B 10
Bloemerstr.................. B
Broerstr...................... B
Burchtstr..................... B
Ganzenheuvel............. B 2
Gerard Noodstr........... C 15
Graadt Roggenstr........ C 16
Groesbeekseweg......... C 18
Grotestr...................... C 21
Grote Markt................ B 19
in de Betouwstr........... B 9
Julianapl..................... C 28
Keizer Traianuspl........ C 30
Kelfkensbos................ C 31
Kitty de Wijzepl........... C 8
Lange Hezelstr............ B
Marienburgsestr.......... C 34
Molenstr...................... C
Mr Franckenstr............ C 35
Nassausingel.............. B 37
Nonnenstr................... C 40
Passage Molenpoort ... B 45
Plein 1944 C
Prins Bernhardstr........ C 46
Prins Hendrikstr.......... B 48
Regulierstr.................. B 49
Stationspl.................... B 55
Stikke Hezelstr............ B 57
Tunnelweg................... B 60
Tweede Walstr............ B 61
van Berchenstr............ B 7
van Broeckhuysenstr... C 12
van Demerbroeckstr.... B 13
van Oldenbarneveltstr... B 42
van Schevichavenstr... C 51
van Triestr................... B 58
Wilhelminasingel .... B 64
Ziekerstr..................... BC

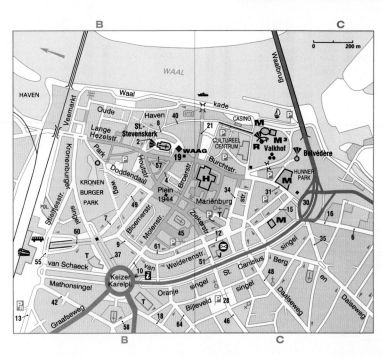

ROERMOND

Bergstr. . . . . . . Y 2
Brugstr. . . . . . . Y 3
Dr Leursstr. . . . Z 5
Hamstr. . . . . . . Z
Julianalaan . . . Y 6
Kapellerpoort . . Z 7
Kloosterwandstr.Z 9
Kraanpoort . . . Y 10
Leliestr. . . . . . . YZ 12

Lindanusstr. . . Y 14
Markt . . . . Y
Marktstr. . . . . . Y 15
Mgr Driessenstr. Z 18
Mgr Evertsstr. . Z 19
Molenstr. . . . . . Y 16
Munsterpl. . . . . Z
Neerstr. . . . . . . Z
Notenboomlaan
Parédisstr. . . . . Z 22

Pollartstr. . . . . . Y 23
Roerkade . . . . . Y 25
Roersingel . . . . Z 26
St-Christoffelstr.. Z 28
Slachthuisstr. . . Y 29
Spoorlaan-
Zuid . . . . Z 30
Steegstr. . . . . . Z 31
Steenweg . . . . . Y 32
Thorbeckestr. . . Z 33
Varkensmarkt . . Y 35

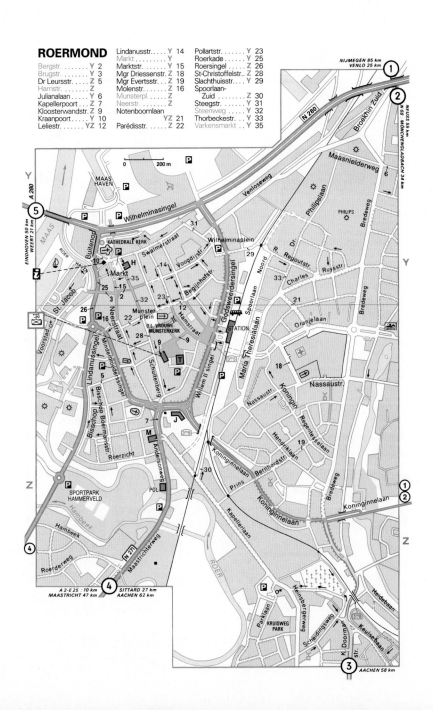

Oud-Caberg 62 B1
Oud-Dijk 33 F2
Oud-Drimmelen..................39 F1
Oud Gastel.........................39 D2
Oud-Heusden.....................31 E4
Oud-Loosdrecht.................23 D3
Oud Maarsseveen..............23 D3
Oud-Ootmarsum.................19 E4
Oud Poelgeest...................20 C3
Oud-Reemst.......................25 D4
Oud Roosteren..................51 F3
Oud-Sabbinge....................37 E3
Oud-Valkenburg.................62 C1
Oud Valkeveen...................23 D2
Oud-Vossemeer..................38 B2
Oud Wassenaar..................20 C4
Oud-Zevenaar.....................33 F2
Oud-Zuilen.........................23 D4
Oudaen..............................22 C3
Ouddorp.............................28 B3
Oude IJssel........................34 A3
Oude IJsselstreek...............34 A3
Oude Leede........................29 F1
Oude Leije.............................4 B3
Oude Loo............................25 D2
Oude Maas..........................29 F2
Oude Maasdijk....................32 A3
Oude Molen........................38 C2
Oude-Niedorp.....................14 C1
Oude Pekela..........................7 E4
Oude Polder........................47 D1
Oude Roodehaan..................6 B3
Oude Stoof..........................47 D1
Oude Strumpt......................40 B4
Oude Tonge........................38 C1
Oude-Wetering....................21 E3
Oudebildtzijl (Ouwe Syl)......4 B3
Oudedorp............................37 D3
Oudega (Aldegea)
   (Gaasterlân-Sleat) 10 A2
Oudega (Aldegea)
   (Smallingerland)...........11 D1
Oudega (Aldegea)
   (Wymbritseradiel) 10 A3
Oudegasterbrekken............10 B3
Oudehaske (Aldehaske)......11 D2
Oudehorne..........................11 E2
Oudehornstercompagnie ..11 E2
Oudeland (Het)...................38 B3
Oudelande..........................37 E4
Oudemirdum
   (Aldemardum)...............10 A4
Oudemolen (Drenthe)........12 C1
Oudemolen
   (Noord-Brabant)............39 D1
Oudenbosch.......................39 D1
Oudendijk (Korendijk).......29 E4
Oudendijk
   (Noord-Brabant)............31 D3
Oudendijk
   (Noord-Holland).......15 D3
Oudendijk (Strijen)...........29 E4
Oudenhoorn........................29 D3
Ouder-Amstel.....................21 F2
Ouderkerk aan
   de Amstel.......................21 F2
Ouderkerk aan
   den IJssel.......................30 B2
Oudeschans..........................7 E4
Oudeschild............................8 C2
Oudeschip.............................7 D1
Oudeschoot.........................11 D3

Oudesluis
   (Noord-Holland).............8 B4
Oudesluis
   (Zuid-Holland) 29 F4
Oudewater..........................30 C1
Oudewegstervaart..............11 D2
Oudezijl.................................7 F3
Oudkarspel.........................14 B1
Oudleusen..........................18 A3
Oudorp...............................14 B2
Oudwoude (Aldwâld)..........5 E3
Oukoop..............................30 B1
Ouwehand.........................32 B2
Ouwerkerk.........................37 F1
Ouwsterhaule....................10 C3
Oventje..............................42 B1
Overasselt.........................33 D4
Overberg............................32 A1
Overbetuwe.......................33 D2
Overdinkel.........................27 F2
Overijssels Kanaal.............17 F4
Overijsselse Vecht.............17 F2
Overlangbroek...................32 A1
Overlangel.........................32 C4
Overloon...........................43 D2
Overmeer..........................22 C2
Overschie...........................29 F2
Overschild............................6 C3
Overslag............................47 D2
Overveen...........................21 D1
Overwoud..........................24 B4
Ovezande..........................37 E4

P

Paal...................................38 B4
Paarlo................................53 E2
Paasloo..............................11 E4
Paauwenburg.....................36 C3
Paesens...............................5 E1
Panheel..............................51 F2
Pannerden..........................33 E2
Pannerdenskanaal.............33 D2
Panningen..........................43 E4
Papekop.............................30 C1
Papendrecht.......................30 B3
Papenveer..........................21 E3
Papenvoort.........................12 C2
Parrega (Parragea).............10 A2
Partij..................................62 C2
Passewaaij.........................32 A3
Patersven...........................39 E4
Paterswolde.........................6 B4
Paulina Polder....................46 C1
Pauluspolder......................47 E1
Peebos.................................5 F4
Peel (De) (Limburg)...........43 D3
Peel (De)
   (Noord-Brabant)...........43 D3
Peelstraat...........................42 C1
Peerenboom........................31 D4
Peest...................................6 B1
Peij.....................................51 F3
Peins....................................3 F4
Peize....................................6 B4
Peizermade..........................6 B4
Pendrecht...........................29 F3
Peperga..............................10 E4
Perkpolder..........................38 A4
Pernis.................................29 E3
Persingen...........................33 E3

Pesse	12	B4	Poortugaal	29	E3	Reduzum (Roordahuizum)	10	C1	Rhenoy	31	E2
Petersburg	11	F1	Poortvliet	38	B2	Reek	32	C4	Rhienderen	25	F4
Petten	14	A1	Poppendamme	36	C3	Reelaer ('t)	17	F4	Rhoon	29	F3
Philippine	46	C1	Poppenwier	10	C1	Reeuwijk	30	B1	Richel	2	C3
Philipsdam	28	C4	Popta	4	C3	Reeuwijk-Dorp	30	B1	Ridderkerk	30	A3
Piaam	9	F2	Port Zélande	28	B4	Reeuwijkse Hout	21	E4	Ried (Rie)	3	F4
Pieperij	18	A2	Portengensebrug	22	C3	Reeuwijkse Plassen	21	E4	Riel	40	C2
Piepers	35	D2	Posbank	33	E1	Reijans (Aan)	51	F3	Rien	10	B1
Pier	20	B4	Post (Ten)	6	C2	Reijmerstok	62	C2	Riethoven	41	F1
Piershil	29	E4	Posterenk	25	F3	Reitdiep	6	B3	Rietlanden	13	E4
Pieterburen	6	A1	Posterholt	53	E2	Reitsum	4	C2	Rietmolen	26	C3
Pietersbierum	3	E4	Potten (De)	10	C3	Rekken	27	D4	Rietveld	31	D3
Pieterzijl	5	F3	Prattenburg	32	B1	Renesse	28	A4	Rijckholt	62	B2
Pijnacker	29	F2	Princenhage	39	F2	Renkum	32	C1	Rijen	40	B2
Pijnenburg	23	E3	Prins	34	B3	Rensumaborg	6	C1	Rijkel	53	E1
Pikmeer	11	D1	Prinsenbeek	39	F2	Renswoude	24	B4	Rijkevoort	43	D1
Piksen	18	B4	Prinses Margrietkanaal	10	C2	Ressen	33	D2	Rijnsaterwoude	21	E3
Pingjum (Penjum)	10	A1	Puiflijk	32	C2	Retranchement	45	F1	Rijnsburg	20	D3
Pinkenveer	31	D3	Punt (De) (Drenthe)	6	B1	Reusel	41	D4	Rijp (De)	14	C3
Planken Wambuis	24	C4	Punt (De) (Zuid-Holland)	29	F3	Reusel (Rivier)	41	D4	Rijpelberg	42	C3
Plasmolen	33	E4	Punthorst	17	D2	Reutje	53	E2	Rijpwetering	21	D3
Platteweg	30	E4	Purmerbuurt	15	D4	Reutum	19	E4	Rijs (Riis)	10	A4
Poederoijen	31	E4	Purmerend	15	D4	Reuver	53	E1	Rijsbergen	39	F3
Poeldijk	29	D1	Purmerland	14	C4	Reuzenhoek	47	D1	Rijsberkampen	11	F3
Pol (De) (Drenthe)	6	B1	Putbroek	53	E1	Revebos	17	D3	Rijsenhout	21	E2
Pol (De) (Overijssel)	11	E4	Puth	51	F4	Rha	25	F1	Rijsoord	30	A3
Poll (De)	25	F3	Putte	39	D4	Rheden	33	E1	Rijssen	26	B1
Pollen (De)	18	C4	Putten (Gelderland)	24	B 2	Rhederlaag	33	F1	Rijswijk (Gelderland)	32	A2
Polsbroek	30	C1	Putten (Zuid-Holland)	24	B2	Rheeze	18	C3	Rijswijk (Noord-Brabant)	31	D3
Polsbroekerdam	31	D1	Puttershoek	30	A3	Rheezerveen	18	B2	Rijswijk (Zuid-Holland)	29	E1
Poonhaven	47	D1	Pyramide	46	B1	Rhenen	32	B1	Rilland	38	B4

Q		
Quatre Bras	25	F3
Quatrebras	5	D4

R		
Raalte	26	A1
Raam	32	C4
Raamberg	39	F3
Raamsdonk	40	B1
Raamsdonksveer	40	B1
Raard	5	D2
Radewijk	18	C3
Raerd (Rauwerd)	10	C1
Rakt	42	B1
Ramspolbrug	17	D2
Randwijk	32	C2
Ransdaal	62	C1
Ransdorp	22	C1
Rasquert	6	B2
Ratum	35	D2
Ravenstein	32	C3
Ravenswaaij	31	F2
Ravenswoud	12	A2
Reahûs	10	B1
Rechteren	18	A3
Rectum	26	C1

Rimburg	63	D1
Ringvaar	21	D3
Rinnegom	14	A3
Rinsumageest (Rinsumageast)	5	D3
Rips	42	C2
Ritthem	37	D3
Ritzemazijl	4	F1
Robbenoord	5	F1
Robbevaart	9	D3
Rockanje	28	C3
Rode Sluis	47	D2
Roden	6	A4
Roder Heyde	41	F2
Roderesch	12	A1
Roderwolde	6	A4
Roebolligehoek	17	E2
Roekel	24	C4
Roelofarendsveen	21	D3
Roer	53	E3
Roermond	53	E2
Roerstreek	53	E2
Rogat	17	F1
Roggeberg (De)	12	A3
Roggebotzand (Het)	16	C3
Roggel	51	F1
Rolde	12	C2
Rolduc	63	D1
Ronduite	17	E1
Roodenhoek	37	D4
Roodeschool	6	C1

ROTTERDAM

Bentincklaan	FU 6	Koninginnebrug	HV 43	Markerstr.	GX 61	Pleinweg	FGX 76	Utenhagestr.	GX 99
Burg. van Walsumweg	HU 19	Linker Rottekade	GU 54	Middellandstr. (1e)	FV 64	Pretorialaan	HX 81	van der
Gruttostr.	FX 31	Lloydstr.	FX 55	Middellandstr. (2e)	FV 65	Schepenstr.	FU 87	Takstr.	HV 94
Havenstr.	EV 34	Maashaven O. Z.	GHX 57	Mijnsherenlaan	GX 67	Spanjaardstr.	EV 90	Voorhaven	EV 10
Jericholaan	HU 37	Maastunnelpl.	FGX 58	Pieter de Hoochweg	FV 75	Stadhouderspl.	FU 92	Voorschoterlaan	HU 105

Roodewijk.................37 F3
Roodkerk...................5 D3
Roompot (De).............37 D2
Roosendaal...............39 D2
Roosteren................51 E3
Rosendael................25 D4
Rosengaarde.............17 F3
Roskam (De).............17 D3
Rosmalen.................32 A4
Rossum (Gelderland) 31 F3
Rossum (Overijssel)......27 E1
Roswinkel................13 E3
Rotstergaast.............11 D3
Rotsterhaule.............10 C3
Rottemeren..............21 D3
Rotterdam................29 F2
Rottevalle (De Rottefalle)...5 E4
Rottige...................11 D4
Rotting (De)..............39 D2
Rottum (Fryslân).........11 D3
Rottum (Groningen)........6 B1
Rouveen..................17 F2
Roverberg................47 E1
Rozenburg
  (Noord-Holland) 21 E2
Rozenburg
  (Zuid-Holland).........29 D2
Rozendaal................33 E1
Rucphen..................39 E2
Rucphense Bossen (De)....39 E2
Ruigahuizen.............10 B3
Ruigeweide..............30 C1
Ruigoord.................21 E1
Ruinen....................12 A4
Ruinen (Boswachterij)....18 A1
Ruinerweide.............18 A1
Ruinerwold..............17 F1
Ruiten-Aa Kanaal........13 F3
Ruitenburg...............35 D3
Ruitenveen...............17 F3
Ruiterberg (De)..........23 F4
Ruiterplaat..............37 D2
Rul.......................42 B4
Rumpt....................31 E2
Rustenburg..............14 C2
Rutten...................10 B4
Ruurlo...................26 B4
Ryptsjerk (Rijperkerk)....5 D4

S

s-Gravenhage
  = Den Haag.............20 B4
Saaksum...................6 A2
Saasveld.................27 D1
Saaxumhuizen............6 A2
Salentein................24 A2
Sambeek..................43 D1
Sandenburg..............31 F1
Sandfirden...............10 A2
Santpoort................21 D1
Sas-van-Gent............46 C2
Sasput...................37 D4
Sassenheim..............21 D3
Sauwerd...................6 B3
Schaapbulten.............7 D3
Schaarsbergen...........33 D1
Schadewijk..............41 E4
Schadijk.................43 E3
Schaesberg...............63 D3
Schaffelaar..............24 B3
Schaft...................50 C1
Schagen..................1 B1
Schagerbrug..............8 B2
Schaijk..................32 C4
Schaijkse Heide..........32 B4
Schalkhaar...............26 A2
Schalkwijk
  (Noord-Holland) 21 E1
Schalkwijk (Utrecht).....31 E1
Schalsum..................3 F4
Schandelo................43 F3
Schans...................31 D3
Schans (De)..............43 F3
Schapenbout.............47 D1
Schapershoek............47 D1
Schardam.................15 D3
Scharendijke.............28 B4
Scharl....................9 F4
Scharmer..................6 C3
Scharnegoutum
  (Skearnegoutum)......10 B1
Scharsterbrug
  (Skarsterbrêge)........10 C3
Scharwoude..............15 D2
Schatberg................43 D3
Scheemda..................7 E4
Scheemderzwaag...........7 E4
Scheerwolde.............17 E1
Schelde Rijnverbinding...38 C4
Scheldeoord.............47 E1
Scheldevaartshoek.......47 E1
Schellingwoude..........21 C2
Schellinkhout............15 D3
Schelluinen..............31 D3
Schenkel.................30 A2
Schenkeldijk.............30 A4

Schepersveld.............34 C3
Schermerhorn.............14 C3
Scherpbier...............46 A1
Scherpenhof (De).........25 E2
Scherpenisse.............38 B2
Scherpenzeel.............24 A4
Scherpenzeel
  (Skerpenseel)..........11 D4
Schettens (Skettens).....10 A1
Scheulder................62 C2
Scheur (Het).............29 D2
Scheveningen............20 B4
Schiebroek...............29 F2
Schiedam.................29 E2
Schiermonnikoog (Eiland)..5 E1
Schiermonnikoog
  (Nationaal Park).........5 F1
Schiermonnikoog
  (Skiermûntseach).........5 E1
Schijf....................39 E3
Schijndel................41 F1
Schilberg................62 C2
Schildmeer................6 C2
Schildwolde...............7 D3
Schimmert................62 C1
Schin op Geul............62 C2
Schingen..................3 F4
Schinnen.................62 C1
Schinveld................53 E4
Schipbeek................26 B2
Schipborg................12 C1
Schiphol-Rijk............21 E2
Schipluiden..............29 E2
Schipperskerk............51 E3
Schokland................16 C3
Schokland (Museum).......16 C2
Schoolbuurt..............26 B2
Schoondijk...............36 C4
Schoonebeek.............19 E3
Schoonheten.............26 A1
Schoonhoven.............30 C2
Schoonloo................12 C3
Schoonloo (Boswachterij)..12 C3
Schoonoord (Drenthe).....13 D3
Schoonoord (Zeeland).....36 C2
Schoonouwen.............30 C2
Schoonrewoerd...........31 E2
Schoor (Nederweert).....51 E1
Schoor (Venray)..........43 D2
Schoor (Het).............41 F2
Schoorl..................14 B2
Schoorldam..............14 B1
Schoorstraat.............41 D2
Schooten (De).............8 B3
Schore...................37 F3
Schorebrug...............38 A3
Schorren (De).............8 C2
Schoterzijl..............10 C4
Schottershuizen.........18 B2
Schouwerzijl..............6 A2
Schraard.................10 A1
Schuddebeurs (Hulst).....47 E1
Schuddebeurs
  (Schouwen-Duiveland)...37 F1
Schuilenburg.............34 B3
Schuinesloot.............18 B2
Schuring.................29 F4
Schuwacht................30 B2
Sebaldeburen..............5 F3
Sellingen................13 F2
Sellingerbeetse..........13 F2
Serooskerke (Veere)......37 D2
Serooskerke
  (Westerschouwen)......37 E1
Sevenum..................43 E2
Sexbierum (Seisbierrum)...3 E4
Sibbe....................62 C2
Sibculo..................18 C3
Sibrandabuorren
  (Sijbrandaburen).......10 C1
Siddeburen...............7 D3
Siebengewald............43 E1
Siegerswoude
  (Sigerswâld)...........11 F1
Sijbekarspel.............15 D1
Sijbrandahuis.............5 D3
Sikkeler ('t)............26 B4
Silvolde.................34 B4
Simonshaven.............29 E3
Simpelveld...............63 D2
Sinderen.................34 B3
Singraven................19 E4
Sinoutskerke.............37 F3
St. Agatha...............33 D4
St. Anna ter Muiden......45 F1
St. Annaland.............38 B2
St.-Annaparochie
  (St.Anne)..............3 F3
St. Anthoniepolder.......29 F3
St.-Anthonis.............43 D1
St.-Franciscushof.........18 A4
St.-Geertruid............62 B3
St. Hubert...............42 C1
St. Hubertus (Jachtslot)..24 C4
St. Isidorushoeve........27 D2
St.-Jacobiparochie
  (St.Jabik).............3 F3
St. Janskerke............36 C3

St.-Jansklooster.........17 E1
St.-Jansteen.............47 E1
St. Joost................51 F3
St. Jozefhoeve...........34 C2
St. Kruis................46 A1
St.-Laurens..............37 D3
St.-Maarten..............14 B1
St.-Maartensbrug.........14 B1
St. Maartensdijk.........38 B2
St.-Maartensvlotbrug.....14 B1
St.-Michielsgestel.......41 E1
St.-Nicolaasga (St.-Nyk)..10 C3
St.-Odiliënberg..........53 E2
St.-Oedenrode............41 D2
St.-Pancras..............14 B2
St.-Paschalis............43 E2
St. Philipsland..........38 B2
St.-Pieter...............62 B3
St.-Pietersberg..........62 B3
St. Willebrord...........39 E2
St. Willibrordus (Abdij)..34 A2
Sintjohannesga
  (St.-Jansgea)..........10 C3
Sion.....................25 F1
Sirjansland..............38 A1
Sittard..................51 F4
Six Flags (Park).........16 C4
Skûlenboarch.............5 E4
Slabroek.................32 B4
Slagharen................18 B2
Slagharen (Attractiepark)..18 B2
Slangenburg.............34 A2
Slappeterp................3 F4
Sleen....................13 D4
Sleenerzand
  (Boswachterij)........12 C3
Sleeuwijk................31 D3
Slek.....................51 F3
Slenaken.................62 C2
Sliedrecht...............30 C3
Slijk-Ewijk..............33 D2
Slijkenburg..............10 C4
Slijkgat.................28 B3
Slijkplaat...............37 D4
Slikkerveer..............30 A3
Slinge...................35 D3
Slingeland...............31 D2
Slochteren................7 D3
Slootdorp.................9 C4
Sloten (Sleat)...........10 B3
Slotermeer...............21 F1
Slufter (De)..............8 B1
Sluipwijk................30 B2
Sluis (Zeeland)..........45 F1
Sluis (Zuid-Holland).....31 D2
Sluiskil.................46 C1
Sluizen (Noord-Holland)..21 D1
Sluizen (Zeeland)........37 E4
Smakt....................43 E1
Smalbroek................12 B4
Smalle Ee................11 D1
Smedekensbrugge.........46 A2
Smilde...................12 A2
Smilde (Boswachterij)....12 A3
Smitshoek................29 F3
Snakkerburen.............4 C4
Sneek (Snits)............10 B2
Sneekermeer.............10 C1
Snelrewaard.............30 C1
Snepseind................41 E2
Snijders-Chaam...........40 B2
Snorrenhof...............23 F4
Soerendonk...............51 D1
Soest....................23 E3
Soestdijk................23 E3
Soestdijk................23 E3
Soestduinen.............23 E3
Soesterberg..............23 E4
Someren..................42 C4
Someren-Eind.............42 C4
Someren-Heide...........42 B4
Sommelsdijk..............29 D4
Son......................41 E2
Sondel...................10 B3
Sonnega..................11 D3
Sonsbeek Park...........33 D2
Spaanschhuisken.........51 F3
Spaarndam...............21 E1
Spaarne..................21 D1
Spaarnwoude
  Buitenhuizen...........21 E1
Spaarnwoude Houtrak....21 E1
Spakenburg..............23 F2
Spanbroek................15 D2
Spankeren................25 F4
Spannenburg.............10 B3
Spannum...................3 F4
Sparjebird...............11 E2
Spaubeek.................62 C1
Spekholzerheide..........63 D2
Speuld...................24 C2
Speulder-en Sprielderbos
  (Boswachterij).........24 C2
Spier....................12 B4
Spierdijk................15 D2
Spijk (Gelderland).......33 D2
Spijk (Groningen).........7 D1
Spijk (Noord-Brabant)...31 E4
Spijk (Zuid Holland).....31 D3
Spijkenisse.............29 E3

Spijkerboor..............13 D1
Spijkstrand..............16 C4
Spitsendijk..............11 D2
Sponturfwijk............18 B2
Spoordonk...............41 E2
Sprang-Capelle..........40 C1
Spreeuwelse Heide.......41 E2
Sprengenberg............18 B4
Sprundel.................39 E2
Spui.....................47 D1
Spui (Rivier)............47 D1
Stad aan 't Haringvliet..29 D4
Stadskanaal..............13 E2
Stadt van Gerwen.........42 A2
Stakenborg..............13 F1
Stampersgat.............39 D2
Standdaarbuiten.........39 E1
Staniastate...............4 C3
Stapel (De)..............18 A2
Staphorst................17 F2
Statrum..................41 F3
Stavenisse...............38 A1
Staverden................24 C2
Stavoren (Starum).........9 F3
Stedum....................6 C2
Steeg (De)...............33 E1
Steenbergen (Drenthe)....12 A1
Steenbergen
  (Noord-Brabant)........38 C2
Steenbergse Vliet........38 C2
Steendam..................7 D3
Steenderen...............25 F4
Steenenkamer............24 B2
Steenenkruis............30 A3
Steenenmuur.............30 C4
Steenhoven...............46 A1
Steenovens...............47 D1
Steensel.................41 E4
Steenwijk................11 E4
Steenwijk-Ossenzijl
  (Kanaal)...............17 D1
Steenwijkerwold.........11 E4
Steenwijksmoer..........18 B3
Stegeren.................18 B3
Stegerveld...............18 B2
Steggerda................11 E3
Stein....................51 E4
Stellendam...............28 C3
Sterkenburg.............31 F1
Sterksel.................42 B4
Sterrenburg.............30 B4
Steurgat.................30 C3
Stevensbeek.............43 D1
Stevensweert............51 F2
Stevinsluizen............9 E1
Steyl....................43 F2
Stichtse Brug...........23 E2
Stiens...................4 C3
Stift (Het)..............27 E1
Stille Wille.............41 E2
Stiphout.................42 A3
Stitswerd.................6 B1
Stoetenslagh (Het).......18 C2
Stokhem..................62 C2
Stokkelaarsbrug..........21 E2
Stokkelen................41 E4
Stokkum (Gelderland)....34 A3
Stokkum (Overijssel).....26 B4
Stolpen...................8 B4
Stolwijk.................30 B2
Stolwijkersluis.........30 B1
Stompetoren.............14 C2
Stompwijk................20 C4
Stoof....................39 E2

Stoutenburg.............23 F3
Stramproy................51 E2
Strandpark...............32 C2
Streefkerk...............30 B2
Streek (De)..............15 E2
Streekbos (Het)..........15 F1
Strijbeek................40 B3
Strijdhoef...............41 D2
Strijen..................30 A4
Strijenham...............38 B3
Strijensas...............30 A4
Strijp...................42 A4
Stroe....................24 C3
Stroet...................14 B1
Stroobos..................5 F3
Stroodorp................37 E2
Stroombroek.............34 A3
Str26ouit.................46 B1
Strype...................28 C3
Stuifakker...............28 C3
Stuifzand................12 B4
Sumar (Suameer)..........5 D4
Surhuisterveen
  (Surhústerfean)........5 E4
Surhuizum (Surhuzum)....5 E4
Susteren.................51 F3
Suwâld (Suawoude).........5 D4
Swalmen..................53 E1
Swanenburg..............23 D2
Swartbroek...............51 E1
Sweikhuizen.............51 F4
Swier....................62 C1
Swifterbant..............16 B3
Swolgen..................43 E2
Sypesteyn................23 D3

T

Taarlo...................12 C1
Tankenberg...............27 F1
Tappersheul.............30 C1
Tasdijk..................38 A4
Teeffelen................32 B3
Tegelen..................43 F2
Telgt....................24 B2
Tempel...................30 B1
Terband..................11 D2
Terblijt.................62 B2
Terborg..................34 A3
Terbregge................29 F2
Tereyken.................42 B2
Tergrêft..................4 C3
Terheijden...............39 F1
Terherne (Terhorne)......10 C2
Terhofstede..............45 F1
Terkaple.................10 C2
Terlet...................25 E4
Terlinden................62 C2
Termunten.................7 E2
Termunterzijl............7 E2
Ternaard..................4 C2
Terneuzen................46 C1
Terover..................40 C3
Terschelling..............4 A2
Terschuur................24 A2
Tersoal (Terzool)........10 C1
Terwinselen..............63 D1
Terwispel................11 E2
Terwolde.................25 E2
Teteringen...............40 B2
Teuge....................25 E2
Texel.....................8 B1

Teylingen................21 D3
Theereheide..............41 F2
Thesinge..................6 C3
Thij (De)................27 E1
Tholen...................38 B2
Tholen (Plaats)..........38 C2
Thorn....................51 F2
Tiel.....................32 A2
Tiendeveen...............18 B1
Tienhoven (Utrecht)......23 D3
Tienhoven (Zuid-Holland).31 D2
Tienray..................43 E2
Tiggeltscheberg.........39 F2
Tijnje (De Tynje)........11 D2
Tike (De).................5 E4
Tilburg..................40 C2
Tilligte.................19 E4
Tinallinge................6 B2
Tinte....................29 D3
Tirns....................10 B1
Tivoli...................33 E4
Tjalleberg...............11 D2
Tjamsweer.................7 D2
Tjerkgaast (Tsjerkgaast)..10 B3
Tjerkwerd (Tsjerkwert)...10 A2
Tjeukemeer..............10 C3
Tjuchem...................7 D3
Tolbert...................6 A4
Toldijk..................25 F4
Tolkamer.................33 F2
Tollebeek................16 B2
Tonden...................25 F3
Tongelre.................42 A3
Tongelreep...............41 F3
Tongeren.................25 D1
Tonnekreek..............39 D1
Toornwerd.................6 B2
Tragel...................46 A1
Treek (Den)..............23 F4
Trekkersfeld............24 A1
Trekvogel (De)..........23 D1
Trent....................42 B1
Tricht...................31 F2
Triemen...................5 E3
Trintelen................63 D2
Tripscompagnie...........7 D4
Trompenburg.............23 D3
Tronde...................11 F2
Tubbergen...............19 D4
Tuil.....................31 F3
Tuindorp.................43 F2
Tuindorp Oostzaan.......21 F1
Tuitjenhorn.............14 B1
Tuk......................11 E4
Tull en 't Waal.........31 E1
Tungelroy................51 E2
Turkeye..................46 B1
Tusschenklappen...........7 D4
Tusveld..................27 D1
Tuyllhoeve (Van).........42 A4
Twee Bruggen (De)........34 C3
Tweede Dwarsdiep.........13 E3
Tweede-Exloërmond.......13 E3
Tweede Tol...............30 C3
Tweesluizen.............32 A2
Twekkelo.................27 D2
Twello...................25 F2
Twentekanaal............26 A3
Twickel..................26 C2
Twijtel..................11 F2
Twizel (Twizel)...........5 E3
Twizelerheide
  (Twizelerheide).........5 E3

TILBURG
Besterdring ..... Y 3
Enschotsestr. ... Y 16
Heuvel .... Y 20
Heuvelstr. ...... YZ
Juliana
  van Stolbergstr. Y 25
Kloosterstr. ...... Z 27
Koningspl. ...... Z 30
Korte Schijfstr. .. Y 31
Lange
  Schijfstr. ...... Z 35
Nazarethstr. .... Z 36
Oude Markt ..... Z 45
Paleisring ...... Z 46
Pieter
  Vreedepl. .... Y 50
Piuspl. .... Z 51
Schouwburgring
St-Josephstr. ... Y 63
Stadhuispl. ..... Z 64
Tivolistr. .... Y 66
Zomerstr. .... Z 75

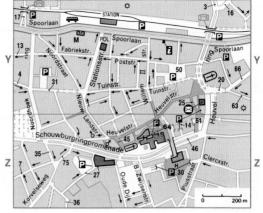

Twisk	15	D1	Uitdam	23	D1	Ursem	14	C2	Valkenswaard	41	F4	Veendam-Musselkanaal
Twiske (Het)	14	C4	Uiterburen	7	D4	Usquert	6	B1	Valkkoog	14	B1	(Kanaal)	13	E2
Tynaarlo	12	B1	Uitgeest	14	B3	Usselo	27	E2	Valom (De)	5	D3	Veendijk	17	F1
Tystjerk	5	D4	Uithoorn	21	F3	Utrecht	23	D4	Valthe	13	E3	Veenenburg	21	D2
Tzum (Tsjom)	3	F4	Uithuizen	6	C1	Utrecht (Landgoed De)	41	D4	Valtherbos	13	E3	Veenendaal	32	B1
Tzummarum			Uithuizermeeden	6	C1				Valthermond	13	E3	Veenhof	13	D2
(Tsjummearum)	3	F3	Uitwateringskanaal	51	F1	**V**			Van Ewijcksluis	8	C4	Veenhoop (De)	11	D1
			Uitweg	31	D1				Van Harinxmakanaal	3	F3	Veenhuizen (Drenthe)	12	A1
			Uitwellingerga	10	B2	Vaals	63	D2	Van Starkenborghkanaal	5	F3	Veenhuizen (Groningen)	13	E1
U			Uitwierde	7	D2	Vaart	40	C1	Vanenburg	24	D2	Veenhuizen
			Uitwijk	31	D4	Vaart (De)	23	E1	Varik	32	A3	(Noord-Holland)	14	C1
Übach over Worms	63	D1	Ulenpas	33	F1	Vaassen	25	D2	Varsen	18	A3	Veenhuizerveld	24	B3
Ubachsberg	63	D2	Ulestraten	62	B1	Vaesrade	62	C1	Varssel	26	B4	Veeningen	18	A1
Ubbena	12	B1	Ulft	34	B3	Val	47	D1	Varsselder	34	A3	Veenklooster	5	E3
Uddel	24	C2	Ulicoten	40	B3	Valburg	33	D2	Varsseveld	34	B2	Veenoord	19	D1
Uddelermeer	24	C2	Ulrum	5	F1	Valeiskreek	46	A2	Vasse	19	D4	Veenwouden
Uden	42	B1	Ulvenhout	40	B2	Valk (De)	24	C4	Vebenabos	36	C3	(Feanwâlden)	5	D3
Udenhout	41	D1	Uppel	31	D4	Valkenburg	20	C3	Vecht	18	A3	Veere	37	D2
Uffelte	11	F4	Ureterp	11	E1	Valkenburg aan de Geul	62	C1	Vecht (De)	25	E2	Veerse Gatdam	37	D2
Ugchelen	25	D3	Ureterp aan de Vaart	11	E1	Valkenheide	32	A1	Veele	13	F1	Veerse Meer	37	E2
Uilesprong	11	D1	Urk	16	B2				Veelerveen	13	F1	Veessen	25	E1
			Urmond	51	E2				Veen	31	E4	Vegelinsoord	10	C2
									Veendam	7	D4	Veghel	42	A1

Veld ('t)	14	C1
Velddriel	31	F4
Velde (Den)	18	C2
Velde ('t)	26	A3
Velden	43	F3
Veldhoek (Gelderland)	26	B4
Veldhoek (Overijssel)	18	A4
Veldhoven	41	F3
Veldhuizen	11	F3
Veldhunten	34	A3
Veldzicht	46	B2
Velp (Gelderland)	32	C4
Velp (Noord-Brabant)	33	E1
Velsen	14	A4
Velserbroek	21	E1
Velswijk	34	A2
Veltum	43	D2
Veluwe	24	C2
Veluwemeer	16	C4
Veluwezoom
(Nationaal Park De)	25	E4
Vemde	25	E1

UTRECHT

Achter de Dom	BY 3	Dav. van Mollemstr.	AX 37	Kromme Nieuwegracht	BY 70	Oudegracht
Achter St-Pieter	BY 4	Dompl.	BY 39	Kruisstr.	CX 72	Oudkerkhof
Agnietenstr.	BZ 6	Domstr.	BY 40	Lange Jansstr.	BX 73	Pausdam
Badenpowellweg	BZ 11	Duifstr.	BX 43	Lange Smeestr.	BY 75	Pieterskerkhof
Bakkerbrug	BY 12	Herculeslaan	CZ 48	Lange Viestr.	AX 76	Pieterstr.
Biltsestraatweg	CX 15	Jansbrug	ABY 54	Ledig Erf	BZ 78	Potterstr.
Blauwkapelseweg	BX 18	Janskerkhof	BX 55	Leidseveer	AXY 79	Predikherenkerkhof
Bleekstr.	BZ 21	Johannes de Bekastr.	BX 57	Maliesingel	BCYZ 82	Prins
Bosboomstr.	CZ 22	Kaatstr.	AX 60	Mariaplaats	BY 84	Hendriklaan
Briljantlaan	BZ 25	Kleinesingel	BX 61	Mecklenburglaan	CYZ 87	Servetstr.
Catharijnebaan	AY 31	Koekoekstr.	BX 63	Moreelsepark	AY 90	Stadionlaan
Catharijnekade	AX 33	Koningin Wilhelminalaan	AZ 64	Nachtegaalstr.	CY	Stationspl.
		Korte Jansstr.	BY 67	Neude	BXY 91	Steenweg
		Korte Nieuwstr.	BY 69	Nicolaasstr.	BZ 93	Twijnstr.

Oudegracht	AXBZ
Oudkerkhof	BY 97
Pausdam	BY 100
Pieterskerkhof	BY 103
Pieterstr.	BY 2
Potterstr.	BX 106
Predikherenkerkhof	BX 108
Prins
Hendriklaan	CY 110
Servetstr.	BY 115
Stadionlaan	CZ 122
Stationspl.	AY 123
Steenweg	ABY 124
Twijnstr.	BZ 128

Valkstr.	BX 129
van Asch
van Wijckskade	BX 10
van Sijpesteijnkade	AY 116
Venuslaan	BCZ 130
Vismarkt	BY 133
Voetiusstr.	BY 135
Voorstr.	BX
Vredenburg	AY
Westpl.	AY 141
Willem van Noortstr.	BX 142
Wittevrouwenstr.	BX 144
Wolvenpl.	BX 145
Zuilenstr.	BY 148

Ven-Zelderheide 33 E4
Venhorst 42 C1
Venhuizen 15 E2
Venlo 43 F4
Vennenbos (Het) 41 E4
Venray 43 E4
Verwolde 26 B3
Vessem 41 E3
Vethuizen 34 A3
Veulen 43 D3
Vianen (Noord-Brabant) ..33 D4
Vianen (Utrecht) 31 E1
Vierakker 25 F4
Vierhouten 25 D1
Vierhuis 10 C3
Vierhuizen 5 F2
Vierlingsbeek 43 E1
Vierpolders 29 D3
Viersprong (De) 26 B4
Vijfhuizen
 (Noord-Brabant) 40 C2
Vijfhuizen
 (Noord-Holland) 21 E1
Vijlen 63 D2
Vilsteren 18 A3
Vilt 62 C2
Vinkega 11 E3
Vinkel 32 A4
Vinkenberg 41 D2
Vinkenbuurt 18 A2
Vinkeveen 22 C3
Vinkeveense Plassen 21 C3
Vinkhuizen 6 B3
Visberg 39 D2
Visbuurt 5 D2
Visdonk 39 E3
Visvliet 5 F3
Vlaardingen 29 C2
Vlagtwedde 13 F1
Vlagtwedder-Veldhuis ..13 F1
Vlake 38 A3
Vledder 11 F3
Vledderveen (Drenthe) 11 F3
Vledderveen
 (Groningen) 13 E2
Vleut 41 F2
Vleuten 22 C4
Vlieland (Friesland) 2 B3
Vlieland (Zuid-Holland) 29 F1
Vlierden 42 E3
Vliet 20 C4
Vlietland 20 C4
Vlietlanden 29 E2
Vlijmen 31 F4
Vlissingen 36 C3
Vlist 30 C2
Vlodrop 53 E2
Vlotbrug 29 D3
Voederheil 32 C4
Voerendaal 62 C1
Vogelenzang 21 D2
Vogelfort 47 D1
Vogelwaarde 47 D1
Volendam 15 D4
Volkel 42 B1
Volkerak 39 D2
Volkerakdam 29 F4
Vollenhove 17 D1
Vollenhoven 23 E4
Vollenhoverkanaal 17 D1
Vollenhovermeer 17 D1
Voorburg 20 C4
Voordeldonk 42 C4
Voordijk 31 F4
Voorhout 20 C3
Voorrijp 3 E4
Voorschoten 20 C4
Voorst 25 F3
Voorst (Ambt Montford) ..53 E3
Voorst
 (Onde IJsselstreek) 34 B3
Voorste Heikant 41 D4
Voorsterbos 17 D2
Voorstonden 25 F3
Voorteind 41 D4
Voorthuizen 24 B3
Vorchten 17 E4
Vorden 26 A4
Vorst (De) 43 E4
Vorstenbosch 42 A1
Vortum-Mullem 43 D1
Voske 40 C3
Voskuilen 43 F4
Vossenpels 33 D2
Vosseven ('t) 51 D2
Vrachelen 40 B1
Vragender 34 C2
Vredepeel 43 D2
Vreehorst 35 D2
Vreeland 22 C4
Vreeswijk 31 E1
Vries 12 B1
Vriescheloo 13 F1
Vriezenveen 18 C4
Vrijhoeve-Capelle 40 C1
Vrilkhoven 41 D2
Vronhout 39 D2
Vroomshoop 18 C4
Vrouwenparochie
 (Froubuurt) 4 B3
Vrouwenpolder 37 D2

Vrouwentroost 21 E2
Vught 41 E1
Vuile Riete 18 B2
Vuilendam 30 C3
Vuilpan 46 A2
Vuren 31 E3

W

Waaksens 10 A1
Waal 31 E4
Waal (De) 8 B1
Waalhaven 29 F3
Waalre 41 E4
Waalwijk 40 C1
Waar ('t) 7 E3
Waarbeek (De) 27 D2
Waarde 38 B4
Waardenburg 31 F4
Waarder 30 C1
Waardhuizen
 (Noord-Brabant) 31 D4
Waardhuizen
 (Noord-Holland) 21 F2
Waarland 14 C1
Waaxens 5 D4
Wachtum 19 D1
Waddeneilanden 2 C1
Waddenzee 2 B4
Waddinxveen 30 B1
Wadenoijen 32 A4
Wadway 15 D2
Wadwerd 6 B1
Wagenberg 39 F1
Wagenborgen 7 D3
Wageningen 32 C1
Wageningen-Hoog 32 C1
Wahlwiller 62 C2
Walcheren (Kanaal door) ..37 D2
Walderveen 24 B4
Walfort ('t) 34 C2
Walik 41 F4
Wals 34 A3
Walsberg 42 C3
Walsoorden 38 A4
Wamel 32 A2
Wanneperveen 17 E1
Wanroij 42 C1
Wanroijsepeel 42 C2
Wanssum 43 E2
Wânswert 4 C3
Wapenveld 17 E4
Wapse 11 F3
Wapserveen 11 E3
Warder 15 D3
Warffum 6 B1
Warfhuizen 6 A2
Warfstermolen
 (Warfstermûne) 5 F3
Warken 26 A3
Warmelo 26 C3
Warmenhuizen 14 B1
Warmond 21 D3
Warniahuizen 11 D1
Warns 9 F3
Warnsveld 25 F3
Warstiens 4 C4
Warten (Wartena) 5 D4
Waskemeer (Waskemar) ..11 F1
Waspik 40 C1
Waspik-Zuid 40 C1
Wassenaar 20 C4
Wassinkbrink 34 A2
Wateren 11 F3
Watergang 15 D4
Waterhuizen 6 C4
Wateringen 29 E1
Waterlandkerkje 46 A1
Waterval 62 B1
Waterwingebied 37 D2
Waver 21 F2
Waverveen 21 F3
Wedde 13 F1
Wedderheide 13 F1
Wedderveer 13 F1
Weebosch 51 B1
Weende 13 F2
Weerd (De) 51 F1
Weerdinge 12 E4
Weere (De) 15 D1
Weerribben
 (Nationaal Park De) ..17 D1
Weerselo 27 C4
Weert 51 E1
Weerterbergen 51 D1
Weerwater 23 E1
Weerwille 18 A1
Weesp 22 C2
Wehe-Den Hoorn 6 A2
Wehl 33 F1
Weidum 4 C4
Weijerswold 19 D1
Weijland 21 F4
Weipoort 21 D4
Weipoort 21 F4
Weite 13 F1
Weitemanslanden 18 C4
Weiteveen 19 E1
Weiwerd 7 E2

Wekerom 24 C4
Welberg 38 C2
Weldam 26 C2
Well (Gelderland) 31 F4
Well (Limbург) 43 E2
Wellerlooi 43 E2
Wellseind 31 E4
Welshoven 41 F4
Welsrijp (Wjelsryp) 3 F4
Welsum (Dalfsen) 18 A3
Welsum (Olst) 25 E1
Welten 63 D1
Wemeldinge 37 F3
Wenum 25 D2
Weper 11 F2
Weperpolder 12 A2
Wergea (Warga) 4 C4
Werkendam 30 C3
Werkhoven 31 F1
Wernhout 39 F3
Wernhoutsbrug 39 E4
Wervershoof 15 E1
Wesepe 25 F1
Wessem 51 F2
Wessem Nederweert
 (Kanaal) 51 E1
Wessinge 17 D4
West aan Zee 3 E4
West-Graftdijk 14 B3
West-Terschelling
 (West-Skylge) 2 C2
Westbeemster 14 C3
Westbroek 23 D3
Westdijk 29 F3
Westdorp 13 D3
Westdorpe 46 C2
Westeinde 7 E1
Westeinde 21 D4
Westeinder Plassen 21 E2
Westelbeers 41 D3
Westen (De) 8 B2
Westendorp 34 B2
Westeneng 24 C4
Westenesch 13 D4
Westenholte 17 E3
Westenschouwen 37 D1
Westerbeek 43 D2
Westerbergen 18 A1
Westerblokker 15 D2
Westerbork 12 C3
Westerbouwing 33 D1
Westerbroek 6 C4
Westerdijkshorn 6 B2

Westerduinen (De) 8 B2
Westerein 10 A3
Westeremden 6 C2
Westergeest (Westergeast) ..5 E3
Westerhaar-
 Vriezenveensewijk ..18 C4
Westerhoven 41 E4
Westerland 8 B2
Westerlee (Groningen) 7 E2
Westerlee (Zuid-Holland) ..29 D2
Westernieland 6 A1
Westernijtsjerk 4 C2
Westerschelde 37 D2
Westerstrand 5 E1
Westervelde 12 A1
Westervlier 26 B3
Westervoort 33 E1
Westerwijtwerd 6 C2
Westerwoldse Aa 7 F4
Westerzand 5 F3
Westgat 5 E1
Westgat 10 A2
Westhem 5 A2
Westkapelle 36 C3
Westkerke 38 B2
Westland 29 D1
Westlaren 12 C1
Westmaas 29 F4
Westpoort 21 E1
Westwoud 15 E2
Westzaan 14 B4
Wetering 17 D1
Weteringbrug 21 E3
Wetsens 5 D2
Wetsinge 6 B2
Weurt 33 D3
Weustenrade 62 C1
Weverwijk 31 D2
Wezep 17 E4
Wezup 12 C4
Wezuperbrug 12 C3
Wichmond 26 A4
Wieden (De) 17 E1
Wieken 34 A3
Wiekslag (De) 11 F4
Wientjesvoort 26 B4
Wier 3 F3
Wierden 26 C1
Wieringermeer Polder 8 D4
Wieringerwaard 8 B2
Wieringerwerf 9 D4
Wiersse (De) 26 B4
Wierum 5 D2

Wiesel 25 D2
Wieuwerd (Wiuwert) 10 B1
Wijbosch 41 F1
Wijchen 32 C3
Wijckel (Wikel) 10 B3
Wijdenes 15 E2
Wijdewormer 14 C2
Wijhe 25 F1
Wijk (De) (Drenthe) 18 A2
Wijk (De) (Gelderland) 25 D2
Wijk aan Zee 14 A4
Wijk bij Duurstede 31 F1
Wijk en Aalburg 31 E4
Wijlre 62 C2
Wijnaldum 3 E4
Wijnandsrade 62 C1
Wijnbergen 34 A2
Wijngaarden 30 C3
Wijnjewoude
 (Wynjewâld) 11 F1
Wijster 12 B4
Wijthmen 17 E3
Wijzend 15 D2
Wilbertoord 42 C1
Wild (Het) 32 A4
Wildenborch 26 B3
Wildervank 13 D1
Wildervanksterdallen 13 D1
Wilgen (De) 11 E1
Wilhelminadorp 37 F3
Wilhelminakanaal 40 B2
Wilhelminaoord 11 F3
Willem Lodewijk van
 Nassaukazerne 5 F2
Willemsoord (Drenthe) 13 D4
Willemsoord
 (Noord-Holland) 8 B3
Willemsoord (Overijssel) ..11 E4
Willemstad 39 D1
Willeskop 30 C1
Willige Langerak 30 C2
Wilnis 21 F3
Wilp 25 F2
Wilp (De)(De Wylp) 11 E1
Wilp-Achterhoek 25 F3
Wilsum 17 D3
Wiltzangh (De) 18 A1
Winde 6 B4
Windesheim 17 F4
Windmolenbroek 26 C1
Windraak 51 F4
Winkel 14 C1

Winneweer 6 C2
Winschoten 7 E4
Winschoterdiep 6 C3
Winssen 32 C2
Winsum (Fryslân) 3 F4
Winsum (Groningen) 6 B2
Wintelre 41 E4
Wintelrese Hut 41 E3
Winterswijk 35 D2
Winthagen 62 C1
Wippert (De) 26 A2
Wirdum 5 D2
Wirdum (Wurdum) 4 C4
Wirdumerdraai 6 C2
Wisch (Ter) 13 F2
Wissekerke 37 E3
Wissel 25 D1
Wissenkerke 37 E2
Wissink 34 B3
Witgoorsbrug 34 C3
Witharen 18 A3
Witmarsum
 (Wytmarsum) 10 A1
Witrijt 50 A1
Wittebrink 34 A4
Wittelte 12 A4
Wittem 62 C2
Witten 12 B2
Witteveen 12 C4
Wittewierum 6 C3
Woensdrecht 38 C4
Woensel 41 F3
Woerden 21 F4
Woerdense Verlaat 21 F4
Woeste Hoeve 25 E4
Woezik 32 C3
Wognum 15 D2
Woldberg 17 D4
Woldendorp 7 E3
Wolfersveen 34 B2
Wolfhaag 63 D3
Wolfheze 33 D1
Wolfsbarge 6 C4
Wolfsven ('t) 42 B3
Wollinghuizen 13 F2
Wolphaartsdijk 37 E3
Wolsum 10 A2
Woltersum 6 C3
Wolvega (Wolvegea) 11 D3
Wommels 10 B1
Wons (Wûns) 10 A1
Woold 35 D2

VALKENBURG

Berkelstr. .... Z 3
Dr Erensstr. .... Y 4
Emmalaan. .... Y 6
Grendelpl. .... Z 7
Grotestr. .... Z 9
Halderstr. .... Z 10

Hekerbeekstr. .... Y 12
Jan Dekkerstr. .... Y 13
Kerkstr. .... Z 15
Kloosterweg .... Y 16
Louis van der Maessenstr. .. Y 18
Muntstr. .... Y 19
Oranjelaan. .... Y 21
Palankastr. .... Z 22

Plenkertstr. .... YZ
Poststr. .... Y 24
Prinses Margrietlaan .... Y 25
Sittarderweg .... Y 27
Theodoor Dorrenpl. .... Y 28
Walrampl. .... Y 30
Walravenstr. .... Y 31
Wilhelminalaan .... YZ

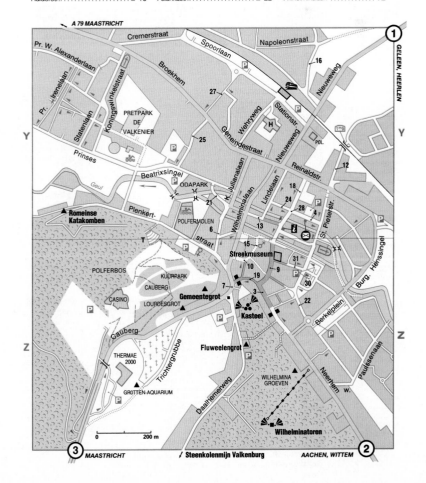

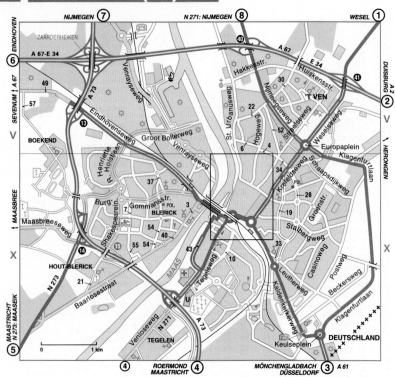

VENLO

Antoniuslaan	X	3
Bisschop Schrijnenstr.	V	4
Drie Decembersingel	X	7
Dr Blumenkampstr.	V	6
Eindhovenseweg	Z	9
Emmastr.	X	10
Gasthuisstr.	Y	12
Goltziusstr.	Y	13
Grote Beekstr.	Y	15
Grote Kerkstr.	V	16
Hertog Reinoudsingel	X	19
Holleweg	X	21
Karbindersstr.	V	22
Klaasstr.	X	24
Koninginnepl.	Z	25
Koninginnesingel	X	27
Laaghuissingel	X	28
Lomstr.	Y	31

L. Janszoon Costerstr.	V	30
Maagdenbergweg	X	33
Molenstr.	X	34
Nassaustr.	Z	36
Nieuwborgstr.	X	37
Parade	Z	
Peperstr.	Y	39
Pontanusstr.	Y	40
Prinsessesingel	Z	42
Prof. Gelissensingel	X	43
Puteanusstr.	Y	45
Roermondsepoort	Z	46
Roermondsestr.	Z	48
Sevenumseweg	V	49
Sint-Jorisstr.	Y	51
Veldenseweg	V	52
Vleesstr.	Z	
Vliegenkampstr.	X	54
Willem de Zwijgerstr.	X	55
2e Romerweg	V	57

Woonoord Lunetten	41	E2				
Wopereis (De)	34	B2				
Wordragen	31	F4				
Workum (Warkum)	10	A2				
Wormer	14	C4				
Wormerveer	14	C4				
Woubrugge	21	E3				
Woude (De)	14	B3				
Woudenberg	23	F4				
Woudrichem	31	D3				
Woudsend (Wâldsein)	10	B3				
Wouterswoude (Wâlterswâld)	5	D3				
Wouw	39	D3				
Wouwse Plantage	39	D3				
Wyns	4	C3				
Wytgaard	4	C4				

Y

Yde	6	B4
Yerseke	38	A3
Ysbrechtum	10	B2

Z

Zaamslag	47	D1
Zaamslagveer	47	D1
Zaan	21	E1
Zaandam	14	F4
Zaandijk	14	C4
Zaanse Schans	21	E1
Zaanstad	14	C4
Zalk	17	E3
Zaltbommel	31	F3
Zand (Het)	26	B4
Zand ('t) (Noord-Brabant)	40	C3
Zand ('t) (Noord-Holland)	8	B4
Zandberg (Drenthe)	13	E2
Zandberg (Zeeland)	47	E1
Zanddijk	37	D2
Zande (De)	17	D3
Zandeweer	6	C1
Zandhuizen	11	F3
Zandkreekdam	37	F3
Zandloper (De)	8	B3
Zandoerle	41	E4
Zandpol	19	F2
Zandspui	39	F2
Zandstraat	46	C1
Zandt ('t)	6	C1
Zandvoort	21	D1
Zandwerven	14	C2
Zeddam	34	A3
Zeeburgertunnel	22	C1
Zeedorp	37	F4
Zeegse	12	C1
Zeeland (Gelderland)	33	E3
Zeeland (Noord-Brabant)	32	C4
Zeelandbrug	37	F2
Zeelst	41	F3
Zeerijp	6	C2

Zeewolde	24	B1
Zegge	39	E2
Zegveld	21	F4
Zeijen	12	B1
Zeilberg	42	C3
Zeist	23	E4
Zeldert	23	F3
Zelhem	34	A2
Zenderen	27	D1
Zetten	32	C2
Zevenaar	33	E2
Zevenbergen	39	E1
Zevenbergschen Hoek	39	F1
Zevenhoven	21	E3
Zevenhuizen	30	A1
Zevenhuizen (Groningen)	6	A4
Zevenhuizen (Noord-Holland)	8	C1
Zevenhuizerplas	30	A2
Ziek	34	A3
Zierikzee	37	F1
Zieuwent	34	C2
Zijderveld	31	E2
Zijdewind	14	C1
Zijldijk	6	C1
Zijpe	38	B2
Zijpe-en Haze Polder	14	B1
Zijpenberg	25	E4
Zijtaart	42	A2
Zilk (De)	21	D2
Zilven	25	E4
Zilveren Schor (Het)	37	D3
Zinkweg	29	E3
Zoelen	32	A2
Zoelmond	31	F2
Zoetermeer	29	F1
Zoetermeerse Plas	20	C4
Zoeterwoude	21	D4
Zoeterwoude-Rijndijk	21	D4
Zomerdorp Het Zwin	36	B4
Zondveld	42	A2
Zonnemaire	28	B4
Zoomvliet	39	D3
Zorgvlied	11	F3
Zoutelande	36	C3
Zoutkamp	5	F2
Zuid-Beijerland	29	E4
Zuid-Beveland (Kanaal door)	37	F4
Zuid-Eierland	8	B1
Zuid-Kennemerland (Nationaal Park)	21	D1
Zuid-Scharwoude	14	B2
Zuid-Willemsvaart	51	D1
Zuidbarge	13	E4
Zuidbroek (Groningen)	7	D4
Zuidbroek (Zuid-Holland)	30	B2
Zuidbuurt	21	D4
Zuiddorpe	47	D2
Zuideinde (Brederwiede)	17	D4
Zuideinde (IJsselmuiden)	17	D4
Zuidermeer	15	D2
Zuideropgaande	18	B2
Zuidersluis	23	E1
Zuiderveld (Het)	8	B4
Zuiderwoude	15	D4
Zuidhorn	6	A3
Zuidlaardermeer	12	C1
Zuidlaarderveen	12	C1

Zuidland	29	E3
Zuidlaren	12	C1
Zuidoostbeemster	14	C4
Zuidplaspolder	21	D4
Zuidschermer	14	B3
Zuidveen	11	E4
Zuidvelde	12	A1
Zuidwending	13	E1
Zuidwijk	29	F3
Zuidwolde (Drenthe)	18	A1
Zuidwolde (Groningen)	6	B3
Zuidzande	46	A1
Zuidzijde	38	C1
Zuigerplas	16	B3
Zuilichem	31	E3
Zunderdorp	22	C1
Zundert	39	F3
Zurich (Surch)	9	F1
Zutphen	25	F3
Zuurdijk	6	A2
Zwaag	15	D2
Zwaagdijk-Oost	15	E1
Zwaagdijk-West	15	D2

Zwaagwesteinde (De Westerein)	5	D3
Zwaanshoek	21	D2
Zwagerbosch	5	E3
Zwaluwenburg	17	D4
Zwammerdam	21	E4
Zwanenburg	21	D1
Zwanenwater ('t)	8	B4
Zwarte Bergen (De)	50	B1
Zwarte Dennen (De)	17	F2
Zwarte Haan	3	F3

Zwarte Water	17	E2
Zwartebroek	24	A3
Zwartemeer	19	F1
Zwartemeer (Plaats)	19	F1
Zwartenberg	39	F1
Zwartendijk	17	D3
Zwartewaal	29	D3
Zwartewaterklooster	17	E2
Zwartsluis	17	E2
Zwartven	41	D4
Zweekhorst	33	E1

Zweeloo	12	C4
Zweins	3	F4
Zweth	29	E2
Zwiep	26	B3
Zwiggelte	12	B3
Zwijndrecht	30	B3
Zwinderen	18	C1
Zwingelspaan	39	E1
Zwolle (Gelderland)	26	C4
Zwolle (Overijssel)	17	E3
Zwolsevaart	17	D1

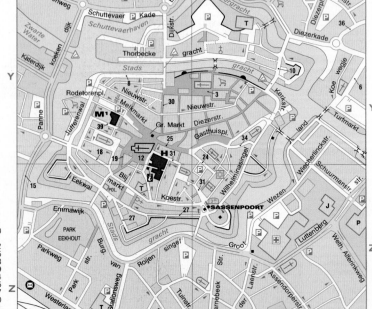

ZWOLLE

Achter de Broeren	CY	3
Bagijnesingel	CY	6
Buitenkant	BY	8
Diezerpoortenplas	CY	10
Diezerstr.	CY	
Grote Kerkpl.	BY	12
Harm Smeengekade	BZ	15
Kamperstr.	BY	18
Luttekestr.	BY	19
Nieuwe Markt	CYZ	24
Oude Vismarkt	BY	25
Potgietersingel	BZ	27
Roggenstr.	BY	30
Sassenstr.	BYCZ	31
Ter Pelkwijkstr.	CY	34
Thomas a Kempisstr.	CY	36
van Wevelinkhovenstr.	CY	40
Voorstr.	BY	39

Belgique / België

A

A l'Empereur 60 B4
A Marloyau 56 C4
Aaigem 57 E2
Aalbeke 55 E3
Aalst (=Alost) 57 E1
Aalst (Limburg) 60 C3
Aalst (Vlaams-Brabant) 59 E3
Aaltebei 46 A3
Aalter 46 A3
Aalterbrug 46 A3
Aandenkot 54 A2
Aard 48 C3
Aard (Ten) 49 E2
Aarlen = Arlon 82 A2
Aarschot 49 E3
Aarsele 46 A4
Aartrijke 45 D3
Aartselaar 48 C3
Aat = Ath 57 D4
Abbaye (Château de l') 71 F1
Abée 71 D2
Abele 54 A2
Abliau (L') 57 E1
Abolens 60 B4
Achel 50 C1
Achel Station 50 C1
Achelse Kluis 50 C1
Achêne 70 B4
Achet 70 B3
Achouffe 78 A1
Achterbos 49 F2
Achterbroek 39 E4
Achterheide 49 D4
Achterhoek 47 D2
Achterlee 49 E2
Acosse 70 C4
Acoz 68 C3
Âcremont 76 C4
Adegem 46 A2
Adinkerke 44 A4
Adzeu 71 F1
Affligem 57 F1
Aherée 68 C4
Ahin 70 C1
Aigremont 61 D4
Aineffe 60 C4
Ainières 56 B4
Aische-en-Refail 69 E1
Aiseau-Presles 69 D3
Aisemont 69 D3

Aisne 71 E3
Aisne (Rivière) 71 E3
Aissomont 72 C3
Aix-sur-Cloie 82 A4
Akrenbos 57 D3
Al Barbotte 70 C1
Al Vau 58 A4
Albert Kanaal /
   Canal Albert 48 C1
Albertstrand 45 E1
Alden-Biesen 61 D2
Aldeneik 51 E3
Aldringen 73 D4
Alfersteg 73 E4
Alken 60 C1
Alle 80 A1
Alleur 61 E4
Almache 80 B1
Almeroth 82 A2
Alost = Aalst 57 E1
Alsemberg 58 B3
Alster 73 D4
Alt-Hoeselt 61 D2
Altena 45 E4
Alû (L') 68 A3
Alveringem 44 A4
Am Grünen Kloster 73 E1
Am Kreuz 73 E3
Âma 71 D3
Amay 70 C1
Amberloup 77 D1
Amblève = Amel 73 E3
Amblève / Amel
   (Rivière / Fluß) 73 E3
Ambly 77 D1
Ambresin 60 A4
Amcomont 72 B3
Amel (=Amblève) 73 E3
Amel / Amblève
   (Fluß / Rivière) 73 E3
Amelscheid 73 E4
Amerois (Les) 80 C2
Amersvelde 45 D4
Amon Sotia 70 C1
Amonines 71 E4
Amougies 56 B3
Ampsin 70 C1
Andenelle 70 B2
Andenne 70 B2
Anderlecht 58 B2
Anderlues 68 A3
Andler 73 F3
Andoumont 71 F1
Andoy 69 F2
Andrimont (Dison) 62 C4
Andrimont (Stoumont) 72 C2

Angleur 61 E4
Angre 66 C3
Angreau 66 C4
Anhée 69 F4
Anker 57 D1
Anlier 81 F1
Anlier (Rivière) 81 F1
Anlier (Forêt d') 82 F2
Anloy 76 C4
Annecroix 57 F4
Annevoie-Rouillon 69 F3
Ans 61 E4
Ansart 81 E1
Anseremme 76 A1
Anserœul 56 B3
Ansuelle 68 A3
Anthée 75 F1
Antheit 70 C1
Anthisnes 71 E2
Antoing 66 A1
Antwerpen (=Anvers) 48 B2
Antwerpen naar Turnhout
   (Kanaal van) 48 C1
Anvaing 56 B4
Anzegem 56 A4
Appelboom 46 A2
Appels 47 E4
Appelterre-Eicheim 57 E2
Appensvoorde 46 B3
Arbre (Hainaut) 67 D1
Arbre (Namur) 69 F3
Arbre St-Pierre 56 C3
Arbrefontaine 72 B4
Arbrisseau
   (Chapelle de l') 74 B3
Arc 56 B4
Archennes (=Eerken) 59 D3
Archimont 56 A4
Ardenelle 60 D1
Ardennes 57 E1
Ardevoor 59 F3
Ardooie 55 E1
Arenberg 59 D2
Arendonk 49 F1
Arendschot 49 F4
Argenteau 61 F3
Argenteuil 58 B3
Arimont 73 D2
Arisdonk 46 B3
Arlon (=Aarlen) 82 A2
Arloncourt 78 A3
Armandaal 58 C2
Arquennes 68 A1
Arsimont 69 D3
Arville (Luxembourg) 77 D3

Arville (Namur) 69 F3
As 51 D4
Asbeek 57 F1
Ashoop 44 B4
Aspelare 57 E2
Asper 56 C1
Asquillies 67 E3
Asse 57 F1
Asse-ter-Heide 57 F1
Assebroek 45 E2
Assenede 46 C2
Assenois (Bastogne) 77 F3
Assenois (Léglise) 81 E1
Assent 59 F1
Assesse 70 A3
Astene 56 B1
Astenet 63 D3
Atembeke 57 D1
Ath (=Aat) 57 D4

Athis 66 C3
Athus 82 B4
Atomium 58 B1
Atrin 71 D2
Attenhoven 60 B3
Attenrode 59 F2
Attert 82 A2
Attre 67 D1
Atzerath 73 E4
Au Breû 67 F3
Au-dela-de-l'Eau 77 D1
Aubange 82 A4
Aubechies 66 C3
Aubel 62 C3
Aublain 74 C3
Auby-sur-Semois 80 C1
Audemez 66 B1
Audenarde =
   Oudenaarde 56 B2
Auderghem / Oudergem 58 B2
Audregnies 66 C3
Auel 73 E4
Auffe 76 C2
Aulne (Abbaye d') 68 B3
Aulnois 67 D4
Autelbas 82 B3
Autelhaut 82 B3
Autre-Église 59 F4
Autreppe 66 C1
Auvelais 69 D2
Aux Fontaines 71 D1
Aux Houx 71 D1
Aux Quatre Bras 71 D2
Aux Quatre Sous 67 F1
Ave-et-Auffe 76 B2
Avekapelle 44 B4
Avelgem 56 A3
Avennes 60 B4
Averbode 49 F4
Avermaat 47 E4
Avernas-le-Bauduin 60 B3
Avin 60 C3
Avins (Les) 70 C3
Awagne 69 F4
Awan 71 F2
Awans 60 D4
Awenne 71 D1
Awirs 61 D4
Aye 77 D1
Ayeneux 61 F4
Aywaille 71 F2
Azi 81 D2

B

Baaigem 56 C1
Baal 49 D4
Baardegem 57 F1
Baarle 46 B4
Baarle-Hertog 40 C3
Baarlevelde 46 B4
Baas (De) 47 E3
Baasrode 47 F4
Baassels 45 F3
Babbelaar 57 E1

Babelom 59 E2
Bachte-Maria-Leerne 46 B4
Baclain 78 B1
Baconfoy 77 E2
Baelen 63 D4
Bagatelle 70 C2
Bagimont 80 A1
Baileux 74 C3
Bailièvre 74 B3
Baillamont 76 B4
Bailles à Bauffe 67 D1
Bailleul 55 F4
Baillonville 71 D4
Baisieux 66 C3
Baisy-Thy 68 C1
Balâtre 69 D2
Balegem 57 D1
Balen 50 A2
Balendijk 50 B2
Balenhoek 50 C1
Balgerhoeke 46 A2
Baliebrugge 45 E4
Ballewijer 50 C4
Ballons (Les) 55 E4
Balmoral 72 C1
Bambois 69 D3
Bambrugge 57 E1
Ban d'Alle 80 A1
Bande 77 D1
Baneux 72 B4
Bank 47 F2
Banneux-Notre-Dame 71 F1
Baranzy 82 A4
Baraque de Fraiture 71 F4
Baraque Michel
   (Station géodésique) 73 D1
Barbençon 74 B1
Barcenale 70 B4
Barchon 61 F4
Bareel 47 E3
Barnich 82 B3
Baronville 76 A2
Barreel 57 F1
Barrière de Champlon 77 E2
Barrière-Luc 75 E1
Barrières-d'Ecaussinnes 67 F1
Barry 66 B1
Bârsy 70 B3
Barvaux 71 E3
Barvaux-Condroz 70 C3
Bas-Bonlez 59 D3
Bas-Oha 70 B1
Bas-Warneton
   (=Neerwaasten) 54 C3
Basècles 66 C2
Basse Arche 70 B2
Basse-Bodeux 72 B3
Basse-Bras(La) 77 D3
Bassenge (=Bitsingen) 61 E3
Basses (Les) 70 C4
Bassevelde 46 B2
Bassilly 57 E4
Bassine 71 D3
Bastenaken = Bastogne 78 A3
Bastogne
   (=Bastenaken) 78 A3
Batis (Les) 71 F2

AALST

Alfred Nichelsstr. .... BZ 3
Bert van Hoorickstraat .. BY 4
Burgemeesterspl. .... BZ 5
De Gheeststr. .... BZ 17
Dirk Martensstr. .... BY 9
Esplanadepl. .... BY 10
Esplanadestr. .... BY 12
Frits de Wolfkaai. .... BY 13
Graanmarkt .... BY 19
Grote Markt .... BY 20
Houtmarkt. .... BZ 23
Josse Ringoikaai. .... BY 24
Kattestr. .... BY
Korte Zoutstr. .... BZ 26
Lange Zoutstr. .... BY 29
Molendries. .... BY 31
Molenstr. .... BY 32
Moutstr. .... BY 34
Nieuwstr. .... BY
Priester Daenspl. .... BY 35
Vaartstr. .... BY 38
Van Langenhovestr. ..... BZ 28
Varkensmarkt .... BY 39
Vlaanderenstr. .... BY 41
Vredepl. .... BY 42
Vrijheidstr. .... BY 43
Zwarte Zustersstraat ... BY 44
1 Meistr. .... BY 45

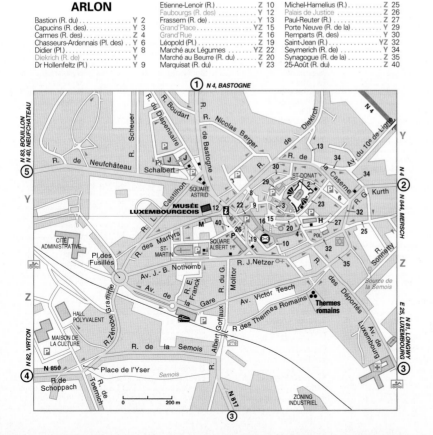

ARLON

Bastion (R. du) .... Y 2
Capucins (R. des) .... Y 3
Carmes (R. des) .... Z 4
Chasseurs-Ardennais (Pl. des) .. Y 6
Didier (Pl.) .... Z 8
Diekrich (R. de) .... Y
Dr Hollenfeltz (Pl.) .... Y 9
Etienne-Lenoir (R.) .... Z 10
Faubourgs (R. des) .... Y 12
Frassem (R. de) .... Y 13
Grand'Place .... YZ 15
Grand'Rue .... Z 16
Léopold (Pl.) .... Z 19
Marché aux Légumes .... YZ 22
Marché au Beurre (R. du) ... Y 20
Marquisat (R. du) .... Y 23
Michel-Hamelius (R.) .... Z 25
Palais de Justice .... Z 26
Paul-Reuter (R.) .... Z 27
Porte Neuve (R. de la) .... Y 29
Remparts (R. des) .... Z 30
Saint-Jean (R.) .... YZ 32
Seymerich (R. de) .... Y 34
Synagogue (R. de la) .... Z 35
25-Août (R. du) .... Z 40

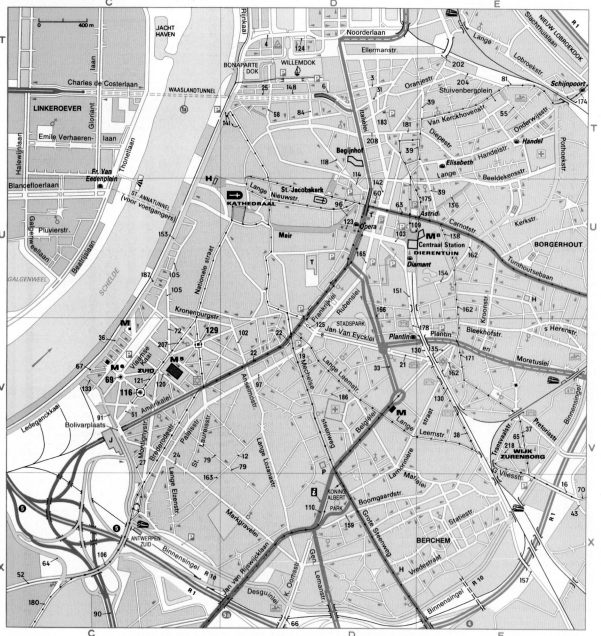

Bissegem 55 E2
Bist.......................48 C3
Bitsingen = Bassenge...61 F3
Bizencourt 56 A4
Bizet (Le) 54 C4
Bizôry 78 A3
Blaasveld..............48 A4
Blaimont 75 F1
Blaimont (Site de)....74 C2
Blakkeveld 46 A3
Blanche Oreille......76 C4
Blancs Trieux........68 B3
Blandain................65 F1
Blanden 59 D2
Blankaart..............54 C1
Blankaart
  (Natuurreservaat)...54 C1
Blankenberge........45 E1
Blanmont 59 D4
Blaregnies............67 D3
Blaton..................66 C2
Blaugies 67 D3
Blauwberg 49 E4
Blauwe-Sluis.........45 D2
Blauwhuis 45 F3
Blegny..................61 F4
Blegny-Trembleur
  (Complexe touristique)..61 F3
Bléharies 66 A2
Blehen 60 B4
Bleid....................81 F4
Blekkom 60 A1
Bleret...................60 C3
Blicquy..................66 C2
Blier.....................71 E4
Blindhef................71 F1
Bloemendaal.........60 B1
Bloemendale.........45 E4
Bloempot 47 F1
Bobbejaanland......49 E2
Bocholt.................51 D2
Bocholt-Herentals
  (Kanaal)..............50 A1
Bodange...............78 A4
Bodegnée.............70 C1
Boechout 48 B2
Boechout (Domein van)...58 A1
Boekendries..........56 C2
Boekhout...............60 C3
Boekhoute.............46 C2
Boekkouter............56 C2
Boekt...................50 B4
Boëlhe..................60 B4
Boeslinter.............59 F2
Bœur....................78 A2
Boezinge...............54 C2
Bogaarden.............57 F2
Bogaerde (Ten).......44 A3
Bohan...................80 A1
Bohanan (Rocher de)..80 C2
Bohissau...............70 B2
Bohon...................71 E3
Boignée.................69 D2
Boingt..................70 B1

Boirs 61 E3
Bois d'Alne (Castel)..70 C4
Bois Dame Aguisse..70 B2
Bois de Chin 55 F4
Bois-de-Goesnes....70 C2
Bois de Gonrieux ...74 C3
Bois-de-Lessines
  (=Lessenbos)........57 D4
Bois de Nivelles.....68 B1
Bois de Villers (Charleroi)..68 A4
Bois-de-Villers (Namur)..69 E3
Bois-des-Nauwes....68 B2
Bois Renaud 68 B2
Bois-Seigneur-Isaac..58 B4
Bois-St-Antoine......67 D3
Boisseille..............76 A1
Bokrijk.................61 D1
Bokrijk (Provinciaal
  domein van)..........50 B4
Boksbergheide.......50 C4
Bokslaar...............47 E3
Bolbeek = Bombaye..61 F3
Bolder..................61 E2
Bolderberg............50 B4
Bolinne.................69 F1
Bolland.................61 F4
Bollebeek..............58 A1
Bomal...................59 F4
Bomal-sur-Ourthe...71 D3
Bombaye (=Bolbeek)..61 F3
Bombois................77 F4
Bomerée................68 B3
Bommershoven.......61 D2
Bon Air.................68 C2
Bon-Secours..........66 B2
Boncelles..............71 E1
Boneffe.................59 F4
Bonheiden.............48 C4
Boninne................69 F2
Bonlez..................59 D4
Bonne..................71 D2
Bonne-Espérance...70 C1
Bonne Espérance
  (Abbaye de).........67 F3
Bonnert.................82 A2
Bonnerue (Houffalize)..78 A2
Bonnerue (Ste-Ode)..77 E3
Bonneville.............70 A2
Bonniers (Les)........68 A3
Bons Villers (Les)....68 C1
Bonsin..................71 D3
Bontegem..............57 F1
Booien..................51 E4
Booienhoven.........60 B2
Booischot..............49 D4
Booitshoeke..........44 B3
Boom...................48 A3
Boorsem...............61 F1
Boortmeerbeek......48 C4
Boquet.................69 E2
Borchtlombeek.......57 F2
Boreuville.............69 F3

Borgerhout (Antwerpen)..48 B2
Borgerhout (Meerhout)....49 F3
Borgloon (=Looz)....60 C2
Borgoumont...........72 C2
Borgworm = Waremme..60 C3
Borlez..................60 C4
Borlo...................60 B3
Borlon..................60 D3
Borminville............70 B3
Bormte.................47 E2
Born....................73 E3
Bornem.................47 F3
Bornival................68 A1
Borsbeek...............48 B2
Borsbeke...............57 D1
Borset..................60 C4
Borsu...................70 C3
Borzée.................71 F1
Bos (Wellen)..........60 C2
Bos (Zele).............47 E4
Bos (Zingem).........56 B1
Bos (Zoutleeuw)....60 B2
Bosbeek................58 A1
Bosbergen.............49 E2
Boscailles (Les)......69 F1
Bosdorp................47 E2
Boshoek...............69 F1
Boskant................47 F3
Boskapel...............45 D3
Bosmolens.............55 E2
Bossensteen..........48 C2
Bossière (Gembloux)..69 D1
Bossière (Mettet)....69 D3
Bosson.................71 F3
Bosstraat..............57 F3

Bossuit.................56 A3
Bossut..................59 D3
Bost....................59 F3
Botassart..............80 B1
Boterhoek..............46 A2
Bothey..................69 D1
Botrange (Signal de)..73 D1
Bottelare...............56 C1
Boucats (Les)........76 C3
Bouchaille (La).......70 B3
Bouffioulx.............68 C3
Bouge..................69 F2
Bougnies...............67 E3
Bougnimont...........77 E4
Bouillon................80 B1
Bouny..................61 F4
Bourcy.................78 A2
Bourdon...............71 E4
Bourgeon...............66 A1
Bourgogne (Hainaut)..56 A4
Bourgogne
  (West-Vlaanderen)...45 D3
Bourlers...............74 C3
Bourlon................57 D4
Bourlotte..............57 E2
Bourseigne-Neuve...75 F3
Bourseigne-Vieille...76 A3
Boussoit...............67 F2
Boussu.................67 D3
Boussu-Bois..........67 D3
Boussu-en-Fagne...75 D2
Boussu-lez-Walcourt..74 C1
Bousval................58 C4
Bout d'En Haut......74 C3
Bout Là-Haut (Le)...68 B3
Boutersem.............59 E2
Boutonville............74 C3
Bouverie (La).........67 D3
Bouvignes-sur-Meuse..69 F4
Bouvignies............56 C3
Bouwel.................49 D2
Bovekerke.............44 C4
Bovenistier...........60 C4
Bovenveld.............59 D1
Bovesse................69 E1
Bovigny................72 C4
Boyau de la Mort
  = Dodengang.......44 C4
Bra.......................71 F3
Bracht..................73 E4
Braffe..................66 B1
Brages = Beert.......57 F3
Braibant................70 B4
Braine-l'Alleud
  (=Eigenbrakel)......58 B4
Braine-le-Château
  (=Kasteelbrakel)....58 A4
Braine-le-Comte.....67 F1
Braives.................60 B4
Brakel..................56 C3
Braken..................39 E4
Branchon..............59 F4
Brand (De)............49 F1
Brandbezen...........47 E3
Brandhoek.............54 B2
Branst..................47 F3
Bras 78 A3
Brasel..................49 F1
Brasmenil.............66 B1
Brasschaat............48 B1
Braunlauf..............73 D4
Bray....................67 F3
Brebos..................39 F4
Brecht..................49 D1
Bredene...............44 C2
Bredene-aan-Zee....44 C2
Bree....................51 D2
Breedhout.............57 F3

Breendonk.............48 A4
Breendonk (Fort van)..48 A4
Breidels.................45 E3
Breisem.................59 F2
Breitfeld...............73 E4
Breiven.................51 E2
Bremt...................59 E2
Breskens...............45 D4
Bressoux...............61 E4
Breuvanne.............81 E2
Breydel................57 D2
Briel (Dendermonde)..47 F4
Briel (Herzele).......57 D2
Briel (Lokeren).......47 D3
Briefœil................66 B1
Briemont................76 C1
Briscol..................71 E4
Brisy....................78 B1
Brivioûle...............60 B4
Broechem.............48 C2
Broek...................63 D3
Broeken................46 A2
Broeken (De).........51 E3
Broekkant.............49 F1
Broekom................60 C2
Bronrome.............72 B2
Broodseinde..........55 D2
Brouck (La)...........71 F1
Bru (Le)................72 B4
Brugelette.............67 D1
Bruges = Brugge....45 E2
Brugge..................57 F3
Brugge (=Bruges)....45 E2
Bruggeneinde.........49 D3
Bruggewijk............46 A3
Bruinbeke.............47 D2
Brukom..................58 A3
Brûly...................75 D4
Brûly-de-Pesche.....75 D3
Brumagne..............69 F2
Brume..................72 B3
Brun Culot............56 C4
Brunehault (Pierre)..66 A2
Brunehaut..............66 A2
Brunehaut..............66 A2
Brussegem.............58 A1
Brussel / Bruxelles..58 B2
Brustem................60 B2
Bruxelles / Brussel..58 B2
Bruyelle................66 A1
Bruyère (Ellezelles)..56 C3
Bruyère (Lens).......67 D1
Bruyère (La)
  (Beauvechain)......59 E3
Bruyère (La) (Jamioulx)..68 C3
Bruyère (La) (Namur)..69 E2
Bruyère (La)
  (Stambruges)........66 C2
Bruyère (La)
  (Wauthier-Braine)..58 B4
Bruyère Dincq........67 E2
Bruyère Madame.....58 B4
Bruyères (Liège).....73 D2
Bruyères (Namur)...69 D1
Bruyères (Les) (Hainaut)..67 E2
Bruyères (Les) (Namur)..69 D4
Brye....................68 C1
Büchel..................73 D3
Buchholz...............73 F3
Budingen...............60 B2
Buggenhout...........47 F4
Buissenal..............56 C4
Buisson................77 F1
Buissonville...........76 C1
Buizingen..............58 A3
Buken...................49 D1
Bukenberg.............50 A3
Bullange = Büllingen..73 E2
Bullen (De)............50 C3

Bulles (Les)...........81 E2
Büllingen (=Bullange)..73 E2
Bulskamp..............44 A4
Bulst...................60 C1
Bultia (Le)............68 C3
Bunsbeek...............59 F2
Buntelare..............46 A3
Burcht (Antwerpen)..48 A2
Burcht (Vlaams-Brabant)..57 E3
Burdinne...............70 B1
Bure....................76 C2
Buresse................70 B3
Buret....................78 B2
Burettes (Les).......59 E3
Burg-Reuland.........79 D1
Burhémont.............80 C1
Burkel..................45 F2
Burnenville............72 C2
Burnon..................77 F4
Burnontige St-Antoine..71 F3
Burnot..................69 F3
Burst...................57 D1
Burtonville............72 C4
Bury....................66 B1
Bûrzin..................76 B2
Busseboom............54 B2
Bütgenbach...........73 E2
Bütgenbach (Stausee)..73 E2
Butor...................56 A4
Buvange................82 A3
Buvingen..............60 B3
Buvrinnes.............68 A3
Buzenol................81 F3
Bûzet...................69 E3
Buzet...................68 B1
Buzin....................70 C3

C

Câge (La)...............67 E1
Cahos...................55 F4
Cahottes (Les).......61 D4
Caillou (Musée du)...58 B4
Calamine (La) = Kelmis..63 D3
Callenelle.............66 B2
Calonne................68 A1
Calvaire................68 A3
Cambron-Casteau...67 D1
Cambron-St-Vincent..67 D1
Canon (La).............74 B2
Cantines (Les).......67 F1
Caquehu...............60 C4
Carlsbourg.............76 B4
Carnières..............68 A2
Carnoi (Le)............56 B4
Casteau................67 E2
Castillon...............74 C1
Cat Sauvage (Moulin du)..56 C3
Caudenborm..........47 D2
Cavrinnes..............55 F4
Cedrogne (Bois de)..72 B4
Cèli.....................77 E2
Celles (Hainaut).....56 A4
Celles (Liège)........60 C4
Celles (Namur).......76 A1
Cendron................77 F4
Cens....................77 F2
Centfontaine..........70 C3
Centre..................59 D3
Centre (Canal du)...67 F3
Cerexhe................61 F4
Cerfontaine...........74 C1
Céroux-Mousty.......58 C4
Cetturu................78 A1
Chabrehez.............71 F4
Chaîneux...............62 C4

BOUILLON

Ange Gardien
  (R. de l')........Y 2
Augustins (R. des)..Y 3
Brutz (R. du)......Y 4
Collège (R. du)...YZ
Ducale (Pl.).......Y 5
Écoles (R. des).....Y 6
Faubourg de France Z 7
France (Porte de)..Z 9

France (Pt de)......Z 8
Godefroid-de-Bouillon
  (Espl.)..........Y 10
Hautes Voies
  (R. des).........Y 11
Laitte (R. de).....Z 12
Liège (Pt de)......Y 13
Maladrerie
  (Q. de la)........Y 14
Maladrerie (R. de la) Y 15
Moulin (R. du)....Z 16

Nord (R. du).......Y 18
Paroisse (Allée de la) Z 19
Petit (R. du).......Y 20
Poste (R. de la)....Z 22
Poulie (Pt de la)..Y 23
Poulie (R. de la)..Y 24
Prison (R. de la)..Z 26
Rempart (Q. du)...YZ
St-Arnould
  (Pl.)............Y 27
Saulx (Q. des).....Y 28

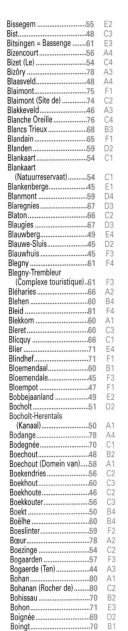

BLANKENBERGE
0   500 m
Voetgangersgebied in de zomer
Zone piétonne en été

Consciencestr. ....A 2
Generaal Lemanstr. ...A 3
Grote Markt.............A 4
Jeanne Van De Puttelaan..B 5
Kerkstr..................AB 6
Koning Leopold III Pl...B 7
Malecotstr...............B 9
Marie-Jose laan.........B 10
Onderwijsstr.............B 12
Van Maerlantstraat.....A 8
Vissersstr...............A 15

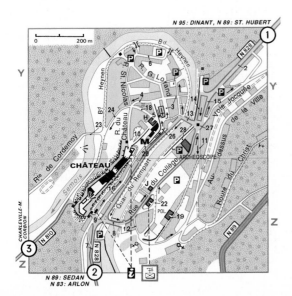

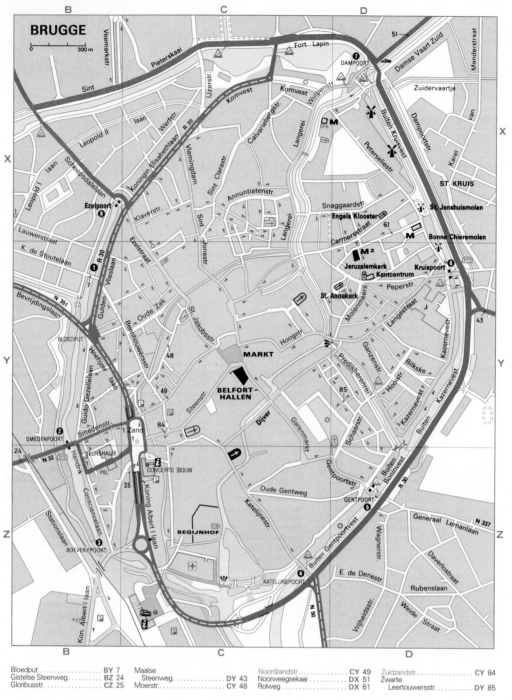

BRUGGE
0 — 300 m

Dinant	69	F4
Dinez	78	A1
Dion	76	A2
Dion-le-Mont	59	D4
Dion-le-Val	59	D3
Dion-Valmont	59	D3
Dison	62	C4
Dixmude = Diksmuide	44	C4
Dochamps	71	F4
Docq (Le)	69	D1
Dodemanshoek	44	A4
Dodengang (=Boyau de la Mort)	44	C4
Doel	47	F1
Doest (Ter)	45	E2
Dohan	80	C1
Doiceau	59	D3
Doische	75	F2
Dolembreux	71	F1
Dolhain	63	D4
Dolimarts (Les)	80	A1
Doment	57	F1
Dommartin	61	D4
Dompels	56	D2
Donceel	60	C4
Dongelberg	59	E3
Donk (Antwerpen)	49	F2
Donk (Limburg)	60	B1
Donk (Oost-Vlaanderen)	45	F2
Donk (Ter)	50	B2
Donkmeer	47	E4
Donkmeer	47	E4
Donstiennes	68	C4
Donvau	68	C4
Dool	50	B3
Doomkerke	45	F4
Doorn	45	F3
Doornik = Tournai	65	F1
Doornlaar	48	C4
Doornzele	46	C3
Doorslaar	47	D3
Doregem	47	F3
Dorinne	69	F4
Dormaal	60	B2
Dorne	51	D3
Dorpsheide	61	D1
Dottenijs = Dottignies	55	F3
Dottignies (=Dottenijs)	55	F3
Dour	67	D2
Dourbes	75	E2
Douvrain	67	D2
Doyon	70	B2
Dranouter	54	B3
Dréhance	76	A1
Drengel	49	D1
Dreye	60	B4
Drie Koningen	45	F3
Drie Masten	48	B2
Drie Schouwen	47	E2
Drie Torens	48	A4
Driegaaien	47	F3
Driegoten	47	F3
Driehoek	48	B3
Drielandenpunt	63	E3
Driepaalhoeve	51	D4
Driepikkel	45	F3
Dries (Gavere)	56	C1
Dries (Hoeselt)	61	D1
Dries (Kortenaken)	59	F2
Dries (Nieuwerkerken)	60	B2
Dries (Putte)	48	C4
Dries (Wielsbeke)	55	F1
Dries (Wortegem-Petegem)	56	B2
Dries (Zwevegem)	55	F3
Dries (De)	58	B1
Drieslinter	60	A2
Drietak	51	E2
Drijhoek	48	B1
Drinkteilen	60	B4
Droeshout	57	F1
Drogenbos	58	B3
Drogenbrood-Hoek	55	F1
Drongen	46	B4
Dronkaard	55	D2
Druimeren	57	E3
Dudzele	45	E1
Duffel	48	B3
Duinbergen	45	E1
Duisburg	58	C2
Duivelshoek	48	C4
Duras	60	B2
Durbuy	71	D3
Dürler	78	C1
Durme	47	E3
Durmen (Nevele)	46	B3
Durmen (Zele)	47	E2
Durnal	69	F3
Duve (La)	69	D2
Dworp	58	A3
Dyle / Dijle	58	C1

E

Eau d'Heure (Barrages de l')	68	B4
Eben	61	F2

Ebly	81	E1
Ecacheries (Les)	66	C1
Ecaussinnes-d'Enghien	67	F1
Ecaussinnes-Lalaing	67	F1
Echelpoel	49	D2
Écluse (L') (=Sluizen)	59	D3
Ede	57	E1
Ede (Ten)	47	D4
Edegem	48	B3
Edelare	56	B2
Edewalle	45	D4
Edingen = Enghien	57	E4
Eekhoutdries	47	F3
Eeklo	46	B2
Eekske	46	B3
Eeksken	47	F4
Eel	40	C4
Eenhoorn	48	B2
Eentveld	46	A3
Erpe	57	E1
Eerdegem	57	F1
Eerken = Archennes	59	D3
Eernegem	45	D3
Eetseveld	51	D3
Egbomont	72	C2
Egem	45	E4
Egemkapelle	45	E4
Egenhoven	59	D2
Eggerseel	48	B2
Eggewaartskapelle	44	B4
Éghezée	69	F1
Ehein	71	D1
Eibertingen	73	E3
Eichem	57	E1
Eienbroek	45	F1
Eigenbilzen	61	E1
Eigenbrakel = Braine-l'Alleud	58	B4
Eik	61	E1
Eikenen	50	B4
Eikevliet	48	A3
Eikhoek (Alveringem)	54	A1
Eikhoek (Vleteren)	54	B1
Eimerscheid	73	F2
Einde	59	F1
Eindeke	46	B2
Eindhout	49	F3
Eine	56	B2
Eingelo	47	F3
Einhoven	49	D1
Eisden	51	E4
Eisterlee	49	D2
Eizer	58	C2
Eizeringen	57	F2
Eke	56	B1
Ekeren	48	B1
Eksaarde	47	D3
Eksel	50	B2
Elch = Othée	61	D3
Elen	51	E3
Elene	57	D2
Elewijt	58	C1
Eliksem	59	F3
Elingen	57	F3
Elle	45	D4
Ellemelle	71	D2
Ellezelles (=Elzele)	56	C3
Ellignies-lez-Frasnes	56	B4
Ellignies-Ste-Anne	66	C1
Ellikom	50	C3
Elouges	66	C3
Elsaute	62	C4
Elsbrug	47	D4
Elsegem	56	B2
Elsenborn	73	E2
Elsenborn (Camp d')	73	E2
Elst (Brakel)	56	C2
Elst (Riemst)	61	E3
Elst (Ter)	48	B3
Elverdinge	54	B2
Elverenberg	57	D2
Elversele	47	F3
Elzele = Ellezelles	56	C3
Elzendamme	54	B1
Elzenhoek	49	D3
Elzenstraat	48	B4
Emael	61	F2
Embeke	57	E1
Emblem	48	C2
Embourg	61	E4
Emelgem	55	D2
Emines	69	E1
Emptinale	70	B4
Emptinne	70	B4
En Floret	72	B3
En Penant	69	F4
Ename	56	B2
Enclos (L')	81	F3
Enclos (Mont de) / Kluisberg	56	A3
Engel (De)	45	D3
Engelhoek	56	A2
Engelmanshoven	60	C4
Enghien (=Edingen)	57	E4
Engis	71	D1
Engreux	77	F2
Engsbergen	49	F4
Enhet	76	B1
Énines	59	F4

Ennal	72	C3
Ensival	72	C1
Envoz	70	B1
Épinois	68	A3
Eppegem	58	B1
Éprave	76	C2
Erbaut	67	D1
Erbisœul	67	D2
Ère	67	D2
Erembodegem	57	F1
Erezée	71	E4
Erkegem	45	E3
Ermeton-sur-Biert	69	E4
Ermitage (L')	68	B4
Ernage	69	D1
Erneuville	77	E1
Ernonheid	71	F3
Erondegem	57	F1
Erpe	57	E1
Erpekom	50	C3
Erpent	69	F2
Erperheide	50	C3
Erpigny	71	E4
Erpion	74	C1
Erps-Kwerps	58	C1
Erquelinnes	67	F4
Erquennes	67	D3
Erria	72	B3
Ertbrand	39	D4
Ertsenrijk	60	B1
Ertvelde	46	C2
Erwetegem	57	D2
Es	48	A2
Escaillère (L')	74	C4
Escanaffles	56	A3
Escarbotte (L')	56	B3
Escaut / Schelde	66	A1
Esen	44	C4
Esneux	71	E1
Esneu (Bois d')	71	E1
Espèches (Les)	77	D1
Espeler	57	E1
Espierres = Spiere	55	F3
Esplechin	65	F1
Esquelmes	55	F4
Essen	39	D3
Essenbeek	58	A3
Essene	57	F1

Estaimbourg	55	F4
Estaimpuis	55	F4
Estinnes-au-Mont	67	F3
Étalle	81	F3
Éthe	81	F4
Étikhove	56	B2
Ettelgem	45	D2
Eugies	67	D3
Euro Space Center	76	C3
Eve	70	B3
Evegnée	61	F4
Evelette	70	B3
Everbeek	57	D3
Everbeek-Boven	56	C3
Everberg	58	C2
Evere	58	B2
Evergem	46	C3
Eversel	50	A4
Eversem	58	B1
Everslaar	47	E3
Everveld	59	E1
Eveux	71	E4
Evregnies	55	F3
Evrehailles	69	F4
Eynatten	63	E3
Eynatterheide	63	E3
Ezaert	49	F2
Ezemaal	59	F3

F

Fagne (La)	71	F3
Fagnolle	75	D2
Fagnoule	71	F3
Failon	70	C3
Faimes	60	C4
Fairoul	68	C4
Falaën	69	E4
Falemprise	74	C1
Falise (Rocher de)	73	D2
Falisolle	69	D3
Falize (La)	72	B4
Fallais	60	B4
Falmagne	76	A1
Falmignoul	76	A1
Familleureux	68	A2

Fanson	71	F2
Fanzel	71	E3
Farciennes	68	C2
Farnières	72	C3
Fau (Roche de)	70	B1
Faulx-les-Tombes	70	A2
Faurœulx	67	F3
Fauvillers	81	F1
Faux	70	B4
Fayi	70	B4
Faymonville	73	E3
Fays (Liège)	72	C1
Fays (Luxembourg)	71	E3
Fays Famenne	76	B3
Fays-les-Veneurs	80	C1
Fayt-le-Franc	67	D3
Fayt-lez-Manage	68	A2
Fécher	61	F4
Fecher	71	E1
Fechereu	71	E4
Fées (Trou des)	81	E4
Felenne	75	D2
Feluy	68	A1
Feneur	61	F3
Fenffe	76	B1
Férage	76	A1
Fermont	66	B1
Fernelmont	70	A1
Féronval (Barrage de)	74	C1
Férot	69	D1
Ferrières	71	E3
Feschaux	76	A1
Fexhe-le-Haut-Clocher	61	D4
Fexhe-Slins	61	E3
Figotterie	68	C3
Filli	77	F1
Filot	71	E2
Finnevaux	76	A1
Fintele	54	B1
Fischbach (Chapelle)	73	D1
Fisenne	71	E4
Fitevoye (Rocher de)	69	F3
Fize-Fontaine	70	C1
Fize-le-Marsal	61	D3
Flaches (Les)	68	C3
Flamand	57	F4
Flamierge	77	F3
Flamisoul	77	F3
Flavion	69	E4

Flawinne	69	E2
Flémalle	61	D4
Flémalle-Haute	61	D4
Flénu	67	D3
Fléron	61	F4
Flesse	45	F4
Fleurus	68	C2
Flobecq (=Vloesberg)	56	C3
Flohimont	77	D4
Flône	70	C1
Florain	65	F1
Florée	70	B3
Floreffe	69	E2
Florennes	69	D4
Florenville	81	D2
Floriffoux	69	E2
Florival	59	D3
Florzé	71	F2
Flostoy	70	B3
Fô	69	F3
Focant	76	B2
Folie (La)	60	C4
Folx-les-Caves	59	F4
Fondri des Chiens	75	D2
Fontaine (Liège)	61	D4
Fontaine (Namur)	75	F1
Fontaine de Burton	77	D2
Fontaine-l'Évêque	68	B3
Fontaine-Valmont	44	A4
Fonteine	46	C2
Fonteintje	50	B3
Fonteintje ('t)	58	B1
Fontenaille	78	A1
Fontenelle	74	C1
Fontenoi	70	C3
Fontenoille	80	C2
Fontenoy	66	A1
Fonteny	68	B1
Fooz	71	E1
Forchies-la-Marche	68	B2
Forest	56	B4
Forest / Vorst	58	B2
Forêt	71	F1
Forge (La)	69	E4
Forge du Prince (La)	75	D3
Forge Jean Petit	74	C3
Forge-Philippe	74	B4

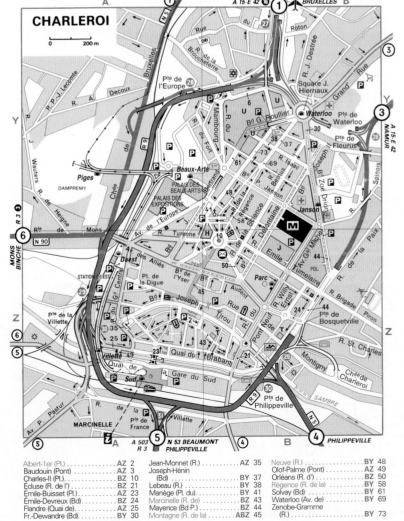

CHARLEROI

Albert-1er (Pl.)	AZ	2
Baudouin (Pont)	AZ	3
Charles-II (Pl.)	BZ	10
Écluse (R. de l')	BZ	21
Émile-Buisset (Pl.)	AZ	23
Émile-Devreux (Bd)	BZ	24
Flandre (Quai de)	AZ	25
Fr.-Dewandre (Bd)	BY	30
Jean-Monnet (R.)	AZ	35
Joseph-Hénin (Bd)	BY	37
Lebeau (R.)	BY	38
Manège (Pl. du)	BY	41
Marcinelle (R. de)	BZ	43
Mayence (Bd P.)	BZ	44
Montagne (R. de la)	ABZ	45
Neuve (R.)	BY	48
Olof-Palme (Pont)	AZ	49
Orléans (R. d')	BZ	50
Régence (R. de la)	BY	58
Solvay (Bd)	BY	61
Waterloo (Av. de)	BY	69
Zenobe-Gramme (R.)	BY	73

DIEST

Botermarkt	AZ	2
Delphine Alenuslaan	AZ	3
Ed. Robeynslaan	BZ	4
F. Moonsstr.	AZ	5
Graanmarkt	BZ	6
Grote Markt	AZ	7

Guido Gezellestr.	BZ	8
H. Verstappenpl.	BZ	9
Kattenstr.	BZ	10
Ketelstr.	AZ	12
Koestr.	BZ	13
Koning Albertstr.	BY	
Overstr.	BY	14

Pesthuizenstr.	BY	15
Refugiestr.	AY	16
Schotelstr.	AZ	19
St-Janstr.	BZ	18
St-Jan Berchmansstr.	AZ	17
Vestenstr.	BY	21
Wolvenstr.	ABY	22

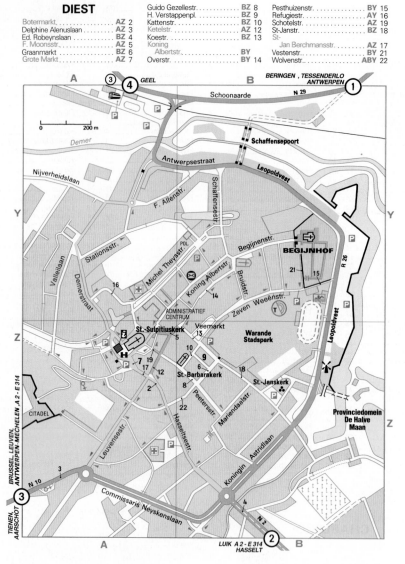

G

Gaasbeek	57	F3
Gages	67	D1
Gaillemarde	58	B3
Galhausen	73	D4
Gallaix	66	B1
Galmaarden	57	E3
Gand = Gent	46	C4
Gangelberg	48	C3
Ganshoren	58	A2
Gapaard (Heuvelland)	54	C3
Gapaard (Lo-Reninge)	54	B1
Gasthuisbos	60	B1
Gastuche	59	D3
Gaurain-Ramecroix	66	A1
Gavere	56	C1
Gavers (De)	57	D3
Gazelle	69	D3
Gdoûmont	73	D2
Gedinne	76	A3
Gedinne-Station	76	A3
Geel	49	F2
Geer	60	B4
Geetbets	60	B1
Geetvondel	49	D4
Geistingen	51	E2
Geite	45	D4
Gelbressée	69	F1
Geldenaken = Jodoigne	59	E3
Geldershorsten	50	B2
Gelembeke	57	D3
Gelinden	60	C3
Gellik	61	E1
Gelrode	59	E1
Geluveld	55	D2
Geluwe	55	D3
Gembes	76	B3
Gembloux	69	D1
Gèmechène	69	F4
Gemeldorp	57	D3
Gemmenich	63	D3
Genappe	68	C1
Gendron	76	A1
Geneberg	50	A3
Geneinde	49	E3
Genenbos	50	A4
Genendijk	49	F3
Gênes	77	E1
Genette (La)	57	F4
Geneut	51	E4
Genîmont	76	B2
Genk	50	C4
Genly	67	E3
Gennevaux (Léglise)	81	F1
Gennevaux (Musson)	82	A4
Genoelselderen	61	E2

Gent (=Gand)	46	C4
Gent Terneuzen (Kanaal)	46	C3
Gentbrugge	46	C4
Gentinnes	69	D1
Genval	58	C3
Geraardsbergen (=Grammont)	57	D3
Gerdingen	51	D2
Gerhagen Natuurreservaat	49	F4
Gerhees	50	A3
Gerheide	50	A4
Gérimont (Neufchâteau)	77	E4
Gérimont (Ste-Ode)	77	D1
Gerin	69	E4
Géripont (La)	80	C1
Gerlimpont	74	C1
Géromont	73	D2
Géromont	59	F4
Géronsart (Tour de)	69	F4
Géronsarts (Les)	74	C3
Géronville	69	D1
Gérouville	81	E3
Gerpinnes	68	C4
Gestel (Beringen)	50	A4
Gestel (Berlaar)	48	C3
Gestel (Meerhout)	49	F3
Gestel (Meeuwen)	50	C3
Gesves	70	B3
Gete	60	B1
Gevaarts	45	F3
Gewaai	61	E1
Gheer (Le)	54	C3
Ghislenghien	57	D4
Ghlin	67	D2
Ghoy	57	D3
Gibecq	57	D4
Gierle	49	E1
Gierle Bos	49	E1
Gijmel	49	E1
Gijverinkhove	54	A1
Gijzegem	47	E4
Gijzelbrechtegem	56	B2
Gijzenzele	57	D1
Gileppe (Barrage de la)	62	C4
Gilly	68	C3
Gimnée	76	A1
Ginderbuiten	50	A2
Gingelom	60	B3
Ginste	55	F4
Gistel	44	C3
Gistoux	59	D4
Gits	55	D1
Gitsberg	55	D1
Gives (Bertogne)	77	F2
Gives (Huy)	70	B2
Givroulle	77	F2
Givry (Hainaut)	67	E3

Forges	74	C3
Forges (Les) (Liège)	71	F1
Forges (Les) (Namur)	70	B3
Foriet	69	D1
Forrières	76	C2
Fortem	44	B4
Fortjen	46	B2
Fortuinhoek	54	C2
Forville	70	A1
Forzée	76	C1
Fosse	72	B3
Fosse (La)	71	F4
Fossés (Les)	81	E1
Fosses-la-Ville	69	D3
Fosset	77	E3
Fouches	82	A2
Fouleng	67	E1
Four Matot	74	B3
Fourbechies	74	B1
Fourchinée (La)	74	B3
Fourcroix	55	F4
Fourneau	70	C2
Fourneau David	82	A3
Fourneau St-Michel	77	D2
Fouron-le-Comte = 's Gravenvoeren	61	F3
Fouron-St-Martin = St-Martens-Voeren	62	C3
Fouron-St-Pierre = St-Pieters-Voeren	62	C3
Fourons = Voeren	61	F3
Foy	78	A2
Foy-Notre-Dame	70	A4
Foyir	72	C1
Frahan	80	B1
Fraineux	71	D1
Fraipont	71	F1
Fraire	68	C4
Fraiture (Sprimont)	71	E2
Fraiture (Tinlot)	71	D2
Fraiture (Vielsalm)	72	B4
Frameries	67	D3
Framont	76	C2
Franc-Waret	69	F1
Francheville	73	D3
Franchimont	75	E1

Franchimont (Château de)	62	C4
Francorchamps	72	C2
Frandeux	76	C1
Franière	69	E2
Franquenée	59	F4
Frasies	74	B1
Frasnes	75	D2
Frasnes-lez-Anvaing	56	B4
Frasnes-lez-Gosselies	68	C1
Frassem	82	B2
Fratin	81	F3
Frech Tri (Le)	69	F4
Freloux	61	D4
Frênes (Rochers de)	69	F3
Frenet	77	F2
Frênois	81	E2
Fresnaye (La)	59	D3
Freux	77	E3
Freux-la-Rue	77	E3
Freux-Mènil	77	E3
Freux-Suzeran	77	E3
Freyir (Forêt de)	77	D2
Freylange	82	A2
Freyneux	71	F4
Freÿr (Château de)	76	A1
Freÿr (Rochers de)	76	A1
Frezenberg	54	C2
Fribou (Le)	74	B1
Frisée	70	B3
Froidchapelle	74	C2
Froidcour	72	C2
Froidfontaine	76	A2
Froidlieu	76	B2
Froidmont	65	F1
Froidthier	62	C3
Froidville	72	B3
Fromiée	68	C4
Fronville	71	D4
Froyennes	65	F1
Ftère	49	E4
Fumal	70	B2
Furfooz	76	A1
Furnaux	69	D4
Furnes = Veurne	44	A4

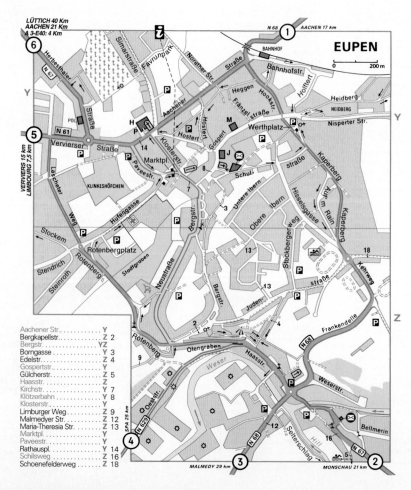

EUPEN

Aachener Str.	Y	
Bergkapellstr.	Z	2
Bergstr.	YZ	
Borngasse	Y	3
Edelstr.	Z	4
Gosperstr.	Y	
Gülcherstr.	Z	5
Haasstr.	Y	
Kirchstr.	Y	7
Klötzerbahn	Y	
Klosterstr.	Z	
Limburger Weg	Z	9
Malmedyer Str.	Z	12
Maria-Theresia Str.	Y	13
Marktpl.	Y	
Paveestr.	Z	
Rathauspl.	Y	14
Schilsweg	Z	16
Schoenefelderweg	Z	18

GENK

Berglaan . . . . X 6
Eerste cyclistenlaan . . . . X 8
Eindracht . . . . X 9

Fruitmarkt . . . . X 16
Jaarbeurslaan . . . . X 28
Klokstr. . . . . X 31
Markstr. . . . . X 39
Marktpl. . . . . X 40

Pastoor Raeymaekersstr. . . . . . . X 51
Schietboomstr. . . . . X 54
Sint-Martinuspl. . . . . X 55
Stoffelbergstr. . . . . X 60
Winterslagstr. . . . . X 69

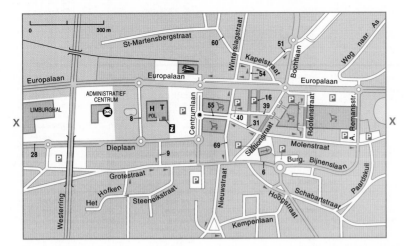

Givry (Luxembourg) 77 F2
Glaaien = Glons 61 E3
Glabais 58 C4
Glabbeek 59 F2
Glaireuse 76 C3
Glanerie (La) 65 F2
Glaumont 76 C4
Gleixhe 61 D4
Gleize (La) 72 B2
Glimes 59 E4
Glons (=Glaaien) 61 E3
Gobbelsrode 59 E1
Gobertange 59 E3
Gochenée 75 F1
Godarville 68 A2
Godinne 69 D3
Godsheide 61 D1
Godveerdegem 57 D2
Goé 63 D4
Goed 46 A4
Goeferdinge 57 D3
Gœgnies-Chaussée 65 E4
Goesnes 70 C2
Goetsenhoven
(=Gossoncourt) 59 F3
Goffontaine 72 B1
Golzinne 69 E1
Gomery 81 F4
Gompel 50 A2
Gomzé 71 F1
Gondregnies 57 D4
Gônoi 69 E3
Gonrieux 74 C3
Gontrode 57 D1
Gooik 57 F3
Goolderheide 50 C2
Goor
(Heist-op-den-Berg) 49 D4
Goor (Kasterlee) 49 E2
Goor (Nijlen) 48 C3
Gooreind 39 E4
Goorstraat 49 F1
Goronne 72 C4
Gors 61 D2
Gorsem 60 B2
Gosselies 68 C2
Gossoncourt
= Goetsenhoven 59 F3
Gotem 60 C2
Gottechain 59 D3
Gottem 56 A1
Gottignies 67 F2
Goudinière (La) 56 A4
Goudveerdegem 57 F2
Gougnies 69 D3
Goumanpont 56 C4
Goumont 58 B4
Gourdinne 68 C4
Goutroux 68 B3
Gouvy 78 B1
Gouy-lez-Piéton 68 B2
Goyer = Jeuk 60 C2
Goyet 70 A2
Gozée 68 B4
Gozin 76 A2
Graaf 83 D3
Grâce-Hollogne 61 E4
Graide 76 B4
Graide-Station 76 B4
Grainchamps 77 E2
Grammene 56 A1
Grammont
= Geraardsbergen 57 D3
Gram'tine 70 B3
Grand-Axhe 60 C4

Grand-Berleur 71 E1
Grand Bois 72 C4
Grand Bru 71 F3
Grand-Champ 57 F4
Grand Châtelet (Le) 56 A4
Grand-Hallet 60 A3
Grand-Halleux 72 C3
Grand Hé 80 C2
Grand Heid 71 F3
Grand Houmart 71 E3
Grand-Leez 69 E1
Grand-Manil 69 D1
Grand Masure 56 B4
Grand Monchau 56 C4
Grand Rechain 62 C4
Grand-Reng 67 F4
Grand Rieu 56 B4
Grand-Rosière-
Hottomont 59 F4
Grand-Sart 72 C4
Grand Trixhe 71 F3
Grandcourt 81 F4
Grande-Eneille 71 D4
Grande Gette /
Grote Gete 60 B1
Grande Hour 76 B1
Grande Hoursinne 71 F3
Grande Trussogne 76 B1
Grandglise 66 C2
Grandhan 71 D3
Grandmenil 71 F4
Grandmetz 66 B1
Grandrieu 74 A1
Grandru 77 F4
Grands Sarts 68 B2
Grandville 60 C3
Grandvoir 81 D1
Grapfontaine 81 E1
Grasheide 48 B3
Graty 57 E4
Graux 69 E4
Gravelinne 74 B1
Graven 48 A4
Graven = Grez-Doiceau 59 D3
Gravenvoeren ('s)
(=Fouron-le-Comte) 61 F3

Gravenwezel ('s) 48 B1
Grazen 60 B2
Grembergen 47 E4
Grendel 82 A2
Grez-Doiceau (=Graven) . . .59 D3
Gribômont 81 D1

Grimbergen 58 B1
Grimbiémont 77 D1
Grimde 59 F2
Grimminge 57 E3
Grivardrie (La) 66 F3
Grivegnée 61 E4

Grobbendonk 49 D2
Groene Haag 47 D3
Groenendaal 61 E1
Groenendaal
(=Groenendael) 61 E1
Groenendael
= Groenedaal 61 E1
Groenendijk 44 B3
Groenhoeve 49 D4
Groenlaren 50 A4
Groenstraat 45 E3
Grogerie 68 B4
Groot-Beersel 51 D4
Groot-Bijgaarden 58 A2
Groot-Gelmen 60 C4
Groot-Loon 61 D2
Groot-Rees 49 E1
Groothulle 56 F4
Grootje 55 F2
Grootlo 49 D4
Grootzand 47 E4
Gros Buisson 69 E2
Gros Chêne (Le) 71 D3
Gros-Fays 80 A1
Gros Mont 66 B2
Grosage 66 C1
Grosse Haie 69 D3
Grote Barrier 50 C1
Grote-Brogel 50 C2
Grote Geet /
Grande Gette 60 B1
Grote Heide 50 C1
Grote Keignaart 44 C2
Grotemolenhoek 45 D3
Grotenberge 57 D2
Grotespouwen 61 E2
Groyine 70 B2

Grüfflingen 73 D4
Gruitrode 51 D3
Gruitroderbos 51 D3
Grumelange 82 A1
Grune 77 D1
Grune (Bois de) 77 D2
Grupont 76 C2
Guelff 82 A3
Guerlange 82 B3
Guezaine 73 D2
Guignies 65 F1
Guigoven 61 D2
Guirsch 82 B2
Gullegem 55 E2
Gutschoven 60 C3

H

Haacht 48 C4
Haacht-Station 59 D1
Haaienhoek 50 C1
Haaltert 57 E1
Haan (De) 44 B1
Haan (De) (Antwerpen) 49 D1
Haan (De)
(Vlaams-Brabant) 47 F4
Haantje 46 C2
Haantjeshoek 55 F1
Haasdonk 47 F2
Haasrode 59 D2
Haaszakhoek 45 D4
Habay-la-Neuve 81 F2
Habay-la-Vieille 81 F2
Habergy 82 A3
Hâbièmont 71 F3

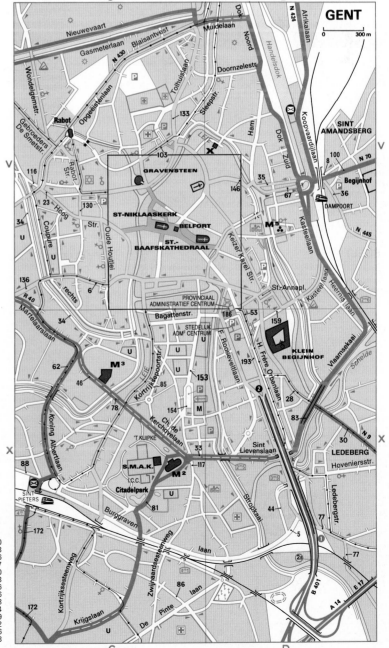

Annonciadenstr. . . . . CV 6
Antwerpenpl. . . . . DV 8
A. Heyndrickxlaan . . . . DX 5
Brugsepoortstr. . . . . CV 23
Brusselsepoortstr. . . . . DX 28
Brusselsesteenweg . . . . DX 30
Citadellaan . . . . CDX 33
Coupure links . . . . CVX 34
Dampoortstr. . . . . DV 35
Dendermondsesteenweg . . . . . DX 36
Gaston Crommenlaan . . . . . . DX 44
Godshuizenlaan . . . . DX 46
Graaf van Vlaanderenpl. . . . . . DX 53
Groot Brittanniëlaan . . . . CX 62
Hagelandkaai . . . . DV 67
Hundelgemse steenweg . . . . . DX 77
IJzerlaan . . . . CX 78
Joz. Wauterstr. . . . . CX 81
Keizervest . . . . DX 83
Koekoeklaan . . . . CX 86
Koningin Fabiolalaan . . . . CX 88
K. van Hulthemstr. . . . . CX 85
Land van Waaslaan . . . . DV 100
Lange Steenstr. . . . . CV 103
Noordstr. . . . . CV 116
Normaalschoolstr. . . . . CX 117
Peperstr. . . . . CV 130
Rodelijvekensstr. . . . . CV 133
Rozemarijnstr. . . . . CV 136
Sint-Joriskaai . . . . DV 146
Sint-Pietersnieuwstr. . . . . CX 153
Sint-Pieterspl. . . . . CX 154
Tweebruggenstr. . . . . DVX 159
Voskenslaan . . . . CX 172
Woodrow Wilsonpl. . . . . DX 186
Zuidparklaan . . . . DX 193

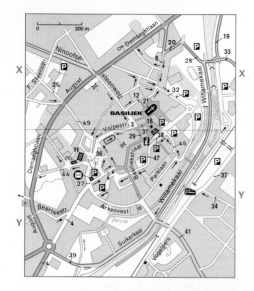

HALLE

Albertstr. .... Z 2
Basiliekstr. .... Y
Beestenmarkt .... X 3
Bergensesteenweg .... Y 4
Brusselsesteenweg .... X 8
Dekenstr. .... X 12
Edingensesteenweg .... X 13
E. Nerincxstr. .... X 15
Grote Markt .... X 16
Jean Jacminstr. .... X 17
Jean Laroystr. .... X 19
Jozef Michelstr. .... X 20
Klinkaert .... X 21
Kluisbos .... Z 23
Leopoldstr. .... Z 24
Louis Theunckxstr. .... Y 27
Louis van Beverenstr. ..... X 25
Maandagmarkt .... X 29
Melkstr. .... X 31
Mgr Senciestr. .... X 32
Nederhem .... X 33
Nijverheidstr. .... Y 34
Oudstrijderspl. .... Y 36
O. de Kerchove d'Exaerdestr. .. Y 35
Possozpl. .... Y 38
Rodenemweg .... Z 40
R. Deboecklaan .... Y 39
St. Rochusstr. .... Y 41
van de Maelestr. .... X 28
Vondel .... Y 45
Vuurkruisenstr. .... Y 47
V. Baetensstr. .... Y 44
v. d. Peereboomstr. .... Y 37
Zuster Bernardastr. .... X 49

Halendries	56	B3	Harfontaine	81	D1	Hedemolen	56	B1
Halenfeld	73	E3	Hargimont	77	D1	Hédenge	59	F4
Halfbunder	57	E1	Haringe	54	A2	Hédomont	73	D2
Hallaar	49	D3	Harinsart	81	E2	Heedwijk	56	C1
Halle	48	C2	Harlue	59	F4	Heek	48	A3
Halle (=Hal)	58	A3	Harmignies	67	E3	Heer	75	F1
Halle-Booienhoven	60	B2	Harnoncourt	81	E4	Heer-Agimont	75	F1
Hallebast	54	B2	Harre	71	F3	Heers	60	C3
Hallembaye	61	F3	Harsin	77	D1	Heerweg	56	A2
Halleux	77	E1	Harveng	67	E3	Hees	61	E2
Halli (Le)	77	D1	Harzé	71	F2	Hees (De)	51	D2
Halloy	70	B4	Harzy	78	A3	Heesdonk	47	E3
Halma	76	B3	Hasebusch	73	D1	Heestert	56	A3
Halmaal	60	B2	Hasselbroek	60	C3	Heesvelde	47	E3
Halonru	78	A1	Hasselt	60	C1	Heet (Hamme)	47	E3
Haltinne	70	B2	Hasselt (Bree)	51	D2	Heet (Oosterzele)	56	C1
Halveweg	50	B4	Hastière-Lavaux	75	F1	Heffen	48	B4
Halyeule (La)	81	E2	Hastière-par-delà	75	F1	Heggen	63	D4
Ham (Antwerpen)	49	F3	Hat (Rocher du)	80	C2	Heiblok	49	D2
Ham (Limburg)	50	A3	Haterbeek	49	E4	Heide (Assenede)	46	B2
Ham-sur-Heure	68	B4	Hatrival	77	D3	Heide (Bilzen)	61	E1
Ham-sur-Sambre	69	D2	Hattain	68	C1	Heide (Kalmthout)	39	D4
Hamaide	76	C3	Haudion	65	F1	Heide (Linter)	50	B1
Hamal	61	D3	Haulchin	67	F3	Heide (Lommel)	50	B1
Hambos	59	D1	Hauset	63	E4	Heide (Lubbeek)	59	E2
Hambraine	69	F1	Haut-Bois	70	B2	Heidehuizen	49	E2
Hameau (Le) (Hainaut)	74	B1	Haut-Fays	76	B3	Heidelberg	45	E3
Hameau (Le) (Namur)	70	A3	Haut-Ittre	58	A4	Heidelo	49	D4
Hamerenne	76	C2	Haut-le-Wastia	69	E4	Heidsie	48	C1
Hamipré	81	E1	Haute-Bodeux	72	B3	Heiend	49	D2
Hamme (Nevele)	46	A3	Haute-Bras (La)	77	D3	Heihoek	46	B2
Hamme			Haute Desnié	72	B2	Heikant (Berlaar)	48	C3
(Oost-Vlaanderen)	47	F3	Haute-Heuval	68	C1	Heikant (bij Kalmthout)	39	E4
Hamme (Wemmel)	58	A1	Haute Monchenoûle	71	F3	Heikant (Keerbergen)	48	C4
Hamme-Mille	59	D3	Hautes Fagnes /			Heikant (Nijlen)	48	C3
Hamoir	71	E2	Hohes Venn	73	D1	Heikant (Rotselaar)	59	D1
Hamois	70	B3	Hautes Fagnes (Réserves			Heikant (Stekene)	47	E2
Hamont-Achel	50	C1	naturelles des)	73	D1	Heikant (Zandhoven)	48	C2
Hamontlo	50	C1	Hautes Fagnes (Station			Heikant (Zele)	47	E3
Hamoul	71	E4	scientifique des)	73	D1	Heiken (Aartselaar)	48	A3
Hampteau	71	E4	Hautes Fagnes Eifel			Heiken (Boortmeerbeek)	48	B4
Ham'rine	77	E2	(Parc naturel)	63	E4	Heiken (Kaprijke)	46	B2
Han	81	E2	Haut'gné	71	E1	Heikruis	57	F3
Han (Grotte de)	76	C2	Hautrage	66	C2	Heimolen	47	F3
Han-sur-Lesse	76	C2	Hautrage-Etat	67	D2	Heindonk	48	B4
Handzame	45	D4	Havay	67	E3	Heine	46	B2
Haneffe	60	C4	Havelange	70	C3	Heinsch	82	A2
Hanenberg	49	E4	Haversin	70	C4	Heinstert	82	A2
Hannêche	70	A1	Havinnes	66	A1	Heiselt	60	C3
Hannonsart	58	C2	Havré	67	E2	Heist	45	E1
Hannut	60	B4	Havrenne	76	C1	Heist-op-den-Berg	49	D3
Hanret	69	F1	Hayen	71	F1	Hieveld	57	D2
Hansbeke	46	A4	Hayons (Les)	80	C1	Heizijde	47	F4
Hantes-Wihéries	67	F4	Hazeilles	71	E4	Hek	50	A4
Hanzinelle	68	C4	Hazelarenhoek	46	C2	Hekelgem	57	F2
Hanzinne	68	C4	Hazewind (Hooglede)	55	D1	Hekke	45	F4
Harchies	66	C2	Hazewind (Lo-Reninge)	54	B1	Heks	61	D3
Hardigny	78	A2	Hébronval	72	B4	Heksken	54	B4
Harduemont	60	C4	Hechtel	50	B3	Helchin = Helkijn	55	F3
Harelbeke	55	F2	Hechtel-Eksel	50	B3	Helchteren	50	B3
Haren	61	D2	Heckbous	82	C1	Heldergem	57	E2

Haccourt	61	F3	Haid	70	B4	Hakendover	59	F2
Hachy	82	A2	Haies	68	C3	Hal (Limburg)	50	B4
Hacquegnies	56	B4	Haies (Les)	68	C3	Hal = Halle	58	A3
Hagedoorn	54	A1	Haillot	70	B2	Halanzy	82	A4
Hagedoren	51	E2	Haine-St-Paul	67	F2	Halbôssa	70	B1
Hagelstein	62	C3	Haine-St-Pierre	68	A2	Halconreux	78	A1
Hagenbroek	48	B3	Hainin	66	C3	Halen	60	B1

HASSELT

Badderijstr. .... Y 2
Botermarkt .... Y 7
Demerstr. .... Y
de Schiervellaan ...... Z 43
Diesterstr. .... YZ 8
Dorpstr. .... Y 10
Grote Markt .... Z
Havermarkt .... Z 18
Hoogstr. .... Y 22
Kapelstr. .... Z 23
Kempische
  Steenweg .... Y 24
Kolonel Dusartpl. ..... Z 26
Koningin Astridlaan ... Y 30
Koning Albertstr. ..... Y 27
Koning Boudewijnlaan .. Y 28
Kunstlaan .... Z 32
Lombaardstr. .... Y 34
Maastrichtersteenweg .. Y 35
Maastrichterstr. ...... YZ 36
Ridder
  Portmanstr. .... Z 39
St-Jozefstr. .... Z 44
Windmolenstr. .... Z 50
Zuivelmarkt .... Y 51

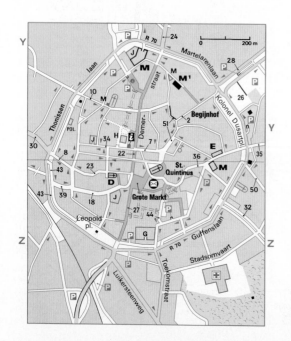

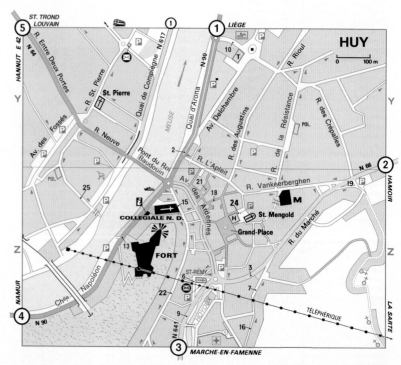

Autrebande (Quai d') .... Y 2
Condroz (Av. du) .... Z 3
Foulons (R. des) .... Z 6
Haut Chêne (R. du) .... Z 16
Hoyoux (Av. du) .... Z 9
Joseph-Lebeau (Av.) .... Y 10

Namur (Quai de) .... Z 13
Neuve (R.) .... Y
Pont (R. du) .... Z 15
Reine (R. de la) .... Z 16
Rôtisseurs (R. des) .... Z 18
St-Denis (Pl.) .... Z 19

St-Pierre (R.) .... Y
St-Séverin (Pl.) .... Z 21
Sous le Château
  (R.) .... Z 22
Verte (Pl.) .... Z 24
Vieux Pont (R. du) .... Z 25

Hélécine	59	F3	Herseaux	55	E3
Helen-Bos	60	B2	Herselt	49	E4
Helende	47	D3	Herstal	61	E4
Helhoek	54	A2	Herstappe	61	D3
Helkijn (=Helchin)	55	F3	Hert	47	E3
Hellebecq	57	D4	Hertain	65	F1
Hellestraat	47	E2	Herten	60	C2
Hellicht	59	D1	Hertogenwald	63	E4
Hemeldonk	49	E1	Hertsberge	45	F3
Hemelveerdegem	57	D3	Herve	62	C4
Hemiksem	48	A3	Herzele	57	D2
Hemptinne (Fernelmont)	69	F1	Hessie	49	F2
Hemptinne (Florennes)	75	D1	Hestre (La)	68	A2
Hemroulle	77	F3	Het-Kalf	47	E2
Hendrieken	60	C2	Het Lo	50	C2
Hengelhoeve	50	C4	Het Pleintje	41	D4
Henis	61	D2	Heukelom	61	E2
Hennuyères	57	F4	Heule	55	E2
Henri-Chapelle	63	E4	Heulendonk	46	A2
Henripont	67	F1	Heules (Les)	74	B3
Hensem	50	C3	Heultje	49	E3
Hensies	66	C3	Heure	70	C4
Hénumont	72	C3	Heure-le-Romain	61	E4
Heppen	50	A3	Heurne	56	B2
Heppenbach	73	E3	Heusden	46	C4
Heppeneert	51	E3	Heusden-Zolder	50	B4
Heppignies	68	C2	Heuseux	61	E4
Hepscheid	73	E3	Heusy	62	C4
Herbaimont	77	E2	De-Heuvel	47	F4
Herbesthal	63	D4	Heuvel (Limburg)	50	B1
Herbet	71	E3	Heuvel (Oost-Vlaanderen)	56	C2
Herbeumont	80	C1	Heuvel (Vlaams-Brabant)	59	F1
Herbeumont (Forêt d')	80	C2	Heuvelland	54	B3
Herbiester	72	C1	Hever	48	C4
Herbricht	61	F1	Heverlee	59	D2
Herchies	67	D2	Heverlee Bos	59	D2
Herderen	61	E2	Hévillers	59	D4
Herdersem	57	E1	Hèvremont	63	D4
Hereneldeeren ('s)	61	E2	Heyd	71	E3
Herent (Leuven)	59	D1	Heydt (La)	62	C3
Herent (Neerpelt)	50	C2	Hèze	59	D3
Herentals	49	D2	Hezerbergen	50	B2
Herenthoek	46	B4	Hierdau (L')	76	A2
Herenthout	49	D3	Hierfomont	72	B2
Herfelingen	57	F3	Hierlot	72	B3
Hergenrath	63	D3	Hijfte	46	C3
Herhet	76	A1	Hillare	47	D3
Herhout	57	E3	Hille	45	E4
Hériamont	68	B2	Hillegem	57	D2
Herinnes	55	F4	Himbe	71	D2
Heris	50	C2	Hinderhausen	73	D4
Hérissart	76	A4	Hingene	48	A3
Hérisson	76	A4	Hingeon	70	A1
Herk-de-Stad	60	B1	Hitler (Abri de)	75	D3
Herkenrode	60	C1	Hives	77	F1
Herlaar	49	D3	Hoboken	48	A2
Herlinval	77	F2	Hocht	61	F1
Hermalle-sous-Argenteau	61	F3	Hockai	73	D2
Hermalle-sous-Huy	71	D1	Hodeige	60	C3
Hermanne	61	E3	Hodister	77	E1
Hermée	61	E3	Hodonk	49	F1
Hermelgem	56	C2	Hody	71	E2
Hermeton-sur-Meuse	75	F1	Hoegaarden	59	F3
Herne	57	E3	Hoei = Huy	70	C1
Hérock	76	B1	Hoeilaart	58	C3
Héron	70	B1	Hoek	47	E3
Hérou (Rocher du)	77	F2	Hoeke	45	F1
Herquegies	56	B4	Hoekske (Beernem)	45	F3
Herresbach	73	E3	Hoekske (Herzele)	57	D2

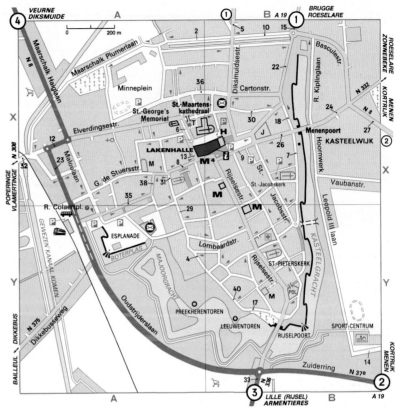

IEPER

Adj. Masscheleinlaan	BX 2	G. de Stuersstr.	AX
Arsenaalstr.	AY 4	Hoge Wieltjesgracht	ABX 10
A. Stoffelstr.	BX 5	J. Capronstr.	AX 12
A. Vandenpeereboompl.	AX 6	J. Coomansstr.	AX 13
Bollingstr.	BX 7	J. Picanollaan	BY 14
Boterstr.	AX 8	Kalfvaartstr.	BX 15
de Montstr.	AY 29	Kanonweg	BY 17
Diksmuidestr.	BX	Kauwekijnstr.	BX 18
Grote Markt	BX 9	Lange Torhoutstr.	BX 22
		Maarschalk Fochlaan	AX 23
		Maarschalk Frenchlaan	BX 24
Meensestr.	BX 26
Meenseweg	BX 27
Oude Houtmarktstr.	BX 30
Patersstr.	AX 31
Poperingseweg	AX 32
Rijselstr.	BXY
Rijselseweg	BY 33
Stationsstr.	AXY 35
Surmont de Volsbergestr.	ABX 36
Tempelstr.	AX 38
Wateringsstr.	BY 40

Hoekske (Houthulst)	54	C1	Hoge Linde	47	F4	Hol	47	E2	Hotton	71	D4
Hoeksken	46	B3	Hoge Rielen	49	E1	Hollain	66	A1	Hotton (Grottes de)	71	D4
Hoelbeek	61	E1	Hoge-Voorde	46	B3	Hollange	77	F4	Hou	57	F4
Hoeleden	59	F2	Hoge-Vosberg	48	B3	Hollebeek	47	F3	Houdemont	81	F2
Hoepertingen	60	C2	Hogen	60	A1	Hollebeke	54	C3	Houdeng-Aimeries	67	F2
Hoeselt	61	D2	Hogenhove	56	A1	Hollogne	77	D1	Houdeng-Gœgnies	67	F2
Hoeven	50	B2	Hogevorst	46	B2	Hollogne-sur-Geer	60	C4	Houdremont	76	A4
Hoevenen	48	A1	Hogne	70	C4	Holsbeek	59	E1	Houdrigny	81	E4
Hof	63	E3	Hognoul	61	D4	Holven (Antwerpen)	49	E2	Houffalize	78	A1
Hofstade (Oost-Vlaanderen)	57	E1	Hohes Venn / Hautes Fagnes	73	D1	Holven (Limburg)	50	B2	Houlette (La)	68	C1
Hofstade (Vlaams-Brabant)	48	B4	Hohes Venn-Eifel (Naturschutzpark)	73	E2	Holzheim	73	F3	Houmont	77	F3
Hoge Darisdonk	49	F1	Hoksem	59	E2	Hombeek	48	B4	Houppe (La)	56	C3
						Hombourg	62	C3	Hour	76	B3
						Hombrou	61	E4	Houraing	57	D4
						Hompré	77	F4	Hourpes	68	B3
						Hondelange	82	B3	Hourt	72	C3
						Hondseinde	46	A1	Housse	61	F3
						Hondspoot	54	A1	Houssonloge	71	F2
						Hôni	71	E1	Hout-si-Plout	71	E1
						Honnay	76	B2	Houtain-le-Mont	68	B1
						Honnelles	66	C4	Houtain-le-Val	68	B1
						Honsem	59	E2	Houtain-l'Évêque = Walshoutem	60	B3
						Honsfeld	73	E3	Houtain-St-Siméon	61	E3
						Honvelez	72	C4	Houtaing	56	C4
						Honville	78	A4	Houtave	45	D2
						Hoog-Beveren	58	E1	Houtem (Vlaams-Brabant)	58	C1
						Hoog-Boeregem	56	B1	Houtem (West-Vlaanderen)	44	A4
						Hoogbutsel	59	E2	Houthalen-Helchteren	50	B4
						Hooghof	59	D1	Houthem	54	C3
						Hoogkameren	47	F3	Houthulst	54	C1
						Hoogland	44	C4	Houtvenne	49	D4
						Hooglede	55	D1	Houvegné	73	D3
						Hoogstade	54	B1	Houw (De)	51	D3
						Hoogstraat	48	A3	Houwaart	59	E1
						Hoogstraten	39	F4	Houx	69	F4
						Hoogte (D')	46	B2	Houyet	76	B1
						Hoolst	50	A2	Hove	48	B2
						Hoorn (De) (Beernem)	45	F3	Hoven (De)	61	E1
						Hoorn (De) (Damme)	45	F1	Hoves	57	E4
						Hoort	47	F3	Hovorst	48	C2
						Horion	61	D4	Howardries	65	F2
						Hornais (Les)	71	F1	Hôyemont	71	F2
						Hornu	67	D3	Hozémont	61	D4
						Horpmaal	60	C3	Hubermont	67	E1
						Horrues	67	E1	Hubinne	70	B3
						Horst	57	F4	Huccorgne	70	B1
						Hosseuse	81	E1	Huise	56	B2
						Hot' Champs	71	F1	Huissignies	66	C1
						Hotondmolen	56	B3	Huivelde	47	E4
						Hotte	77	F4	Huizingen	58	A3

KNOKKE-HEIST CENTRE

Albertpl.	BY 3	Driehoekspl.	BY 18	Maurice Lippenspl.	AY 43
Burgemeester Frans Desmidtpl.	BY 12	Dumortierlaan	BY	Meerminlaan	AY 44
Canada Square	AY 14	Koninglaan	AY 29	Pastoor Opdedrinckpl.	AY 48
Charles de Costerlaan	BY 15	Kustlaan	BCY 34	Rubenspl.	AY 53
		Lichttorenpl.	BY 38	Van Bunnenlaan	BY 10
		Lippenslaan	ABY		

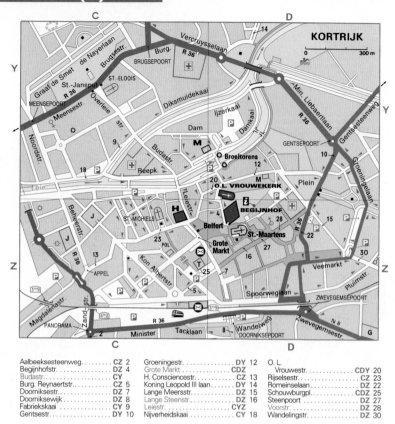

KORTRIJK

Aalbeeksesteenweg.	CZ	2
Begijnhofstr.	DZ	4
Budastr.	CY	
Burg. Reynaertstr.	CZ	5
Doorniksestr.	DZ	7
Doorniksewijk	DZ	8
Fabriekskaai	CY	9
Gentsestr.	DY	10

Groeningestr.	DY	12
Grote Markt	CDZ	
H. Consciencestr.	CZ	13
Koning Leopold III laan	DY	14
Lange Meersstr.	DZ	15
Lange Steenstr.	DZ	16
Leiestr.	CYZ	
Nijverheidskaai	CY	18

O. L.		
Vrouwestr.	CDY	20
Rijselsestr.	CZ	23
Romeinselaan	DZ	22
Schouwburgpl.	CDZ	25
Steenpoort	DZ	27
Voorstr.	DZ	28
Wandelingstr.	DZ	30

Hul	47	D3
Huldenberg	58	C3
Hulleke	46	C3
Hulpe (La)		
(=Terhulpen)	58	C3
Hulsen (Antwerpen)	49	F3
Hulsen (Limburg)	60	C1
Hulshout	49	D3
Hulsonniaux	76	A1
Hulst	50	A3
Hulste	55	F2
Humain	76	C1
Humbeek	58	B1
Humerée	69	D1
Hun	69	F4
Hundelgem	56	C2
Hünningen (Büllingen)	73	F2
Hünningen (St.Vith)	73	D4
Huppaye	59	F4
Hurdebise	73	D2
Hurdumont	56	C3
Hurtebise	77	D3
Hussevelde	47	D4
Hutte (La)	77	E4
Huy (=Hoei)	70	C1
Hymiée	68	C4
Hyon	67	E2

I

Ichtegem	45	D3
Iddergem	57	E2
Idegem	57	D3
Iepenburg	48	B2
Ieper (=Ypres)	54	C2
IJzer	54	B1
IJzertoren	44	C4
Impde	58	A1
Impe	57	E1
Impegem	57	F2
Incourt	59	E4
Ingelmunster	55	E1
Ingooigem	56	A2
Inzègottes	71	E2
Ipsvoorde	48	A4
Irchonwelz	66	C1
Isières	57	D4
Isnes	69	E2
Itegem	49	D3
Itterbeek		
(Antwerpen)	48	C3
Itterbeek		
(Vlaams-Brabant)	58	A2
Ittre	58	A4
Iveldingen	73	E3
Ivoi	69	F3
Ivoz-Ramet	71	D1
Izegem	55	E1
Izel	81	D2
Izenberge	44	A4
Izier	71	E3

J

Jabbeke	45	D2
Jagersborg		
Natuurreservaat	51	E3
Jalhay	72	C1
Jallet	70	B2
Jamagne (Liège)	70	C2
Jamagne (Namur)	75	D1
Jambes	69	F2
Jamblinne	75	B1
Jamiolle	75	D1
Jamioulx	68	B3
Jamodenne	76	C1
Jamoigne	81	E2
Jandrain	59	F4
Jandrenouille	59	F4
Jannée	70	C4
Jardin (Le)	77	E3
Jauche	59	F4
Jauchelette	59	E4
Javingue	76	A2
Jehanster	72	C1
Jehay	70	C1
Jehonville	76	C4
Jemappes	67	D2
Jemelle	76	C1
Jemeppe (Liège)	61	E4
Jemeppe (Luxembourg)	77	D1
Jemeppe-sur-Sambre	69	D2
Jeneffe (Liège)	61	D4
Jeneffe (Namur)	70	C3
Jenneret	71	D3
Jennevau	69	E1
Jenneville	77	E3
Jeruzalem	56	A1
Jesseren	61	D2
Jette	58	B2
Jeuk (=Goyer)	60	C3
Jeuk-Roost	60	C3
Jevigné	72	B4
Jevoumont	72	B1

Jezus-Eik		
(=N.D. au Bois)	58	C3
Jodenville	77	F3
Jodion	69	E2
Jodoigne		
(=Geldenaken)	59	E3
Jodoigne-Souveraine	59	E3
Joli-Bois	58	B4
Jollain-Merlin	66	A1
Joncret	68	C2
Jonkershove	54	C1
Journal	77	E2
Jubiéval	72	C4
Julémont	61	D2
Jumet	68	B2
Jupille	77	E1
Jupille-sur-Meuse	61	E4
Juprelle	61	E3
Jurbise	67	D1
Juseret	77	E4
Juzaine	71	E3

K

Kaaskerke	44	C4
Kachtem	55	E1
Kaggevinne	49	F4
Kain	55	F4
Kaiserbaracke	73	D3
Kalberg	55	F1
Kaleinje	47	D3
Kaleshoek	45	F2
Kalfort	48	A3
Kalken	47	D4
Kalle	57	D1
Kallo	48	A1
Kalmthout	39	D4
Kalmthoutse Heide (De)	39	D4
Kalve	47	D2
Kammershoek	47	E4
Kampenhout	58	C1

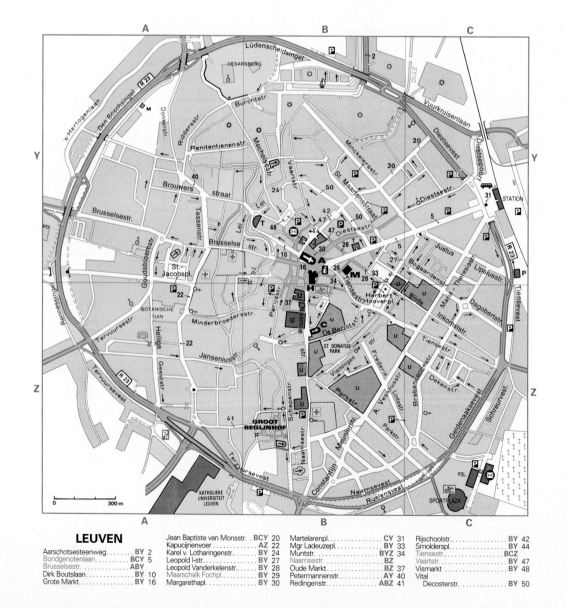

LEUVEN

Aarschotsesteenweg	BY	2
Bondgenotenlaan	BCY	5
Brusselsestr.	ABY	
Dirk Boutslaan	BY	10
Grote Markt	BY	16

Jean Baptiste van Monsstr.	BCY	20
Kapucijnenvoer	AZ	22
Karel v. Lotharingenstr.	BY	24
Leopold I-str.	BY	27
Leopold Vanderkelenstr.	BY	28
Maarschalk Fochpl.	BY	29
Margarethapl.	BY	30

Martelarenpl.	CY	31
Mgr Ladeuzepl.	BY	33
Muntstr.	BYZ	34
Naamsestr.	BZ	
Oude Markt	BZ	37
Petermannenstr.	AY	40
Redingenstr.	ABZ	41

Rijschoolstr.	BY	42
Smolderspl.	BY	44
Tiensestr.	BCZ	
Vaartstr.	BY	47
Vismarkt	BY	48
Vital		
Decosterstr.	BY	50

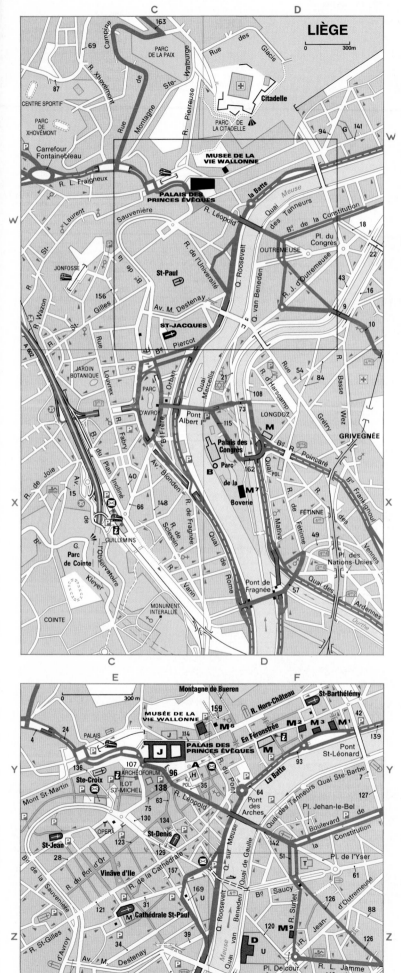

LIÈGE

Académie (R. de l')	EY	4
Adolphe-Maréchal (R.)	FY	7
Amercœur (Pont d')	DW	9
Amercœur (R. d')	DW	10
Bois-l'Évêque (R.)	CX	15
Bonaparte (Quai)	DW	16
Bonnes Villes (R. des)	DW	18
Boverie (Quai de la)	DX	21
Bressoux (Pont de)	DW	22
Casquette (R. de la)	EYZ	28
Cathédrale (R. de la)	EZ	
Charles-Magnette (R.)	EZ	31
Churchill (Quai)	FZ	33
Clarisses (R. des)	EZ	34
Commissaire Maigret (Pl. du)	EY	35
Croisiers (R. des)	EZ	39
Dartois (R.)	CX	40
Déportés (Pl. des)	FY	42
Dérivation (Quai de la)	DW	43
Emile-de-Laveleye (Bd.)	DX	49
En Féronstrée	FY	
Est (Bd de l')	FYZ	51
Fer (R. du)	DX	54
Fétinne (Pont de)	DX	57
Gérardrie (R.)	EY	63
Goffe (Quai de la)	FY	64
Guillemins (R. des)	CX	66
Hauteurs (Bd des)	CW	69
Huy (Pont de)	DX	73
Joffre (R.)	EY	75
Lairesse (R.)	DX	84
Léon-Philippet (Bd)	CW	87
Léopold (R.)	EFY	
Liberté (R. de la)	FZ	88
Longdoz (Pont de)	FZ	90
Longdoz (Quai de)	FZ	91
Maastricht (Quai de)	FY	93
Maghin (R.)	DW	94
Marché (Pl. du)	EY	96
Notger (Square)	EY	107
Orban (Quai)	DX	108
Ourthe (Quai de l')	FZ	112
Palais (R. du)	EY	114
Parc (R. du)	DX	115
Paul van Hoegaerden (Quai)	EZ	119
Pitteurs (R. des)	FZ	120
Pont d'Avroy (R.)	EY	121
Pont d'Ile (R.)	EY	123
Prémontrés (R. des)	EZ	124
Puits en Sock (R.)	FZ	126
Ransonnet (R.)	FY	127
Régence (R. de la)	EYZ	129
Rép. Française (Pl.)	EY	130
Saint-Etienne (Place)	EY	134
Saint-Gilles (R.)	EZ	
Saint-Hubert (R.)	EY	136
Saint-Lambert (Pl.)	EY	138
Saint-Léonard (Quai)	FY	139
Saint-Léonard (R.)	DW	141
Saint-Pholien (R. et Pl.)	FY	142
Serbie (R. de)	CX	148
Trappé (R.)	CW	156
Université (R. de l')	EZ	157
Ursulines (Imp. des)	FY	159
Vennes (Pont des)	DX	162
Victor-Hugo (Av.)	CW	163
Vinâve d'Ile	EZ	
20-Août (Pl. du)	EZ	169

Kanegem	46	A4
Kanne	61	F2
Kapelle-op-den-Bos	48	A4
Kapellen (Antwerpen)	48	B1
Kapellen (Liège)	73	D4
Kapellen (Vlaams-Brabant)	59	F1
Kapellenbos	39	D4
Kaprijke	46	B2
Karmenhoek	46	A4
Kasteelbrakel = Braine-le-Château	58	A4
Kasteelhoek	45	F3
Kastel	47	F4
Kaster	56	A2
Kasterlee	49	E2
Kat (De)	57	D2
Katermeer	50	A4
Katte	46	C2
Kattem	57	F2
Kattenbos	50	B2
Kattenbos (Natuurreservaat)	50	B2
Kaulen	63	D4
Kaulille	50	C2
Keer (De)	56	A2
Keerbergen	48	C4
Keerken	47	D3
Keersmaker	47	D3
Keiberg (Scherpenheuvel)	49	E4
Keiberg (Zonnebeke)	55	D2
Keiberg (Zwevegem)	55	F3
Keiem	44	C4
Keiheuvel	50	A2
Kelchterhoeve	50	C4
Kelderke	56	B1
Kelfs	59	D1
Kelmis (=la Calamine)	63	D3
Kemel	47	E2
Kemexhe	61	D3
Kemmel	54	B3
Kemmelberg	54	B3
Kempen (De)	51	D2
Kemphoek (Kruibeke)	48	A3
Kemphoek (St-Gillis-Waas)	47	F2
Kemzeke	47	E2
Kerkbrugge	46	C3
Kerkem	56	C3
Kerkhove	56	B3
Kerkhoven	50	B2

Kerkom	59	E2
Kerkom-bij-St-Truiden	60	B3
Kerksken	57	E2
Kermt	60	C1
Kerniel	61	D2
Kersbeek	59	F1
Kessel	48	C3
Kessel-Lo	59	E2
Kesselt	61	E2
Kessenich	51	E2
Kester	57	F3
Kestergat	57	F3
Keten	47	F4
Kettenis	63	D4
Kettermuit	47	F3
Keumiée	69	D2
Kezelberg	55	D2
Kieldrecht	47	F1
Kiewit	50	B4
Kiezegem	59	F1
Kijkuit	39	D4
Kin	71	F2
Kinrooi	51	E2
Kippe	54	C1
Klabbeek = Clabecq	58	A4
Klaphulle	45	F4
Klappel	47	E4
Klein-Antwerpen	47	F4
Klein-Bijgaarden	58	A2
Klein-Brabant	47	E4
Klein-Gelmen	57	C3
Klein-Gent	47	D4
Klein-Ree	49	E1
Klein Rusland	46	C2
Klein-Sinaii	47	E2
Klein-Vorsen	60	B3
Klein Vorst	49	F3
Klein-Willebroek	48	A3
Klein Zelk	60	A1
Kleine-Brogel	50	C2
Kleine Gette / Petite Gette	59	F3
Kleine-Heide	48	A4
Kleine-Veerle	48	C1
Kleinespouwen	61	E2
Kleistraat	56	C3
Kleit	46	A2
Klemskerke	45	D2
Klerken	44	C4
Kletterbos	47	F3
Klijpe	56	B3
Klijte	54	B3
Klinge (De)	47	E2
Klosse	46	B4
Kluisberg / Enclus (Mont de l')	56	A3
Kluisbergen	56	B3
Kluizen	46	C3
Knesselare	46	A3
Knokke	45	E1
Knokke-Heist	45	F1
Knokkebrug	54	B1
Kobbegem	58	A1
Koekamer	56	C3
Koekelare	44	C3
Koekuit (Langemark-Poelkapelle)	54	C1
Koekuit (Moorslede)	55	D2
Koersel	50	B3
Kokejane	57	E4
Kokerij	59	F1
Koksijde	44	A3
Koksijde-Bad	44	A3
Kolderbos	61	D1
Kolen (Klooster van)	61	D2
Kolmontburcht	61	D2
Kolonie	50	B1
Kolsheide	50	C2
Komen-Waasten = Comines-Warneton	55	D3
Komijn	57	E4
Kommanderij	51	D3
Kongolo (Mémorial)	69	D1
Koningshooikt	48	C3
Koninksem	61	D3
Konterdam	44	C2
Kontich	48	B3
Kooigem	55	F3
Koolkerke	45	E2
Koolskamp	45	E4
Koppen-Dries	58	B1
Korbeek-Dijle	59	D2
Korbeek-Lo	59	E2
Korsele	56	C2
Korsendonk	49	F1
Korspel	50	A3
Korte Pijp	54	B3
Korteboeken	46	B3
Kortekeer (Langemark-Poelkapelle)	54	C1
Kortekeer (Oostkamp)	45	E3
Kortemark	45	D4
Kortenaken	60	A1
Kortenberg	58	C2
Kortenbos	60	C2
Kortessem	61	D2
Kortewilde (Diksmuide)	44	C4
Kortewilde (Ieper)	54	C3

LIER		
Aarschotsesteenweg	Z	2
Antwerpsestr.	Y	
Arthur V. D. Poortenlaan	Z	3
Berlaarsestr.	Z	5
Berlarij.	Z	
de Heyderstr.	Z	14
Eikelstr.	Z	6
Felix Timmermanspl.	Z	7
Fl. Van Cauwenberghstr.	Z	9
Gasthuisvest	Z	12
Grote Markt	Z	
Heilige Geeststr.	Z	13
Huibrechtstr.	Y	16
Kard. Mercierpl.	Z	17
Kluizepl.	Z	18
Kluizestr.	Y	19
Kolveniersvest	Y	21
Koning Albertstr.	YZ	22
Netelaan	Z	24
Rechtestr.	Z	25
Sint-Gummarusstr.	Z	27
Veemarkt	Z	28
Vismarkt	Z	29
Volmolenstr.	Z	31
Waterpoortstr.	Y	32
Zimmerpl.	Y	33

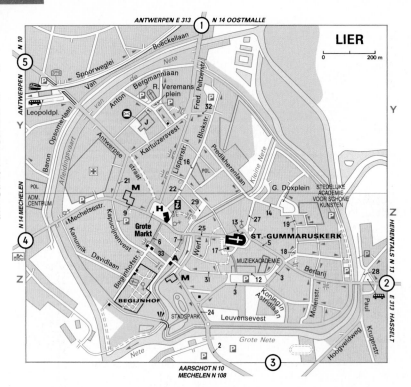

LIER

0   200 m

Lasne	58	C4
Lasne / Laan		
(Rivière /Rivier)	58	C3
Lassus	71	E2
Lathuy	59	E3
Latinne	60	B4
Latour	81	E4
Laugrenée	67	E1
Launoy	76	C4
Lausprelle	68	C3
Lautène	75	E1
Lauw (=Lowaige)	61	D3
Lauwe	55	C3
Lauwershoek	47	F3
Lavacherie	77	E2
Laval	77	F3
Lavaselle	77	F3
Lavaux (L'Église)	81	E1
Lavaux (La Roche-en-Ardenne)	77	F1
Lavaux-Ste-Anne	76	B2
Lavoir	70	B1
Léau = Zoutleeuw	60	B2
Lebbeke	47	F4
Lebeke	57	E2
Lede	57	E1
Ledeberg	46	C4
Ledegem	55	C2
Leebrug	47	E3
Leefdaal	58	C2
Leen Provinciaal domein	46	B2
Leenhaag	60	A2
Leerbeek	57	F3
Leernes	68	B3
Leers-et-Fosteau	68	A4
Leers-Nord	55	F4
Leest	48	B4
Leeuw (De)	45	C4
Leeuwergem	57	D2
Leeuwke	56	A2
Leffinge	44	C2
Léglise	81	E1
Leie / Lys	54	C3
Leignon	70	B4
Leinstraat	56	C3
Leischoot	46	A3
Leisele	54	A1
Leisende	49	E1
Leke	44	C3
Lembeek	58	A3
Lembeke	46	B2
Lemberge	56	C1
Lemmeke	58	C1
Lendelede	55	E2
Lène	75	F1
Lengeler	78	C1
Lennik	57	F2
Lens	67	D1

Kortijs	60	B3
Kortrijk (=Courtrai)	55	F2
Kortrijk-Dutsel	59	E1
Kotem	61	F1
Koudertaveerne	57	F1
Kozen	60	C1
Kraainem	58	C2
Kraasbeek	59	F1
Kreupel	55	F3
Kreuz-im-Venn	63	F4
Krewinkel	73	F3
Kriek	55	F1
Kriekelaar	47	F2
Krijt	61	D1
Krokegem	57	F1
Krombeke	54	A1
Kronenhoek	47	F1
Kruibeke	48	A2
Kruipindaarde	55	E1
Kruipuit	46	A3
Kruisabeel	57	F1
Kruisabele (Alveringem)	44	B4
Kruisabele (Brugge)	45	E2
Kruiseke	55	D2
Kruishoutem	56	B1
Kruisken (Het)	46	B2
Kruiskenberg	49	D3
Kruiskerke	45	F4
Kruisstraat (Alken)	60	C2
Kruisstraat (Ieper)	54	C2
Kruisstraat (Kalmthout)	39	E4
Kruisstraat (Kortemark bij-Handzame)	45	D4
Kruisstraat (Kortemark bij-Werken)	44	C4
Kruisstraat (Poperinge)	54	B2
Kruisstraat (St-Gillis-Waas)	47	E2
Kruisstraat (Zomergem)	46	B3
Kruisweg	56	A2
Kruiswege	46	A4
Kruizen	47	D4
Kukkelberg	60	C2
Kumtich	59	F2
Kuringen	60	C1
Kuttekoven	60	C2
Kuurne	55	F2
Kwaadmechelen	50	A3
Kwaadmol	50	A3
Kwadeplas	49	D4
Kwadestraat	56	B3
Kwakenbeek	57	F3
Kwakkel	47	E2
Kwaremont	56	B3
Kwatrecht	57	D1

Laar (Landen)	60	A3
Laar (Zemst)	48	B4
Laarne	47	D4
Labuissière	67	F4
Laclaireau	81	F3
Lacuisine	81	D2
Ladeuze	66	C1
Ladrerie (La)	67	D1
Lafelt	61	E2
Laforêt	80	A1
Lage Kempen (Park der)	50	B2
Lahage	81	E3
Lahamaide	56	C4
Lahèrie	77	E4
Laiche	81	D2
Laloux	76	C1
Lamain	65	F1
Lamalle	70	B1

Lambermont (Liège)	62	C4
Lambermont (Luxembourg)	80	C2
Lamine	60	C3
Lammersberg	48	C2
Lamontzee	70	B1
Lamormenil	71	E4
Lamorteau	81	E4
Lamouline	77	D4
Lampernisse	44	C4
Lanaken	61	F1
Lanaye (=Ternaaien)	61	F2
Lancre (Montagne de)	72	C2
Land van Belofte	45	D4
Landegem	46	B4
Landelede	57	D2
Landelies	68	B3

Landen	60	B3
Landenne	70	B1
Landmolen	47	F3
Landreci	71	E2
Landsdijk	46	B2
Landskouter	57	D1
Landuit	56	C1
Landwijk	60	B1
Laneffe	68	C4
Laneuville	77	E4
Laneuville-au-Bois	77	E2
Langdorp	49	E4
Lange-Heuvel	49	D2
Langedonk	45	F3
Langelede	47	D2
Langemark-Poelkapelle	54	C1
Langemunte (Oost-Vlaanderen)	56	C1

Langemunte (West-Vlaanderen)	55	F3
Langerbrugge	46	C3
Langeveld	56	C2
Langlire	72	B4
Lanklaar	51	E4
Lanklaarderbos	51	D4
Lanquesaint	57	C2
Lantin	61	E3
Lantremange	60	C3
Lanzerath	73	F3
Lanzíval	72	B4
Laplaigne	66	A2
Lapscheure	45	F1
Laren	50	A4
Larendries	47	F4
Larum	49	E2
Lascheid	78	C1

L

Laaistok	56	C3
Laak	50	B4
Laakdal	49	F3
Laambeek	50	B4
Laan / Lasne (Rivier /Rivière)	58	C3
Laar (Heist-op-den-Berg)	49	D3
Laar (Kampenhout)	58	C1

MECHELEN

0   300 m

Battelsesteenweg	AY	4
Begijnenstr.	AY	5
Blokstr.	BY	7
Botermarkt	BY	8
Brusselsepoortstr.	AZ	10
Bruul	BYZ	
Colomastr.	BZ	15
Consciencestr.	BZ	17
Frederik de Merodestr.	BY	19
Grote Markt	ABY	26
Gr. van Egmontstr.	BZ	25
Guldenstr.	AZ	27
Hoogstr.	AZ	
Hoogstratenpl.	BY	34
IJzerenleen	AY	
Kardinaal Mercierpl.	BZ	35
Karmelietenstr.	AZ	36
Keizerstr.	BY	38
Korenmarkt	AZ	
Korte Penincstr.	AZ	43
Lange Heergracht	BY	45
Liersesteenweg	BY	47
Maurits Sabbestr.	AY	48
Melaan	AY	50
Nekkerspoelstr.	BY	52
Onder den Toren.	BY	53
O. L. Vrouwstr.	ABZ	
O. Van Kesbeekstr.	AY	42
Persoonshoek	AY	55
Schoutetstr.	AY	60
St-Janstr.	BY	62
St-Pietersberg	BY	63
Veemarkt	BY	72
Vismarkt.	AY	73
Wollemarkt	AY	76

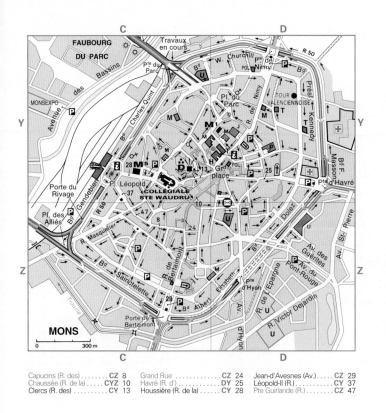

MONS

0   300 m

Capucins (R. des) ...... CZ 8
Chaussée (R. de la) ... CYZ 10
Clercs (R. des) .... CY 13
Grand Rue .... CZ 24
Havré (R. d') .... DY 25
Houssière (R. de la) ... CY 28
Jean-d'Avesnes (Av.) ... CZ 29
Léopold-II (R.) .... CY 37
Pte Guirlande (R.) ..... CZ 47

Lens-St-Rémy ...60 B4
Lens-St-Servais ...60 B4
Lens-sur-Geer ...61 D3
Leopoldsburg ...50 A3
Lepe ...45 E3
Lescheret ...77 F4
Lesdain ...65 F2
Lesse ...76 C3
Lesse (Rivière) ...76 C3
Lesse et Lomme (Parc naturel de) ...76 C2
Lessen = Lessines ...57 D4
Lessenbos = Bois-de-Lessines ...57 D4
Lessines (=Lessen) ...57 D4
Lessive ...76 C2
Lesterny ...76 C2
Lesve ...69 E3
Lettelingen = Petit Enghien ...57 F4
Letterhoutem ...57 D1
Leu ...51 E3
Leugnies ...74 B1
Leupegem ...56 B2
Leut ...51 E4
Leuven (=Louvain) ...59 D2
Leuze ...69 E1
Leuze-en-Hainaut ...66 B1
Leval-Chaudeville ...74 B1
Leval-Trahegnies ...68 C2
Levée (La) ...71 F2
Levenslust ...49 F1
Lexhy ...61 D4
Libaipire ...80 C2
Liberchies (Pont-à-Celles) ...68 B2
Liberchies (Tournai) ...66 B1
Libersart ...59 D4
Libin ...76 C2
Libois ...70 C2
Libômont ...73 D2
Libramont-Chevigny ...77 D4
Lichtaart ...49 E2
Lichtervelde ...45 E4
Liebroek ...60 A1
Liedekerke ...57 F2
Lieferinge ...57 E3
Liège (=Luik) ...61 E4
Lienne ...72 B4
Lier (=Lierre) ...48 C3
Lierde ...57 D2
Lierneux ...72 B4
Liernu ...68 E1
Lierre = Lier ...48 C3
Liers ...61 E3
Liester ...55 E1
Lieu Pire ...56 C4
Lieze = Lixhe ...61 F3
Liezele ...48 A4
Ligne ...66 C1
Lignely ...71 E3
Ligney ...61 B4
Lignières ...77 E1
Ligny ...68 C2
Lijsem = Lincent ...60 A3
Lijsenthoek ...54 B2
Lille ...49 D1

Lillo (Antwerpen) ...48 C3
Lillo (Limburg) ...50 E4
Lillo-Fort ...48 A1
Lillois-Witterzée ...58 B4
Lilse Bergen ...49 D1
Limal ...58 C4
Limbourg ...63 D4
Limelette ...58 C4
Limerlé ...78 B1
Limes ...81 E3
Limet ...70 C2
Limont (Anthisnes) ...71 E1
Limont (Donceel) ...60 C4
Lincé ...71 F1
Lincent (=Lijsem) ...60 A3
Linchet ...70 C2
Lincia ...70 B4
Linde (Alveringem) ...54 A3
Linde (Evergem) ...46 B3
Linde (Peer) ...50 C3
Linde (Staden) ...55 D1
Lindel ...50 B2
Lindeman ...50 B3
Linden ...59 E1
Linkebeek ...58 B3
Linkhout ...50 A4
Linsmeau = Linsmeel ...59 F3
Linsmeel = Linsmeau ...59 F3
Lint (Antwerpen) ...48 B3
Lint (Vlaams-Brabant) ...58 B1
Linter ...60 A2
Lion (Butte du) ...58 B3
Lippelo ...47 F4
Lippensgoed-Bulskampveld ...45 F3
Liroux ...70 B4
Lisbonne ...74 C4
Lischert ...82 A2
Lisereu ...81 F3
Lisogne ...69 F4
Lisp ...48 C3
Lissewege ...45 E1
Lissoir ...76 B1
Livarchamps ...78 A4
Livarte (La) ...57 D3
Lives-sur-Meuse ...69 F2
Livot ...69 E2
Lixhe (=Lieze) ...61 F3
Lizerne ...54 C1
Lo ...54 B1
Lo-Reninge ...54 B1
Lobbes ...68 A3
Lobos ...47 D3
Lochristi ...46 C3
Lodelinsart ...68 C2
Loenhout ...39 F4
Logbiermé ...72 C3
Loge Wactiaux ...74 B4
Logne ...71 E3
Loker ...54 B3
Lokeren ...46 C3
Lokkedijze ...45 D4
Lombardsijde ...44 B3
Lombardsijde-Bad ...44 B4
Lombise ...67 E1
Lomme ...76 C2

Lommel ...50 B2
Lommersweiler ...73 E4
Lompret ...74 C3
Lomprez ...76 B2
Lomré ...78 A1
Loncée ...68 C1
Loncin ...61 E4
Londerzeel ...48 A4
Longchamps (Bertogne) ...77 F2
Longchamps (Éghezée) ...69 F1
Longchamps (Gedinne) ...76 A4
Longeau ...82 B4
Longfaye ...73 D2
Longlier ...81 E1
Longpré (Hainaut) ...68 C2
Longpré (Liège) ...70 B1
Longsart ...68 A2
Longueville (Brabant-Wallon) ...59 E4
Longueville (Luxembourg) ...71 D3
Longvilly ...78 A3
Lontzen ...63 E4
Lonzée ...69 E1
Looi ...50 A4
Looieind ...49 F1
Loonbeek ...59 D2

Looz = Borgloon ...60 C2
Loppem ...45 E3
Lorcé ...71 F2
Lorcy ...77 D3
Losange ...78 A4
Losheimergraben ...73 E4
Lot ...58 A3
Lotenhulle ...46 A4
Lottert ...82 A2
Louchert ...82 A2
Louette St-Denis ...76 A4
Louette St-Pierre ...76 A4
Louftémont ...81 F1
Louise-Marie ...56 C3
Loupoigne ...68 C1
Louvain = Leuven ...59 D2
Louvain-la-Neuve ...59 D4
Louveigné ...71 F1
Louveterie (La) ...63 D4
Louvière (La) ...68 A2
Louvière (La) (Sivry-Rance) ...74 B2
Louvignies ...67 E1
Louwel ...51 E3
Lovendegem ...46 B3
Lovenjoel ...59 E2
Loverval ...68 C3
Lovie ...44 B3
Lowaige = Lauw ...61 D3
Loyers ...69 F2
Loyî ...69 F4
Lozen ...51 D2
Lozenhoek ...49 D4
Lozer ...56 B1
Lubbeek ...59 E2
Luchi (Forêt de) ...76 C4
Luchteren ...46 B4
Luigem ...54 C1
Luik = Liège ...61 E4
Luingne ...55 F3
Luipegem ...47 F3
Lummen ...50 A4
Lustin ...69 F3
Lutlommel ...50 B2
Lutrebois ...78 A3
Lutremange ...78 A4
Lutselus ...61 D1
Luttre ...68 B2
Luxensart ...68 B1
Luzery ...78 A3
Lys / Leie ...54 C3

M

Maagd van Gent ...46 B1
Maal ...57 E1
Maarke-Kerkem ...56 C2
Maarkedal ...56 B3
Maas / Meuse ...69 F4
Maaseik ...51 E3
Maasmechelen ...51 E4
Maboge ...77 F1
Mabompré ...78 A2
Machelen (Oost-Vlaanderen) ...56 A1
Machelen (Vlaams-Brabant) ...58 B1
Mackenbach ...73 E4
Macon ...74 B3
Macquenoise ...74 B4
Maffe ...70 C3
Maffle ...67 D1
Mageret ...78 A3
Magerotte ...77 F3
Magnée ...61 E4
Magneri ...71 D1
Magoster ...71 E4
Mahou ...76 A1
Maibelle ...70 B3
Maillen ...69 F3
Maillet (Le) ...56 B4
Mainvault ...56 C4
Maisières ...67 E2
Maison ...69 E3
Maison-Bois ...72 B1
Maison du Roi ...58 B4
Maisoncelle ...81 E1
Maissin ...76 C3
Maizeret ...69 F2
Mal ...61 E3
Maladrie (La) ...68 A4
Malchamps ...72 C2
Maldegem ...46 A2
Malderen ...47 F4
Maldingen ...73 D4
Male ...45 F2
Maleizen ...58 C3
Malempré ...71 F4
Malendries ...59 E2
Malèves ...59 D3
Malheurs (Les) ...70 B1
Malines = Mechelen ...48 B4
Malle ...48 C1
Mallieule (La) ...71 D1
Malmédy ...73 D2
Malonne ...69 E2
Malscheid ...78 C1
Malvoisin ...76 A3
Manage ...68 A2
Manaihant ...62 C4
Mande-St-Étienne ...77 F3
Manderfeld ...73 F3
Manestraat ...51 E2
Mangelare ...54 C1
Manhay ...71 F4
Manhove ...57 E4
Mannekensvere ...44 B3
Marais ...56 C4
Maransart ...58 C4
Marbais ...68 C1
Marbay ...81 E1
Marbehan ...81 E1
Marbisou ...68 C1
Marche-en-Famenne ...77 D1
Marche-les-Dames ...69 F2
Marche-lez-Ecaussinnes ...68 A1
Marchienne-au-Pont ...68 B3
Marchin ...70 C2
Marchipont ...66 C3
Marchovelette ...69 F1
Marcinelle ...68 C3
Marcouray ...77 E1

Marcourt ...77 E1
Marcq (=Mark) ...57 E4
Mardasson (Mémorial du) ...78 A3
Marèdret ...69 E4
Maredsous (Abbaye de) ...69 E4
Marenne ...71 D4
Maret ...59 F3
Maria-Aalter ...45 F3
Maria-Assumpta ...45 E4
Maria-ter-Heide ...48 B1
Mariaburcht ...60 C1
Mariakerke ...44 C2
Mariakerke (Oost-Vlaanderen) ...46 B4
Mariakerke (West-Vlaanderen) ...44 C2
Mariakerke-Bad ...46 B4
Marialoop ...55 F1
Mariekerke ...47 F4
Mariembourg ...75 D2
Mariemont (Domaine de) ...68 A2
Marilles ...59 F3
Marionetten ...55 F1
Mark ...40 B4
Mark = Marcq ...57 E4
Marke ...55 E3
Markegem ...55 F1
Markhove ...45 D4
Marloie ...70 D1
Marneffe ...70 B1
Marnix ...58 C3
Marolle ...56 B1
Marquain ...66 F1
Marquise (Moulin de la) ...66 C1
Marteau (Le) ...69 E4
Martelange ...82 A1
Martenslinde ...61 D3
Martilly ...81 D1
Martouzin-Neuville ...76 B3
Martué ...81 D2
Marvie ...78 A3
Marzelle (La) ...68 A4
Masbourg ...77 D2
Masnuy-St-Jean ...67 E1
Masnuy-St-Pierre ...67 E1
Maspelt ...73 E4
Massembre ...75 F1
Massemen ...57 D1
Massenhoven ...48 C2
Massul ...77 E4
Mâsta ...72 C2
Masure (La) ...74 A4
Matagne ...70 B2
Matagne-la-Grande ...75 E2
Matagne-la-Petite ...75 E2
Maten (Natuurreservaat De) ...61 D1
Mater ...56 C2
Matignolle ...75 E2
Maubray ...66 B1
Maulde ...66 B1
Maurage ...67 F2
Maurenne ...75 F1
Mauvinage ...57 E4
Maxburg ...48 B1
Mazée ...75 E2

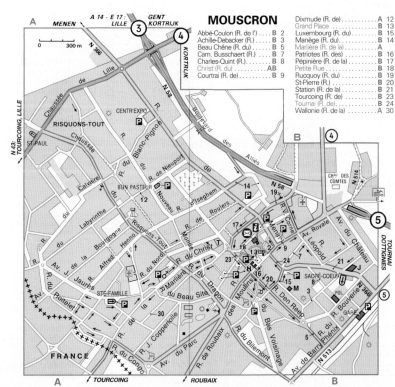

MOUSCRON

Abbé-Coulon (R. de l') ... B 2
Achille-Debacker (R.) ... B 3
Beau Chêne (R. du) ... B 5
Cam. Busschaert (R. des) ... B 7
Charles-Quint (R.) ... B 8
Christ (R. du) ... AB
Courtrai (R. de) ... B 9
Dixmude (R. de) ... A 12
Grand Place ... B 13
Luxembourg (R. du) ... B 15
Manège (R. du) ... B 14
Marlière (R. de la) ... A
Patriotes (R. des) ... B 16
Pépinière (R. de la) ... B 17
Petite Rue ... B 18
Rucquoy (R. du) ... B 19
St-Pierre (R.) ... B 20
Station (R. de la) ... B 21
Tourcoing (R. de) ... B 23
Tournai (R. de) ... B 24
Wallonie (R. de la) ... A 30

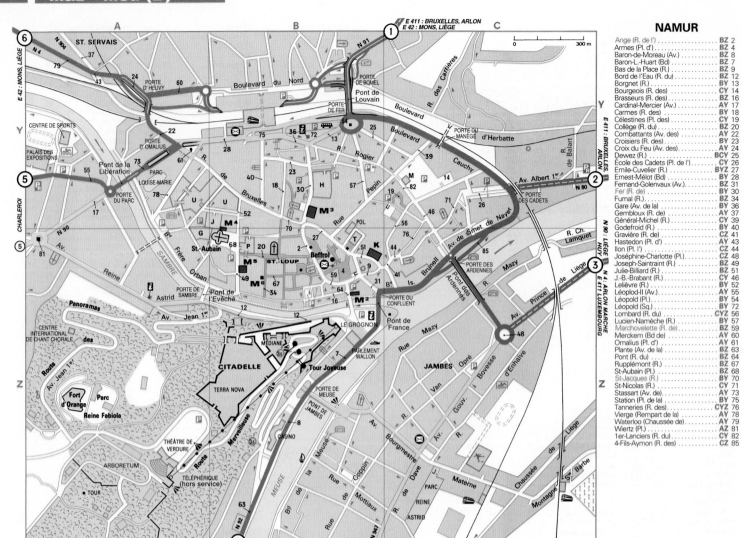

NAMUR

Ange (R. de l') . . . . BZ 2
Armes (Pl. d') . . . . BZ 4
Baron-de-Moreau (Av.) . . . . . . BZ 8
Baron-L.-Huart (Bd) . . . . BZ 7
Bas de la Place (R.) . . . . BZ 9
Bord de l'Eau (R. du) . . . . BZ 12
Borgnet (R.) . . . . BY 13
Bourgeois (R. des) . . . . CY 14
Brasseurs (R. des) . . . . BZ 16
Cardinal-Mercier (Av.) . . . . . . AY 17
Carmes (R. des) . . . . BY 18
Célestines (Pl. des) . . . . CY 19
Collège (R. du) . . . . BZ 20
Combattants (Av. des) . . . . . . AY 22
Croisiers (R. des) . . . . AY 23
Croix du Feu (Av. des) . . . . . . AY 24
Dewez (R.) . . . . BCY 25
École des Cadets (Pl. de l') . . . CY 26
Emile-Cuvelier (R.) . . . . BYZ 27
Ernest-Mélot (Bd) . . . . BY 28
Fernand-Golenvaux (Av.) . . . . . BZ 31
Fer (R. de) . . . . BY 30
Fumal (R.) . . . . BZ 34
Gare (Av. de la) . . . . BY 36
Gembloux (R. de) . . . . AY 37
Général-Michel (R.) . . . . CY 39
Godefroid (R.) . . . . BY 40
Gravière (R. de) . . . . CZ 41
Hastedon (Pl. de) . . . . AY 43
Ilon (Pl. l') . . . . CZ 44
Joséphine-Charlotte (Pl.) . . . . . CZ 48
Joseph-Saintraint (R.) . . . . BZ 49
Julie-Billiard (R.) . . . . BZ 51
J.-B.-Brabant (R.) . . . . CY 46
Lelièvre (R.) . . . . BY 52
Léopold-II (Av.) . . . . AY 55
Léopold (R.) . . . . AY 54
Léopold (Sq.) . . . . BY 72
Lombard (R. du) . . . . CYZ 56
Lucien-Namèche (R.) . . . . BY 57
Marchovelette (R. de) . . . . BY 59
Merckem (Bd de) . . . . AY 60
Omalius (Pl. d') . . . . AY 61
Plante (Av. de la) . . . . BZ 63
Pont (R. du) . . . . BZ 65
Rupplémont (R.) . . . . BZ 67
St-Aubain (Pl.) . . . . BZ 68
St-Jacques (R.) . . . . BY 69
St-Nicolas (R.) . . . . AY 71
Stassart (Av. de) . . . . AY 73
Station (Pl. de la) . . . . BY 75
Tanneries (R. des) . . . . CYZ 76
Vierge (Rempart de la) . . . . . . AY 78
Waterloo (Chaussée de) . . . . . AY 81
Wiertz (Pl.) . . . . AZ 81
1er-Lanciers (R. du) . . . . CV 82
4-Fils-Aymon (R. des) . . . . CZ 85

Mazel ... 49 E1
Mazenhoven ... 51 E4
Mazenzele ... 57 F1
Mazures (Les) ... 72 B1
Mazy ... 69 D2
Mé ... 72 C2
Méan ... 71 D3
Meaurain ... 66 C4
Mechelen (=Malines) ... 48 B4
Mechelen-Bovelingen ... 60 C3
Mechelse Heide
  (Natuurreservaat De) ... 61 E1
Medell ... 73 E3
Medendorf ... 73 F3
Meeffe ... 60 A4
Meensel ... 59 F1
Meer (Antwerpen) ... 39 F3
Meer (Limburg) ... 61 E2
Meer (Vlaams-Brabant) ... 59 F3
Meer (De) ... 60 B3
Meerbeek ... 58 C2
Meerbeke (Evergem) ... 46 C3
Meerbeke (Ninove) ... 57 E2
Meerdaalbos ... 59 D2
Meerdonk ... 47 F1
Meerhout ... 49 F3
Meerle ... 40 B4
Meers ... 56 B3
Meerstraat ... 47 E3
Meeswijk ... 51 E4
Meetkerke ... 45 E2
Meeuwen ... 50 C3
Mehaigne ... 69 F1
Meiboom ... 45 E4
Meigem ... 46 A4
Meilegem ... 56 C1
Meilaar ... 46 B3
Meise ... 58 B1
Meix-devant-Virton ... 81 E3
Meix-le-Tige ... 82 A3
Melden ... 56 B2
Meldert (Limburg) ... 50 A4
Meldert
  (Oost-Vlaanderen) ... 57 F1
Meldert
  (Vlaams-Brabant) ... 59 E3
Melen ... 61 F4
Mélin ... 59 E3
Melines ... 71 E4

Melis ... 47 F4
Melkkouwen ... 48 C3
Melkwezer ... 59 F1
Mellaar ... 50 A4
Melle ... 46 C2
Mellery ... 68 C1
Melles ... 56 A4
Mellier ... 81 E2
Mellier (Rivière) ... 81 E2
Melreux ... 71 D4
Melsbroek ... 58 C1
Melsele ... 48 A2
Melseledijk ... 48 A2
Melsen ... 46 C1
Melveren ... 60 B2
Membach ... 63 D4
Membre ... 80 A1
Membruggen ... 61 E2
Mendonk ... 46 C3
Menen (=Menin) ... 55 E3
Menil ... 72 B4
Mènil (Le) ... 81 D2
Ménil-Favay ... 71 D4
Menin = Menen ... 55 E3
Menuchenet ... 76 B4
Menufontaine ... 77 F4
Menugoutte ... 81 D1
Merbes-le-Château ... 67 E4
Merbes-Ste-Marie ... 67 F3
Merchtem ... 58 A1
Merdorp ... 59 F4
Mere ... 57 E1
Merelbeke ... 46 C3
Meren ... 49 E2
Merendree ... 46 B4
Merkem ... 54 C1
Merksem ... 48 B2
Merksplas ... 48 C2
Merlanvaux (Forêt de) ... 81 E4
Merlemont ... 75 E1
Merlin ... 66 A1
Merlscheid ... 73 F3
Merny ... 76 B4
Mertenne ... 68 B2
Méry ... 71 E1
Mesen (=Messines) ... 54 C3
Meslin-l'Évêque ... 57 D4

Mesnil (Le) ... 75 E3
Mesnil-Église ... 76 A1
Mesnil-St-Blaise ... 76 A1
Mespelare ... 47 E4
Mespeleer ... 47 E3
Messancy ... 82 B3
Messelbroek ... 49 E4
Messines = Mesen ... 54 C3
Mesvin ... 67 E3
Metsterenmolen ... 60 B2
Mettekoven ... 60 C3
Mettet ... 69 D4
Metzert ... 82 A2
Meulebeke ... 55 F1
Meuse / Maas ... 69 F4
Meuville ... 72 B3
Meux ... 69 E1
Meuzegem ... 58 A1
Mévergnies-lez-Lens ... 67 D1
Meyerode (=Meyrode) ... 73 E3
Meylandt ... 50 B4
Meyrode = Meyerode ... 73 E3
Mianoye ... 70 A3
Miavoye ... 76 A1
Michamps ... 78 A4
Michelbeke ... 56 C2
Micheroux ... 61 F4
Middelburg ... 46 A4
Middelkerke ... 44 B2
Middelkerke-Bad ... 44 B2
Midden-Afrika
  (Museum voor) ... 58 C2
Miécret ... 70 C3
Mielen-boven-Aalst ... 60 C3
Mielmont (Château de) ... 69 D2
Mièrchamps ... 77 E1
Mignault ... 67 F1
Mijlstraat ... 48 C3
Mille ... 59 E3
Millegem (Mol) ... 49 F2
Millegem (Ranst) ... 48 B3
Millekruis ... 54 B3
Millen ... 61 E2
Milmort ... 61 E3
Milts ... 57 E4
Minderhout ... 48 C2
Minerie (La) ... 62 C4
Mirfeld ... 73 F3
Mirwart ... 76 C2

Miskom ... 59 F1
Mitauge (Moulin de) ... 76 B4
Mitswege ... 45 D3
Môchamps ... 77 D2
Modave ... 70 C2
Möderscheid ... 73 E3
Moelingen (=Mouland) ... 61 F3
Moen ... 55 F3
Moenebroek ... 57 D3
Moerbeke
  (Geraardsbergen) ... 57 D3
Moerbeke (Waas) ... 47 D2
Moerbeke ... 45 F3
Moerbrugge ... 45 F3
Moerdijk ... 45 D3
Moere ... 44 C3
Moereinde ... 49 D1
Moeremaai ... 55 D2
Moeren (De) ... 44 A4
Moereveld ... 49 D4
Moerhulze ... 46 A2
Moerkerke ... 45 F2
Moerzeke ... 47 F4
Moeskroen = Mouscron ... 55 E3
Mogimont ... 80 B1
Moha ... 70 B1
Mohiville ... 70 C4
Mohimont ... 81 D3
Moignelée ... 69 D2
Moinet ... 78 B2
Moircy ... 77 E3
Mokker ... 44 C3
Molembais-St-Pierre ... 59 F4
Molen ... 59 D1
Molenaarelst ... 45 D2
Molenbais ... 56 A4
Molenbeek ... 59 F1
Molenberg ... 50 B4
Molenheide ... 50 B3
Molenhoek (Berlaar) ... 48 C3
Molenhoek (Evergem) ... 46 C3
Molenhoek (Lembeke) ... 46 C3
Molenhoek (Oostkamp) ... 45 E3
Molenstede ... 49 F4
Molentje ... 45 F2
Molignée ... 69 F2
Molinfaing ... 77 E4
Mollem ... 58 A1

Mollendaal ... 59 E2
Momalle ... 61 D4
Momignies ... 74 A3
Mon Idée ... 81 E1
Mon-le-Soie ... 72 C3
Mon Passage ... 73 D3
Monaville ... 78 A2
Monceau ... 66 C3
Monceau-en-Ardenne ... 76 A4
Monceau-Imbrechies ... 74 B3
Monceau-sur-Sambre ... 68 B3
Monin ... 70 B4
Mons (=Bergen) ... 67 E2
Mons-lez-Liège ... 61 D4
Monstreux ... 68 A1
Mont (Bastogne) ... 78 A3
Mont
  (Comblain-au-Pont) ... 71 E2
Mont (Dison) ... 62 C4
Mont (Houffalize) ... 78 A1
Mont (Malmedy) ... 73 D2
Mont (Vielsam) ... 72 C3
Mont (Yvoir) ... 69 F3
Mont (Le) ... 77 B3
Mont-de-Fosse ... 72 C3
Mont-de-l'Enclus ... 56 B3
Mont-d'Ellezelles ... 56 C3
Mont Garni ... 67 D2
Mont-Gauthier ... 76 B1
Mont-St-André ... 59 E4
Mont-St-Aubert ... 56 A4
Mont-St-Guibert ... 59 D4
Mont-Ste-Aldegonde ... 68 A3
Mont-Ste-Geneviève ... 68 A3
Mont-sur-Marchienne ... 68 B3
Montaigle (Château de) ... 69 E4
Montaigu
  = Scherpenheuvel ... 49 E4
Montauban ... 81 F4
Montbliart ... 74 B2
Montegnet ... 70 C3
Montenaken ... 60 B3
Montenau ... 73 E3
Monteuville ... 71 D4
Monti (Domaine du) ... 72 C3
Montifaut ... 77 F3
Montignies-lez-Lens ... 67 E1
Montignies-St-Christophe ... 67 F4
Montignies-sur-Roc ... 66 C3

Montignies-sur-Sambre ... 68 C3
Montigny-le-Tilleul ... 68 B3
Montjardin ... 71 F2
Montleban ... 78 A1
Montplainchamps ... 81 E1
Montquintin ... 81 E4
Montrœul-aux-Bois ... 56 B4
Montrœul-sur-Haine ... 66 C3
Montzen ... 63 D3
Monville ... 71 D3
Moorsel
  (Oost-Vlaanderen) ... 57 F1
Moorsel
  (Vlaams-Brabant) ... 58 C2
Moorsele ... 55 E2
Moorsem ... 49 D4
Moorslede ... 55 D2
Moortelhoek ... 47 E3
Moortsele ... 57 F3
Mopertingen ... 61 E2
Moregem ... 56 C1
Moresnet ... 63 D3
Moressée ... 70 C4
Morhet ... 77 F3
Morialmé ... 68 C4
Moriensart ... 58 C4
Morival ... 77 E4
Morkhoven ... 49 D3
Morlanwelz ... 68 A2
Morlies ... 66 A1
Mormont (Erezée) ... 71 E3
Mormont (Nassogne) ... 77 D2
Mornimont ... 69 D2
Morsain ... 59 D3
Mortehan ... 80 C1
Mortier ... 61 F3
Mortinsart ... 81 F2
Mortroux ... 61 F3
Mortsel ... 48 B2
Morville (Luxembourg) ... 71 D3
Morville (Namur) ... 75 F1
Moskou ... 44 C4
Mosselbank ... 47 F2
Most ... 55 D1
Mosten (De) ... 39 F4
Mot (De) ... 58 B1
Motte (La) ... 58 C4
Mouland = Moelingen ... 61 F3

Moulard (Le) 74 A1
Moulbaix 66 C1
Moulin 71 D2
Moulin du Diable
(Belvédère du) 71 F2
Moulin-du-Ruy...........72 C2
Moulin Manteau 75 D4
Mourcourt 56 A4
Mouscron
(=Moeskroen)..........55 E3
Mousny......................77 F2
Moustier (Hainaut) 56 B4
Moustier (Namur) 69 D2
Mousty 58 C4
Moutoûyet 72 B2
Mouzaive...................80 A1
Moxhe 60 B4
Moyen 81 D2
Mozet 69 F2
Muggenberg..............59 F1
Muisven 51 D3
Muit 57 D4
Muizen (Antwerpen) ...48 B4
Muizen (Limburg) 60 B3
Mulk..........................50 C1
Mulken 61 D2
Mullem 56 B2
Munke Kasteel...........45 E4
Munkzwalm 56 C2
Muno.........................80 C2
Muno (Forêt de) 80 C2
Munsterbilzen 61 E1
Munte 56 C1
Mürringen 73 F2
Mussain.....................57 F3
Musson......................82 A4
Mussy-la-Ville............81 F4
Mützhagen 63 D3
My.............................71 E3

N

Naast 67 F1
Nachtegaal.................45 F3
Nadrin 77 F1
Nafraiture..................76 A4
Najauje 75 F2
Nalinnes....................68 C4
Namêche....................69 F2
Namen = Namur 69 F2
Namoussart................81 E1
Namur (=Namen) 69 F2
Nandrin.....................71 D1

Naninne......................69 F3
Nantimont...................81 F2
Naomé........................76 B4
Narcimont...................81 F1
Nassogne....................77 D2
Natoye........................70 B3
Navaugle.....................76 C1
Nazareth.....................56 B1
N.D. au Bois = Jezus-Eik..58 C3
Neblon........................71 D2
Néblon-le-Pierreux......71 E2
Néchin........................55 F4
Nederboelare...............57 D3
Nederename.................56 B2
Nederhasselt...............57 E2
Nederokkerzeel...........58 C1
Nederstraat.................61 D1
Nederzwalm.................56 C2
Neerglabbeek..............51 D3
Neerharen...................61 F1
Neerhespen.................60 A2
Neerheylissem.............59 F3
Neerhoksent................50 C2
Neerijse......................59 D2
Neerkreiel...................51 D2
Neerlanden..................60 B3
Neerlinter....................60 A2
Neeroeteren................51 E2
Neerpelt......................50 C2
Neerrepen...................61 D2
Neerstraat...................51 D2
Neervelp......................59 E2
Neerwaasten
= Bas-Warneton.......54 C3
Neerwelden.................56 C2
Neerwinden.................60 A3
Neffe (Luxembourg).....78 A3
Neffe (Namur) 69 D2
Neidingen....................73 E4
Neigem.......................57 D3
Nekke.........................46 A3
Nekker (De)................48 B4
Nemerkendries............57 E2
Neptune (Grottes de)...75 D2
Nerem.........................61 E3
Nerenhoek...................47 D2
Nereth........................63 D4
Nerm..........................59 E3
Nerom.........................58 B1
Nessonvaux.................71 F1
Nete...........................48 B3
Netepark (Het)...........49 D2
Nethen........................59 D3
Nettinne......................70 C4
Neu-Hattlich................63 E4

Neu-Moresnet..............63 D3
Neubois.......................72 C2
Neudort.......................63 E3
Neuf Maisons (Les).....74 C3
Neufchâteau (Liège)....62 B3
Neufchâteau
(Luxembourg) 81 E1
Neufchâteau (Forêt de)....81 E2
Neufkensstraat............56 C2
Neufmaison.................67 D1
Neufvilles....................67 E1
Neundorf.....................73 D4
Neupont (Le)...............76 B2
Neupré........................71 E1
Neuve-Église
= Nieuwkerken 54 B3
Neuville (Luxembourg) ...72 C4
Neuville (Namur).........75 D1
Neuville (Bois de la)...71 E1
Neuville (La) (Liège)...71 F3
Neuville (La)
(Luxembourg).........81 D2
Neuville-en-Condroz...71 D1
Neuville-sous-Huy.......70 C1
Neuvillers...................77 D4
Nevele.........................46 B4
Néviaux (Rochers de)..69 F2
Névraumont.................81 D1
Névremont...................69 D3
Niâster........................71 F2
Nidrum.......................73 E4
Nieder-Emmels............73 D3
Niel............................48 A3
Niel-bij-As..................51 D4
Niel-bij-St-Truiden......60 B3
Nieuport = Nieuwpoort 44 B3
Nieuwburg..................46 C2
Nieuwdonk..................47 D3
Nieuwdorp..................47 E2
Nieuwe-Herberg..........44 A2
Nieuwekapelle.............44 B4
Nieuwenhove...............57 E3
Nieuwenhoven.............60 B2
Nieuwenrode...............48 A4
Nieuwerkerken
(Limburg) 60 B2
Nieuwerkerken
(Oost-Vlaanderen)....57 E1
Nieuwkerke
(=Neuve-Église).........54 B3
Nieuwkerken-Waas......47 F2
Nieuwmoer..................39 E4
Nieuwmunster.............45 D1
Nieuwpoort (=Nieuport)..44 B3
Nieuwpoort-Bad..........44 B3

OOSTENDE

Adolf Buylstr. ....CY 2
Alfons Pieterslaan ....CZ
Edith Cavellstr.............CZ 4
Ernest Feyspl. ....CZ 6
Filip Van Maestrichtpl....CZ 8
Graaf de Smet de Naeyerlaan . CZ 9
Groentemarkt ....CY 10
Hendrik Serruyslaan ....CZ 13
Kanunnik Dr Louis
Colensstr..................CZ 14
Kapellestr....................CZ
Koninginnelaan ....CZ 18
Nieuwpoortsesteenweg...CZ 22
Oesterbankstr...............CZ 24
Sir Winston Churchill
Kaai ....CY 27
Stockholmstr. ....CZ 28
Vlaanderenstr...............CY 30
Wapenpl. ....CY 32
Warschaustr. ....CZ 33
Wellingtonstr. ....CZ 35
Wittenonnenstr.............CZ 36

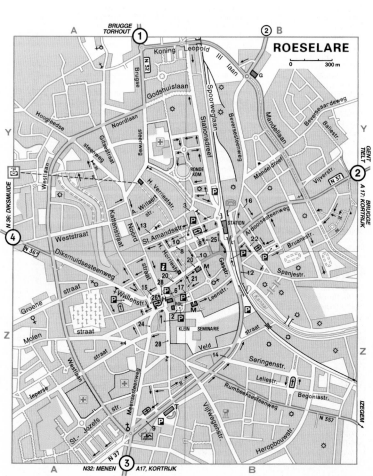

ROESELARE

Botermarkt . . . . AZ 2
Cichoreistr. . . . . ABY 3
Grote Markt . . . . AZ 6
Hendrik Consciencestr. . . . . . ABY 8
Hippoliet Spilleboutdreef. . . . . AZ 9
Jan Mahieustr. . . . . AYBZ
Jules Lagaelaan . . . . BZ 12
Kokelaarstr. . . . . AY 13
Koning Albert I-laan. . . . . BY 14
Manestr. . . . . BY 15
Mariastr. . . . . BY 16
Nonnenstr. . . . . AY 17
Noordstr. . . . . AYZ
Ooststr. . . . . ABZ 20
Poststr. . . . . BZ 21
St-Hubrechtsstr. . . . . BY 22
St-Michielsstr. . . . . AZ 24
Vlamingstr. . . . . AZ 25
Vrouwenstr. . . . . AZ 26
Zuidstr. . . . . AZ 28

Nieuwrode 59 E1
Nijlen 48 C2
Nijvel = Nivelles 68 B1
Nijven........................47 F4
Nijverzeel...................57 F1
Nil-St-Vincent-St-Martin ...59 D4
Nimbermont................77 E3
Nimelette...................74 C4
Nimy 67 E2
Ninane.......................71 F1
Ninde.........................48 C4
Ninove.......................57 E2
Nismes (Viroinval)......75 D2
Nismes (Forêt de).......75 D2
Nisramont...................77 F1
Nivelet.......................81 E1
Nivelle.......................61 F1
Nivelles (=Nijvel)........68 B1
Niverlée.....................75 E2
Nives 77 F4
Nivezé.......................72 C1
Noblehaye..................61 F4
Nobressart..................82 A2
Nodebais....................59 E3
Nodrenge....................59 F3
Noduwez.....................59 F3
Noéchamps.................69 D3
Noir Mouton................56 A3
Noirchain...................67 E3
Noire-Bouteille (La)
(Erquelinnes)..........67 F3
Noire Bouteille (La)
(Quévy)...................67 D4
Noirefontaine..............80 B1
Noirha........................58 C4
Noiseux 71 D4
Noisy 76 A1
Nokere........................56 B2
Nôlinfaing...................81 E1
Nollevaux...................76 B4
Noncèveux..................71 F2
Noorderwijk................49 D3
Noordhout...................46 B4
Noordschote...............54 B1
Nossegem...................58 C2
Nothomb.....................82 A1

Notre-Dame 81 D2
Notre-Dame
de Clairefontaine
(Abbaye) 80 B1
Notre-Dame
de la Brouffe 75 D2
Notre-Dame de Scourmont
(Abbaye) 74 C3
Noucelle.....................58 B4
Nouvelles...................67 E3
Noville (Liège) 61 D4
Noville (Luxembourg)...78 A2
Noville-les-Bois...........69 F1
Noville-sur-Mehaigne...59 F4
Nudorp = Wihogne......61 E3
Nukerke......................56 B3
Nurop.........................62 C3
Ny..............................71 E4

O

Obaix.........................68 B1
Ober-Emmels...............73 D3
Oberhausen.................79 D1
Oberweywertz..............73 E2
Obigies.......................55 F4
Obourg.......................67 E2
Obroek.......................49 F1
Ochain.......................71 D2
Ochamps....................77 D4
Ocquier......................71 D3
Odeigne......................71 F4
Odenge.......................59 E4
Ôdet...........................70 C3
Odeur.........................61 D3
Ôdrimont.....................68 B3
Odrimont.....................78 B4
Oedelem.....................45 F3
Oekene.......................55 E1
Oelegem.....................48 C2
Oeren.........................44 B4
Oerle = Ôreye.............61 D3
Oeselgem...................56 A1
Oetingen....................57 E3

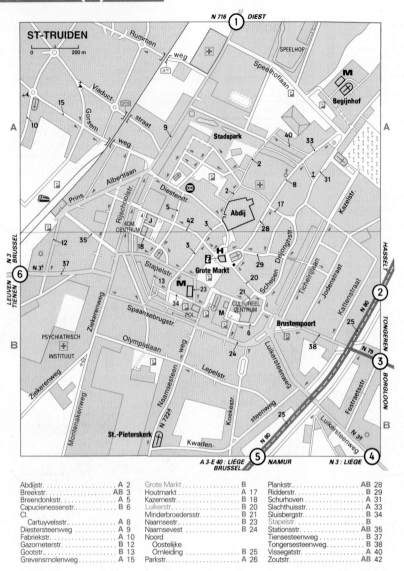

Overwinden 60 A3
Ovifat 73 D2
Ozo 71 E3

P

Paal (Limburg) 50 A4
Paal (Oost-Vlaanderen)...47 E2
Pachis (Le) 74 B1
Paifve 71 E3
Pailhe 70 C2
Pair 71 D2
Pairelle (La) 69 F2
Palenge 71 D3
Palingbeek 54 C3
Paliseul 76 B4
Pamel 57 F2
Pandoerenhoek 48 C4
Panhoven 51 D3
Panne (De) 44 A3
Papegem 57 E1
Papegem = Papignies 57 D4
Papekelders 49 E2
Papignies (=Papegem)....57 D4
Paradis 71 F2
Paradis (Défilé du) 80 C2
Paradisio (Parc) 67 E1
Parçonniers (Les) 75 D4
Paradis 71 F2
Parette 82 A1
Parfond Ruy 72 C3
Parike 57 D3
Park van Genk 50 C4
Pas-Bayard 71 E4
Pasbrug 48 B4
Passe-tout-Outre 66 C3
Passendale 55 D2
Patignies 76 A3
Paturages (Les) 70 C1
Paulatem 55 C2
Pauwelsbos 46 A3
Pauwhoek 55 F1
Pavé d'Ath 67 D2
Pavillons (Les) 69 D4
Pays (Bois du) 71 E4
Pecq 55 F4
Pécrot 59 D3
Peer 50 C3
Peerdeke 47 D4
Peerstalle 45 F4
Peissant 67 F3
Peizegem 47 F4
Pellaines (=Pellen) 59 F3
Pellen = Pellaines 59 F3
Pellenberg 59 E2
Pendu (Rocher du) 80 B1
Pepingen 57 F3
Pepinster 72 B1
Perbais 59 D4
Pereboom
  (Oost-Vlaanderen) 47 D2
Pereboom
  (West-Vlaanderen) 45 D4
Perk 58 C1
Péronnes (Antoing) 66 C1
Péronnes (Binche) 67 F2
Persijzer 47 D3
Péruwelz 66 B2
Pervijze 44 B4
Perwez (Brabant-Wallon) .59 D4
Perwez (Namur) 70 B2
Pesche 75 D3
Pessoux 70 B4
Petegem 56 B2
Petegem-aan-de-Leie ...56 B1
Petergensfeld 63 E4
Peterskirche 78 C2
Petigny 75 D3
Petit Avin 70 C3
Petit-Axhe 60 C4
Petit Barvaux 71 E3
Petit-Berleur 71 E1
Petit Dour 67 D3
Petit Enghien
  (=Lettelingen) 57 F4
Petit-Fays 76 A4
Petit-Hallet 60 A4
Petit-Halleux 72 C3
Petit Halleux 77 E1
Petit Han 71 D3
Petit Lanaye 61 F2
Petit-Leez 69 C4
Petit Rechain 72 C4
Petit-Rœulx-lez-Braine ..57 F4
Petit-Rœulx-lez-Nivelles .68 B1
Petit-Rosière 59 D4
Petit-Rumes 65 F1
Petit-Thier 72 C4
Petit-Waret 70 A4
Petite-Chapelle 75 D4
Petite Dendre 66 B1
Petite-Eneille 71 D3
Petite Gette /
  Kleine Gette 59 F3
Petite Hour 76 B1

Petite Hoursinne 71 F3
Petite Langlire 72 B4
Petite Mormont 78 A1
Petite-Somme 71 D3
Petites Tailles 72 B4
Petitvoir 81 D1
Petrem = Piétrain 59 F3
Pétrieu 56 B4
Peulis 48 C4
Peutie 58 C1
Philippeville 75 D1
Philippeville (Hamois) ...70 C3
Picherotte 71 F3
Pidebec 56 C4
Pieraille 74 C2
Pierre (La) 56 C3
Pierre qui Tourne (La) ...74 B2
Pierreux 71 E2
Piéton 68 C3
Piétrain (=Petrem) 59 F3
Piétrebais 59 E3
Pijnven 50 B3
Pijpe 45 F4
Pijpegale 54 B1
Pijpelheide 49 E2
Pilarde 74 B3
Pilkem 54 C2
Pin 81 D2
Pinchart 58 C4
Pinco (Rocher du) 80 C2
Pinsamont 77 F3
Pinte (De) 46 B4
Pipaix 66 B1
Piringen 50 D2
Piroi (Le) 69 C4
Pironchamps 68 C2
Pironche 56 C4
Pisserotte 78 A1
Pitet 60 B4
Pittem 45 F4
Plaines de l'Escaut
  (Parc naturel des) 65 E1
Plainevaux (Liège) 71 E1
Plainevaux
  (Luxembourg) 80 B1
Plancenoit 58 B4
Planiau (Le) 74 B2
Plank 62 C3
Plankenburg 49 D4
Plankendael 48 B4
Planque (La) 56 C3
Plante (La) 54 C3
Plassendalebrug 45 D2
Plat Bois 80 C2
Plate Taille
  (Barrage de la) 74 C1
Platheule 45 F2
Plein Fayi (Bois de) 72 C2
Ploegsteert 54 C4
Plokrooi 50 C3
Plombières 63 D3
Plopsaland (Park) 44 A4
Poederlee 49 D2
Poeke 46 A4
Poelkapelle 54 C2
Poesele 46 A4
Poezelhoek 55 D2
Poilvache (Château de) ..69 F4
Poix (Val de) 76 C2
Poix-St-Hubert 77 D3
Polka 54 C3
Polken 47 E2
Pollare 57 E2
Polleur 72 C1
Pollinkhove 54 C1
Pommerœul 66 C2
Ponage 56 B1
Ponchau 67 C2
Pondrôme 76 B2
Pont 73 D3
Pont-à-Celles 68 C2
Pont-à-Migneloux 68 C2
Pont au Ri 69 D3
Pont d'Arcole
  (Grottes du) 69 E4
Pont de Bonne 70 C2
Pont-de-Loup 68 C2
Pont de Scay 71 E2
Pont du Prince 74 B1
Pont du Roi 75 D3
Pont-Rouge 54 C3
Pont St-Vaast 77 F3
Pontillas 70 E1
Ponto 71 D2
Poperinge 54 B2
Poppel 40 C3
Popuelles 56 B4
Porcheresse
  (Luxembourg) 76 B3
Porcheresse (Namur) ...70 C3
Porfayi 73 D1
Post 82 A1
Postel (Abdij) 50 A2
Potaardeberg 57 D2
Poteau 73 D3
Potijze 54 C2
Potterée (La) 56 C3
Pottes 55 F3

Abdijstr. . . . . A 2
Breekstr. . . . . AB 3
Breendonkstr. . . . . A 5
Capucienessenstr. . . . . . B 6
Cl.
  Cartuyvelsstr. . . . . A 8
Diestersteenweg . . . . . . A 9
Fabriekstr. . . . . A 10
Gazometerstr. . . . . B 12
Gootstr. . . . . B 13
Grevensmolenweg . . . . A 15

Grote Markt . . . . B
Houtmarkt . . . . A 17
Kazernestr. . . . . B 18
Luikerstr. . . . . B 20
Minderbroedersstr. . . . . B 21
Naamsestr. . . . . B 23
Naamsevest . . . . B 24
Noord
  Oostelijke
  Omleiding . . . . B 25
Parkstr. . . . . A 26

Plankstr. . . . . AB 28
Ridderstr. . . . . A 29
Schurhoven . . . . A 31
Slachthuisstr. . . . . A 33
Sluisbergstr. . . . . B 34
Stationsstr. . . . . AB 35
Tiensesteenweg . . . . . . B 37
Tongersesteenweg. . . . . B 38
Vissegatstr. . . . . A 40
Zoutstr. . . . . A 42

Œudeghien 56 C4
Oevel 49 E3
Ofaing 81 D4
Offagne 76 B4
Offus 59 F4
Ogy 57 D3
Ohain 58 C4
Ohey 70 B2
Oignies 69 D3
Oignies-en-Thiérache....75 E3
Oisquercq 58 A4
Oizy 76 B3
Okegem 57 E2
Oksdonk 48 A4
Okselaar 49 F4
Olen 49 E3
Oleye 60 C3
Ollignies (=Woelingen) ..57 D4
Ollomont 77 F1
Olloy-sur-Viroin 75 E2
Olmen 50 A3
Olmenhoek 58 C1
Olne 61 F4
Olsene 56 A1
O.L.V. Lombeek 57 F2
O.L.V. Olen 49 E2
O.L.V. ten Steen 59 F2
O.L.V. ter Dennen 49 E1
O.L.V. ter Duinen 45 D2
O.L.V. Ter Heerbaan ...51 D3
O.L.V. van Nazareth 48 C1
O.L.V. Waver 48 C4
Omal 60 B4
Omboie Fontaine Haute ...68 A4
Ombret-Rawsa 71 D1
Omezée 75 E1
Ommerstein 51 E3
On 66 C3
Ondank (Tielt) 45 F4
Ondank (Wingene) 45 E4
Ondenval 73 D3
Onderdale 46 A3
Ôneu 71 E2
Oneu 71 D3
Oneux 75 F1
Onhaye 75 F1
Onkerzele 57 D2
Onnezies 66 C3

Onoz 69 D2
Ooidonk 46 B4
Ooigem 55 F2
Ooike 56 B2
Oombergen 57 D1
Oorbeek 59 F2
Oordegem 57 D1
Oostakker 46 C3
Oostduinkerke 44 A3
Oostduinkerke-Bad 44 A3
Oosteeklo 46 B2
Oostende 44 C2
Oostergem 46 B3
Oosterhoven 49 D3
Oosterlo 49 E3
Oosterwijk 49 E3
Oosterzele 57 D1
Oostham 50 A3
Oosthoek (Kaprijke) 46 B2
Oosthoek
  (Knokke-Heist) 45 F1
Oosthoek (De Panne) ..44 A3
Oosthoven 40 C4
Oostkamp 45 E2
Oostkerke (Damme) ...45 F1
Oostkerke (Diksmuide) .44 B4
Oostmalle 49 D1
Oostmoer 46 B3
Oostmolen 46 A3
Oostnieuwkerke 55 D1
Oostrozebeke 55 F1
Oosttaverne 54 C3
Oostveld 46 A3
Oostvleteren 54 B1
Oostwinkel 46 A3
Op den Berg 51 E3
Opalfene 57 F2
Opbrakel 56 C3
Opdorp 47 F4
Opglabbeek 51 D4
Opgrimbie 61 F1
Ophain 58 B4
Ophasselt 57 D2
Opheers 60 C3
Opheylissem 59 F3
Ophoven (Kinrooi) 51 D3
Ophoven
  (Meeuwen-Gruitrode) .51 D3
Opitter 51 D3

Opleeuw 61 D2
Oplinter 59 F2
Opoeteren 51 D3
Opont 76 B4
Oppagne 71 E4
Oppem 58 A1
Opprebais 59 E4
Oppum 60 B1
Oppuurs 47 F4
Opstal (Antwerpen) 49 E1
Opstal
  (Oost-Vlaanderen).....47 F4
Opvelp 59 E2
Opwijk 57 F1
Orbais 59 E4
Orchimont 76 A4
Orcq 65 F1
Ordingen 60 C2
Oret 69 D4
Oreye (=Oerle) 61 D3
Orgeo 81 D1
Ormeignies 66 C1
Ornias (Les) 69 E4
Orp-Jauche 59 F4
Orp-le-Grand 59 F3
Orp-le-Petit 59 F4
Orroir 56 A3
Orsinfaing 81 E2
Orsmaal-Gussenhoven .60 A2
Ortheuville 77 E2
Ortho 77 F2
Orval (Abbaye d') 81 D3
Orval (Forêt d') 81 D3
Ossel 58 A1
Ossenhoek 47 E2
Ossenweg 60 B2
Ossogne (Hainaut) 68 B4
Ossogne (Namur) 70 C3
Ostemerée 69 E4
Oster 71 D4
Ostiches 56 C4
Otegem 56 A3
Oteppe 70 B1
Othée (=Elch) 61 D3
Otrange 60 C3
Ottenburg 59 D2
Ottergem 57 E1

Ottignies 58 C4
Ottré 72 B4
Oubourcy 78 A2
Oud-Heverlee 59 D2
Oud Smetlede 57 D1
Oud-Stuivekenskerke ..44 A4
Oud-Turnhout 49 E1
Oud Watersche 50 C4
Oude Aard 49 F2
Oude Briel 47 F4
Oude Doel 47 F1
Oude Kuil (De) 51 E3
Oude-Plaats 57 F1
Oudegem 47 E4
Oudekapelle 44 B4
Oudenaarde
  (=Audenarde) 56 B2
Oudenaken 57 F3
Oudenburg 45 D2
Oudergem / Auderghem ..58 B2
Oudler 78 C1
Ouffet 71 D2
Ougrée 61 E4
Oupeye 61 F3
Our 76 B4
Ouren 79 D1
Ourodenberg 49 E4
Ourt 77 E4
Ourthe 78 B1
Ourthe (Rivière) 78 B1
Ourthe Occidentale 77 F2
Ourthe Orientale 78 B2
Outer 57 E2
Outgaarden 59 F3
Outrelouxhe 71 D1
Outrijve 56 A3
Ouwegem 56 B1
Overberg 50 C4
Overboelare 57 D2
Overbroek 46 B4
Overhespen 60 A2
Overheule 55 D2
Overijse 58 C3
Overmere 47 D4
Overpelt 50 B2
Overpelt-Fabriek 50 B2
Overrepen 61 D2
Overschelde 47 D4

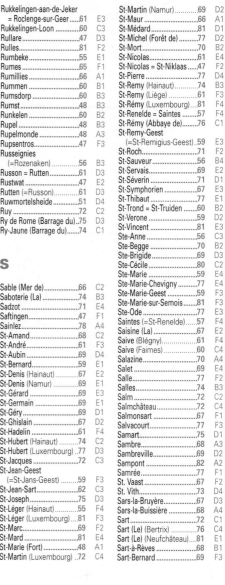

Poucet 60 B4
Poulseur 71 E1
Poupehan 80 B1
Pousset C3
Prayon 71 F1
Pré Dame Ide 70 B3
Pré del Lôye 70 B3
Préau 66 C2
Prée 69 D2
Prelle 77 E2
Presgaux 74 C3
Presles 69 D3
Prèsseu 77 D4
Presseux 71 F2
Prévôté (La) 67 D2
Printhagen 61 D2
Profondeville 69 F3
Promelles 68 B1
Prosper 47 F1
Prouvy 81 E2
Provèdroux 72 C2
Proven 54 A2
Pry 68 C4
Puivelde 47 E2
Pulderbos 48 C2
Pulle 49 D2
Punt 49 E3
Purnode 69 F4
Pussemange 80 A1
Putkapel 59 D1
Putte (bij Mechelen) 48 C4
Putte (bij Stabroek) 39 E4
Putte (Abdij Ten) 44 C3
Puttenen 47 D3
Puurs 48 A3
Puyenbroek
  (Provinciaal domein)...47 D3

Q

Quaregnon 67 D3
Quâreux (Fonds de) 71 F2
Quartes 56 B4
Quatre Arbres (Les)...80 C4
Quatre Bras (Les) 68 C1
Quatre Chemins 62 C4
Quatre Chemins (Les)...66 C4
Quatre-Vents 56 C3
Quatre Vents (Les)...74 B1
Quenast 57 F4
Queue de Rance 74 C2
Queue-du-Bois 61 F4
Quevaucamps 66 C2
Quévy 67 E3
Quévy-le-Grand 67 E3
Quévy-le-Petit 67 E3
Quiévrain 66 C3

R

Raakske 45 F4
Raatshoven = Racour...60 A3
Rabosée 71 D4
Rabot (Le) 69 D2
Rabothrath 63 D4
Rachamps 78 A2
Rachecourt 82 A3
Rachels 51 E4
Racour (=Raatshoven) ...60 A3
Radelange 82 A1
Raeren 63 E3
Ragnies 68 A4
Rahier 72 B3
Ramegnies 66 C1
Ramegnies-Chin 55 F4
Ramelot 70 C2
Ramet 71 D1
Ramezée 70 C4
Ramillies 59 F4
Ramioul 71 D1
Ramonshoek 47 D2
Ramont 77 E2
Ramsdonk 48 A4
Ramsel 49 D4
Ramskapelle
  (Knokke-Heist) 45 E1
Ramskapelle
  (Nieuwpoort) 44 B3
Rance 74 B2
Rancimont 81 F1
Ransart 68 C2
Ransbèche 58 B4
Ransberg 60 A2
Ranst 48 C2
Rapelotte 58 B4
Rapenberg 48 A3
Rapertingen 60 C1
Rastate 77 F2
Rat-d'Eau (Le) 67 D3
Ratte 45 F4
Rattekot 54 A2
Rattevalle 44 B3
Rauw 50 A2
Ravels 40 C4

Ravenstein 58 C2
Raversijde 44 C2
Raversijde-Bad 44 C2
Rebaix 57 D4
Rebecq 57 F4
Rechrival 77 F3
Recht 73 D3
Recogne (Bastogne)...78 A2
Recogne
  (Libramont-Chevigny)...77 D4
Reculémont 73 D3
Redu 76 C3
Reet 48 B3
Reezinge 46 A2
Régissa 70 C2
Regné 72 B3
Regniessart 75 D3
Reharmont 72 B3
Rei 50 A4
Reid (La) 72 B2
Reiger 45 D4
Reinartzhof 63 E3
Reinhardstein 73 D2
Reitje 61 D1
Rejet de Sèble 55 F4
Rejet Moulu 56 A3
Reke 57 D3
Rekem 61 F1
Rekkem 55 E3
Relegem 58 A1
Relst 58 C1
Remagne 77 E3
Remanpont 56 C4
Remau 57 E4
Remersdaal 62 E3
Remichampagne 77 F4
Remicourt 60 C4
Remience 77 E4
Remoifosse 78 A3
Remoiville 77 F4
Remonval 73 D2
Remouchamps 71 F2
Renaix = Ronse 56 B3
Renard (Le) 58 A3
Renaumont 77 E4
Renauvanne 80 C2
Rencheux 72 C4
Rendeux 71 E4
Rendeux-Bas 71 E4
Reninge 54 B1
Reningelst 54 B2
Renlies 68 B1
Renuâmont 77 E4
Rèppe 70 B2
Reppel 51 D2
Reselt 51 E3
Respel 77 E4
Ressaix 67 F3
Ressegem 57 D2
Resteigne 76 C2
Resterheide 50 B3
Retie 49 F1
Retinne 61 F4
Rettigny 78 B1
Reux 70 B4
Rèves 68 B1
Revogne 76 B2
Rhisnes 69 E1
Rhode St-Genèse
  = St-Genesius-Rode...58 B3
Ri de Flandre 69 E3
Ri de Froment 74 B2
Richelle 61 F3
Rieme 46 C2
Riemst 61 E2
Rienne 76 A3
Rieu de Bury 67 D3
Rièzes 74 C4
Rièzes (Les) 75 D4
Rijkel 60 C2
Rijkevorsel 39 F4
Rijkhoven 61 E2
Rijmenam 48 C4
Rijnrode 60 A1
Rijseleindemolen 55 E1
Rijvers 48 A3
Rik 45 E4
Riksingen 61 D2
Rillaar 49 E4
Ringies 66 B2
Rinwez (Les) 68 A4
Rivage (Sprimont) 71 E2
Rivage (Stavelot) 72 C2
Rivière 69 F3
Rixensart 58 C3
Ro 46 A3
Roanne 72 C2
Robechies 74 B2
Robelmont 81 E3
Robertville 73 D2
Robertville (Lac de)...73 D2
Roborst 56 C2
Roche (La) 68 C1
Roche à Faucons (La)...71 E1
Roche-à-Frêne 71 E3
Roche-en-Ardenne (La)...77 F1
Rochée 70 B1
Rochefort 76 C2

Rochefort (Grotte de)...76 C2
Rochehaut 80 B1
Rochelinval 72 C3
Rocherath 73 F2
Rock (La) ...71 E2
Roclenge-sur-Geer
  (=Rukkelingen-
  aan-de-Jeker)...61 E3
Rocourt 61 E4
Rode Kapel 58 C1
Roden-Dries 47 E3
Rödgen 73 E4
Rodt 73 D4
Roesbrugge-Haringe...54 A1
Roeselare (=Roulers)...55 E1
Rœulx (Le) 67 F2
Rofessart 58 C4
Rogery 72 C4
Rognée 68 B4
Rognon 72 C4
Roi Albert (Rocher du)...69 F2
Roiseu 70 C2
Roisin 66 C4
Roksem 45 D4
Rollegem 55 F3
Rollegem-Kapelle 55 E2
Rolley 77 F1
Roloux 61 D4
Roly 75 D2
Romedenne 75 E1
Romerée 75 D2
Romershoven 61 D2
Romont 57 E4
Romponcelle 81 E2
Romsée 61 F4
Ronce (La)
  (Froidchapelle)...74 B2
Ronce (La) (Gembloux)...69 D1
Ronce (La) (Seneffe)...68 B1
Ronchampay 77 E1
Ronchamps 77 E1
Rond-du-Bois-de-Ville...69 D1
Rond Tienne (Trou de)...76 C2
Rondu 77 E3
Ronet 69 E2
Rongy 65 F2
Ronhî 73 D2
Ronquières 68 A1
Ronse (=Renaix) 56 B3
Ronsele 46 B3
Ronvaux 76 B1
Ronzon 71 E4
Rooien (Antwerpen) ...49 E1
Rooien (Oost-Vlaanderen).57 C3
Rooierheide 61 D1
Roosbeek (Limburg)...60 C2
Roosbeek
  (Vlaams-Brabant)...59 E2

Roosdaal 57 F2
Rosée 75 E1
Roselies 69 D3
Rosière-la-Grande 77 F4
Rosière-la-Petite 77 F4
Rosières 58 C3
Rosmeer 61 E2
Rosoux-Crenwick 60 B3
Rôssart 81 D1
Rosseignies 68 B1
Rosselaar 50 A2
Rossem 58 A1
Rossignol 81 E2
Rossignol (Le) 54 C3
Rotelenberg 56 B3
Rotem 51 E3
Rotheux-Rimière 71 E1
Rotselaar 59 D1
Rouchâ (Le) 69 E3
Roucourt 66 B2
Rouette 77 F2
Rouge Minière (La)...71 F2
Rouges Terres 67 F2
Roulers = Roeselare...55 E1
Roûmont 77 D4
Roumont 77 E2
Rousdamme 44 B4
Rouveroy 67 F3
Rouvreux 71 F2
Rouvroi 70 B2
Rouvroy 81 E4
Roux 68 B2
Roux (Le) 69 D3
Roux-Miroir 59 E3
Roy 77 D1
Royompré 72 C1
Rozebeke 56 C2
Rozenaken
  = Russeignies...56 B3
Rubignies 68 A4
Ruddervoorde 45 C3
Rue des Juifs 67 D1
Ruelles (Les) 67 D1
Ruette 81 F4
Rugge 56 A3
Ruidenberg 45 D4
Ruien 56 A3
Ruif 63 D3
Ruisbeek 58 C1
Ruisbroek (Antwerpen) ...48 A3
Ruisbroek
  (Vlaams-Brabant)...58 A3
Ruiselede 45 F4
Ruiter
  Oost-Vlaanderen)...47 E3
Ruiter
  (West-Vlaanderen)...55 D1
Ruiterhoek 44 C4

Rukkelingen-aan-de-Jeker
  = Roclenge-sur-Geer...61 E3
Rukkelingen-Loon 60 C3
Rullare 47 D3
Rulles 81 F2
Rumbeke 55 E1
Rumes 65 F1
Rumillies 66 A1
Rummen 60 B1
Rumsdorp 60 B2
Rumst 48 B3
Runkelen 60 B2
Rupel 48 B3
Rupelmonde 48 A3
Rupsentros 47 F3
Russeignies
  (=Rozenaken)...56 B3
Russon = Rutten 61 D3
Rustwat 47 E2
Rutten (=Russon)...61 D3
Ruwmortelsheide 51 D4
Ruy 72 C2
Ry de Rome (Barrage du)...75 D3
Ry-Jaune (Barrage du)...74 C1

S

Sable (Mer de) 66 C2
Saboterie (La) 74 B3
Sadzot 71 E4
Saftingen 47 F1
Sainlez 78 A4
St-Amand 68 C2
St-André 61 F3
St-Aubin 69 D4
St-Bernard 59 E1
St-Denis (Hainaut) 67 E2
St-Denis (Namur) 69 E1
St-Gérard 69 E3
St-Germain 69 E1
St-Géry 69 D1
St-Ghislain 67 D2
St-Hadelin 61 F4
St-Hubert (Hainaut) ...74 C2
St-Hubert (Luxembourg)...77 D3
St-Jacques 72 C3
St-Jean-Geest
  (=St-Jans-Geest)...59 F3
St-Jean-Sart 62 C3
St-Joseph 75 D3
St-Léger (Hainaut) 55 F4
St-Léger (Luxembourg)...81 F3
St-Marc 69 F2
St-Mard 81 E4
St-Marie (Fort) 48 A1
St-Martin (Luxembourg) ..72 C4

St-Martin (Namur) 69 D2
St-Maur 66 A1
St-Médard 81 D1
St-Michel (Forêt de)...77 E3
St-Mort 70 B2
St-Nicolas 61 E4
St-Nicolas = St-Niklaas ...47 D4
St-Pierre 77 D4
St-Remy (Hainaut) 74 D2
St-Remy (Liège) 61 F3
St-Rémy (Luxembourg)...81 F4
St-Renelde = Saintes...57 F4
St-Rémy (Abbaye de)...76 C1
St-Remy-Geest
  (=St-Remigius-Geest).59 E3
St-Roch 76 F2
St-Sauveur 56 B4
St-Servais 69 E2
St-Séverin 71 D1
St-Symphorien 67 E3
St-Thibaut 77 E1
St-Trond = St-Truiden...60 B2
St-Verone 59 D2
St-Vincent 81 E3
Ste-Anne 56 C3
Ste-Begge 70 B2
Ste-Brigide 69 D3
Ste-Cécile 80 C2
Ste-Marie 59 E4
Ste-Marie-Chevigny...77 E4
Ste-Marie-Geest 59 F3
Ste-Marie-sur-Semois...81 F3
Ste-Ode 77 E3
Saintes (=St-Renelde)...57 F4
Saisine (La) 67 E2
Saive (Blégny) 61 F4
Saive (Faimes) 60 C4
Salazine 70 A4
Salet 69 E4
Salle 77 F2
Salles 74 B3
Salm 72 C2
Salmchâteau 72 C4
Salmonsart 67 F1
Salvacourt 77 F3
Samart 75 D1
Sambre 68 A3
Sambreville 69 D2
Sampont 82 A2
Samrée 77 F1
St. Vaast 67 F2
St. Vith 73 D4
Sars-la-Bruyère 67 D3
Sars-la-Buissière 68 A4
Sart 72 C1
Sart (Le) (Bertrix) 76 C4
Sart (Le) (Neufchâteau)...81 E1
Sart-à-Rèves 68 B1
Sart-Bernard 69 F3

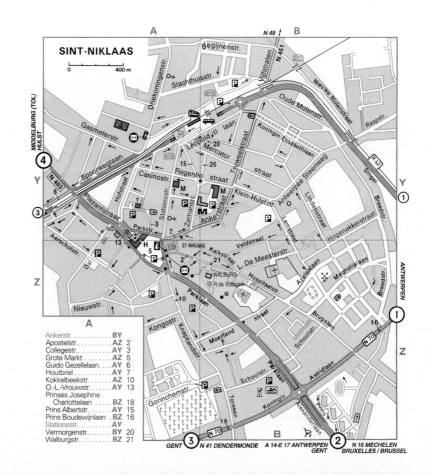

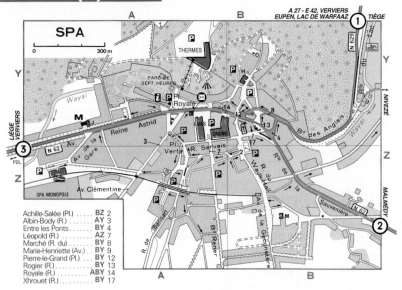

SPA

Achille-Salée (Pl.)	BZ	2
Albin-Body (R.)	AY	3
Entre les Ponts	BY	4
Léopold (R.)	AZ	7
Marché (R. du)	BY	8
Marie-Henriette (Av.)	BY	9
Pierre-le-Grand (Pl.)	BY	12
Rogier (R.)	BY	13
Royale (R.)	ABY	14
Xhrouet (R.)	BY	17

Sart Colin (La)	66	A2
Sart-Custinne	76	A3
Sart-Dames-Avelines	68	C1
Sart d'Avril	69	F1
Sart-en-Fagne	75	E1
Sart-Eustache	69	D3
Sart-lez-Walhain	59	D4
Sart-Mélin	59	E3
Sart-Messire-Guillaume	58	C4
Sart-Moulin	58	B4
Sart-Risbart	59	E4
Sart-St-Laurent	69	E3
Sart Station	72	C1
Sart-Tilman	61	E4
Sarte (Château de la)	70	C1
Sarte (La)	70	B2
Sartiau	68	A4
Sartis (Les)	66	C2
Sas	47	F3
Sas ('t)	48	A4
Sas-Slijken	45	D2
Sassenhout	49	D2
St-Martin (Nil-)	69	D2
Saupont (Le)	81	D1
Saut des Sorcières	80	C2
Sautin	74	B1
Sautour	75	D1
Sauvagemont	58	C4
Sauvegarde	48	A3
Sauvenière	69	E1
Savy	78	A3
Sbêrchamps	77	E4
Scaubec	56	C4
Schaakske	45	D4
Schaerbeek / Schaarbeek	58	B2
Schaffen	49	F4
Schakkebroek	60	B1
Schalbroek	60	A4
Schalkhoven	61	D2
Schaltin	70	B3
Schamelbeek	57	F3
Schans	49	F4
Schapenbrug	45	F1
Schare	45	E3
Scheewege (Damme)	45	F2
Scheewege (Diksmuide)	44	B4
Scheewege (Wingene)	45	F4
Schelde / Escaut	66	A1
Scheldeke	45	E4
Schelderode	56	C1
Scheldewindeke	57	D1
Schelle	48	A3
Schellebelle	47	D4
Schendelbeke	57	D3
Schepdaal	57	F2
Scherpenberg (Heuvelland)	54	B3
Scherpenberg (Malle)	48	C1
Scherpenheuvel (=Montaigu)	49	E4
Schilde	48	C2
Schiplaken	48	B4
Schlierbach	73	E4
Schockville	58	A2
Schoenberg	73	E4
Schollaert	49	F3
Schoonaarde (Dendermonde)	47	E4
Schoonaarde (Diest)	49	F4
Schoonaarde (Kortenberg)	58	C1
Schoonbeek	61	D1
Schoonbroek	49	F1
Schoonderbuken	59	F1
Schoor	50	A2
Schoorbakke	44	B3
Schoorheide	50	A2

Schoot	49	F3
Schoppen	73	E2
Schore	44	C3
Schorisse	56	C3
Schorvoort	49	E1
Schotelven	49	E1
Schoten	48	B1
Schriek	48	C4
Schrijberg	47	E3
Schuiferskapelle	45	F4
Schuilhoek	47	F2
Schulen	60	B1
Schuurhoven	48	C1
Sclage	58	C4
Sclaigneau	70	B3
Sclassin	76	B3
Sclayn	70	A2
Sclimpré	59	E3
Scourmont	74	C3
Scri	69	D4
Scry	71	D2
Scy	70	C2
Sech'ri	76	C3
Seilles	70	B2
Selange	82	B3
Seloignes	74	B3
Semmerzake	56	C2
Semois	81	D2
Seneffe	68	A1
Senelle (Forêt de)	74	C2
Senenne	70	A4
Senonchamps	77	F3
Sensenruth	80	B1
Seny	71	D2
Senzeille	75	D1
Septon	71	D3
Seraing	61	E4
Seraing-le-Château	60	C4
Serinchamps	76	C1
Séron	70	A1
Serpenthoek	54	C1
Serskamp	47	D4
Serville	69	E4
Setz	73	E4
Seule (De)	54	B3
Seviscourt	77	D3
Sibret	77	F3
Signeulx	81	F4
Sijsele	45	F2
Sijslo	45	E3
Silenrieux	74	C1
Silly	57	E4
Sinaai	47	E3
Sinnich	62	C3
Sinsin	70	C4
St-Adriaan	48	C4
St-Agatha-Berchem / Berchem-Ste-Agathe	58	A2
St-Agatha-Rode	59	D3
St-Amands	47	F4
St-Amandsberg	46	C4
St-Amandus	45	F3
St-Andries	45	E2
St-Anna (Oost-Vlaanderen)	47	E3
St-Anna (West-Vlaanderen)	55	E3
St-Anna-Pede	58	A2
St-Antelinks	57	D2
St-Antonius	48	C1
St-Baafs-Vijve	55	F1
St-Blasius-Boekel	56	C2
St-Brixius-Rode	58	B1
St-Denijs	55	F3
St-Denijs-Boekel	56	C2
St-Denijs-Westrem	46	B4
St-Dympna	49	F2

St-Elooi (Ieper)	54	C3
St-Elooi (Wingene)	45	E4
St-Eloois-Vijve	56	A2
St-Eloois-Winkel	55	E2
St-Genesius-Rode (=Rhode St-Genèse)	58	B3
St-Georges-sur-Meuse	61	D4
St-Gertrudis-Pede	58	A2
St-Gillis	47	E4
St-Gillis-Waas	47	E2
St-Goriks-Oudenhove	57	D2
St-Henricus	45	D4
St-Hubertus	45	E3
St-Huibrechts-Hern	61	D2
St-Huibrechts-Lille	50	C2
St-Idesbald	44	A3
St-Jacobs-Kapelle	44	B4
St-Jan (Ieper)	54	C2
St-Jan (Wingene)	45	F4
St-Jan-in-Eremo	46	B1
St-Jan-ter-Biezen	54	A2
St-Jans-Geest = St-Jean-Geest	59	F3
St-Jansberg	49	F4
St-Job-in-'t-Goor	48	C1
St-Joris (Alken)	60	C2
St-Joris (Beernem)	45	F3
St-Joris (Nieuwpoort)	44	B3
St-Joris-Weert	59	D2
St-Joris-Winge	59	E1
St-Jozef (Londerzeel)	48	A4
St-Jozef (Rijkevorsel)	49	D1
St-Jozef-Olen	49	E2
St-Juliaan	54	C2
St-Katarina	55	E2
St-Katelijne-Waver	48	B3
St-Katharina-Lombeek	57	F2
St-Katrien-Houtem	59	E3
St-Kornelis-Horebeke	56	C2
St-Kruis	45	F2
St-Kruis-Winkel	46	C3
St-Kwintens-Lennik	57	F2
St-Lambrechts-Herk	60	C1
St-Lambrechts-Woluwe / Woluwe-St-Lambert	58	B2
St-Laureins	46	A2
St-Laureins-Berchem	57	F3
St-Lenaarts	39	F4

St-Lievens-Esse	57	D2
St-Lievens-Houtem	57	D1
St-Lodewijk	55	F2
St-Marcou	57	E4
St-Margriete	46	A1
St-Margriete-Houtem	59	F2
St-Maria-Horebeke	56	C2
St-Maria-Latem	56	C2
St-Maria-Lierde	57	D2
St-Maria-Oudenhove	57	D2
St-Martens	59	F2
St-Martens-Bodegem	58	A2
St-Martens-Latem	46	B4
St-Martens-Leerne	46	B4
St-Martens-Lennik	57	F2
St-Martens-Lierde	57	D3
St-Martens-Voeren (=Fouron-St-Martin)	62	C3
St-Martenskerk	59	F1
St-Michiels	45	E2
St-Niklaas (=St-Nicolas)	47	F2
St-Paul	59	D4
St-Pauwels	47	E2
St-Pieter	55	D2
St-Pieters (Vlaams-Brabant)	59	F2
St-Pieters (West-Vlaanderen)	45	E2
St-Pieters-Kapelle (Vlaams-Brabant)	57	E4
St-Pieters-Kapelle (West-Vlaanderen)	44	C3
St-Pieters-Leeuw	58	A3
St-Pieters-Rode	59	E1
St-Pieters-Voeren (=Fouron-St-Pierre)	62	C3
St-Pieters-Woluwe / Woluwe-St-Pierre	58	B2
St-Pietersveld	45	F4
St-Remigius-Geest = St-Remy-Geest	59	E3
St-Rijkers	44	B4
St-Sixtus (Abdij)	54	B2
St-Stevens-Woluwe	58	B2
St-Truiden (=St-Trond)	60	B2
St-Ulriks-Kapelle	58	A2
Som'tet	69	D4
Somzée	68	C4
Sonnis	50	C3
Sonseinde	56	C1
Sosoye	69	E4

Six Ourthes (Belvédère des)	77	F1
Six Planes	76	A4
Skeuvre	70	B3
Sledderlo	61	E1
Sleeuwhagen	58	A1
Sleidinge	46	B3
Sleihage	55	D1
Slettem	57	E2
Slijpe	44	C3
Slijpskapelle	55	D2
Slindonk	46	B4
Sluis	50	A3
Sluizen (=Sluse)	61	D1
Sluizen = L'Écluse	59	E3
Sluse = Sluizen	61	D1
Smeerebbe-Vloerzegem	57	E2
Smeermaas	61	F1
Smetlede	57	D1
Smissenhoek	57	D2
Smuid	76	C3
Snaaskerke	44	C3
Snellegem	45	E3
Snepkens	49	E3
Snepkensvijver	49	E2
Sneppe	55	E1
Snoek	60	C2
Soheit-Tinlot	71	D2
Sohier	76	B2
Soignies (=Zinnik)	67	F1
Soiron	62	C4
Soleilmont	68	C2
Solières	70	B2
Solre-St-Géry	74	B1
Solre-sur-Sambre	67	F4
Solt	51	D3
Solvay (Domaine)	58	C3
Solwaster	72	C1
Somagne	72	C3
Somal	70	C4
Sombeke	47	F3
Sombreffe	69	D1
Somme-Leuze	71	D3
Sommerain	78	A1
Sommethonne	81	E4
Sommière	69	F4
Spernau	51	E3
Sippenaeken	62	C3
Sirault	67	D2
Sirieu	67	F2
Sorée	70	B3
Sorinne-la-Longue	70	A3
Sorinnes	69	F4

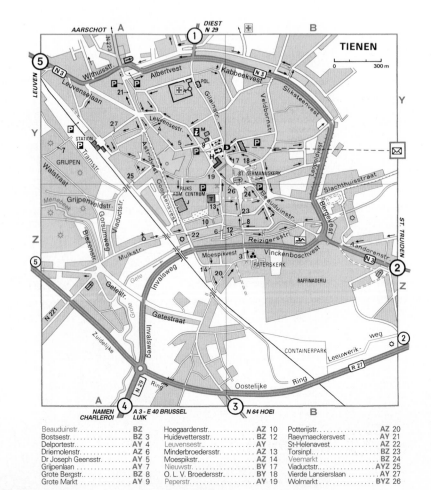

TIENEN

Beauduinstr.	BZ	
Bostsestr.	BZ	3
Delportestr.	AY	4
Driemolenstr.	AZ	6
Dr Joseph Geensstr.	AZ	5
Grijpenlaan	AY	7
Grote Bergstr.	BY	8
Grote Markt	AY	9
Hoegaardenstr.	AZ	10
Huidevettersstr.	BZ	12
Leuvensestr.	AY	
Minderbroedersstr.	AZ	13
Moespikstr.	AZ	14
Nieuwstr.	BY	17
O. L. V. Broederssstr.	BY	18
Peperstr.	AY	19
Potterijstr.	AZ	20
Raeymaeckersvest	AY	21
St-Helenavest	AZ	22
Torsinpl.	BZ	23
Veemarkt	BZ	24
Viaductstr.	AYZ	25
Vierde Lansierslaan	AY	27
Wolmarkt	BYZ	26

Sougné-Remouchamps	71	F2	Stekene	47	E2
Soulme	75	F1	Stelen	49	E3
Soumagne	61	F4	Stembert	62	C4
Soumoy	74	C1	Stene	44	B4
Sourbrodt	73	D2	Ster (Francorchamps)	72	C2
Souveraine-Pré	71	E1	Ster (Stavelot)	72	C3
Souvret	68	B2	Sterenhoven	39	E4
Sovet	70	A4	Sterhoek	56	A2
Soy	71	E4	Sterpenich	82	B3
Soye	69	E2	Sterpigny	78	B1
Spa	72	C1	Sterrebeek	58	C2
Spa-Francorchamps			Sterreke	48	C3
(Circuit de)	72	C2	Stevensvennen	50	A1
Spâce	70	B3	Stevoort	60	C1
Spalbeek	60	B1	Stiénihâ	70	C2
Spârmont	71	E2	Stijveld	60	B1
Spermalie	44	C3	Stockem	82	A2
Spiennes	67	E3	Stockmanshoeve	46	A2
Spiere (=Espierres)	55	F3	Stok	59	F2
Spikkelenberg	48	C4	Stokay	71	D1
Spilt	58	B1	Stokerijhoek	55	F2
Spineu	72	C3	Stokkem	51	E4
Spletlinde	45	E2	Stokrooie	50	B1
Spontin	70	A4	Stokt	49	F2
Spreewenbos	50	A1	Stoktevijver	46	B3
Sprimont	71	E1	Stoquoi	57	D4
Sprimont (Liège)	71	F1	Stotert	50	A3
Sprimont (Luxembourg)	77	E3	Stoumont	72	B2
Spurk	61	D1	Straimont	81	F2
Spy	69	D2	Strainchamps	77	F4
Staak	46	C2	Strée	70	C2
Stabroek	48	A1	Strée sous Thuin	68	B4
Staden	55	D1	Strépy-Bracquegnies	67	F2
Stadenberg	55	D1	Strichon	68	C1
Stal	50	A3	Strijmeers	57	D1
Stalhille	45	D2	Strijpen	57	D2
Stalken	61	E1	Strijtem	57	F2
Stambruges	66	C2	Strivai	71	E1
Stamprooierbroek			Strobrugge	46	A2
(Natuurreservaat)	51	D2	Strombeek-Bever	58	B1
Staneu (Bois de)	62	C4	Strooienhaan	45	E2
Stasegem	55	F2	Stroppen	58	A3
Statte	70	C1	Stru	70	B2
Stave	69	D4	Struik	59	F1
Stavele	54	A1	Stubach	79	D1
Stavelot	72	C3	Stuivekenskerke	44	B4
Stavels Hoekjes	54	A1	Suarlée	69	E2
Stée	70	B4	Sugny	80	A1
Steen (Het)	58	C1	Sur-les-Bois	61	D4
Steenbrugge	45	E2	Sur les Mès	70	B1
Steendorp	48	A3	Sûre	77	F4
Steenhuffel	48	A4	Sûre (Rivière)	77	F4
Steenhuize-Wijnhuize	57	D2	Surice	75	E1
Steenkerke	44	A4	Surister	72	C1
Steenkerque	57	F4	Suxy	81	D2
Steenokkerzeel	58	C1	Suzeril	58	C4
Steenstraat	54	C1			
Steentje (Laarne)	47	D4			
Steentje (St-Laureins)	46	B1	**T**		
Steffeshausen	79	D1			
Stéhou	57	F4	Tahîre	70	C2
Steinbach	78	B1	Tailfer (Roche de)	69	F3
Steinebrück	73	E4			

TONGEREN

Achttiende-Oogstwal	Y	2
Clarissenstr.	Y	4
Corversstr.	YZ	5
de Schiervelstr.	Y	37
Eeuwfeestwal	Y	6
Elisabethwal	Z	9
Grote Markt	Z	
Hasseltsesteenweg	Y	10
Hemelingenstr.	Y	12
Hondsstr.	Y	14
Looierstr.	Z	17
Luikerstr.	Z	15
Maastrichterstr.	Y	18
Minderbroederstr.	Y	19
Moerenstr.	Y	20
Mombersstr.	Z	23
Muntstr.	Y	25
Nevenstr.	Y	
Piepelpoel	Y	27
Plein	Y	28
Pliniuswal	Y	30
Predikherenstr.	Y	31
Regulierenpl.	Z	34
Ridderstr.	Y	35
St-Catharinastr.	Z	38
St-Jansstr.	Z	39
St-Maternuswal.	Y	41
St-Truidenstr.	Y	42
Stationslaan	Y	44
Vermeulenstr.	Y	46
11 Novemberwal	Y	47

Taille Engelée	74	C3	Terhand	55	D2
Tailles	71	F4	Terheide	51	D4
Taintignies	65	F1	Terhulpen = La Hulpe	58	C3
Tamines	69	D2	Terjoden	57	E1
Tamise = Temse	47	F3	Terkluizen	58	B3
Tancrémont	72	B1	Terkoest	60	C1
Tangissart	68	C1	Terlamen	50	B4
Tanville	76	A2	Terlanen	59	D3
Taravisée	69	D3	Terlo	59	F1
Tarcienne	68	C4	Termes	81	D2
Targnon	72	B2	Termogne	60	C4
Tasse	55	E1	Termolen	50	C4
Tattert	82	A2	Termonde		
Taverneux	78	A1	= Dendermonde	47	E4
Tavier	71	D2	Ternaaien = Lanaye	61	F2
Taviers	59	F4	Ternat	57	F2
Taviet	70	A4	Ternell	63	E4
Tavigny	78	A2	Terniau	71	B1
Tellin	76	C2	Tertre	67	D2
Temme	71	D2	Tervant	50	A3
Templeuve	55	F4	Tervate	44	C4
Temploux	69	E2	Tervenen	46	C3
Temse (=Tamise)	47	F3	Tervuren	58	C2
Tenhoute	57	F1	Terwagne	71	D2
Tenneville	77	E2	Terwest	47	D2
Teralfene	57	F2	Tessenderlo	49	F3
Terboekt	61	E1	Testelt	49	E4
Terdonk	46	C2	Teuven	62	C3
Tereiken	60	C2	Theux	72	B1
Terhagen (Antwerpen)	48	A3	Thiarmont	67	F1
Terhagen			Thiaumont	82	A2
(Oost-Vlaanderen)	57	D1	Thibessart	81	F1

Thieu	67	F2	Torre (Ten)	45	F2
Thieulain	66	B1	Touquet (Le)	54	C4
Thieusies	67	E2	Tour	71	E3
Thil	68	C1	Tourinne	60	B4
Thiméon	68	B2	Tourinnes-la-Grosse	59	E3
Thimister-Clermont	62	C4	Tourinnes-St-Lambert	59	D4
Thimougies	56	B4	Tournai (=Doornik)	65	F1
Thines	68	B1	Tournay	81	D1
Thirimont (Hainaut)	68	A4	Tournette (La)	58	A4
Thirimont (Liège)	73	D3	Tourpes	66	C1
Thisnes	60	A4	Tout Vent (Bois de)	74	A2
Thommen	73	D4	Traimont	81	F1
Thon	70	A2	Transinne	76	C3
Thorembais-les-Béguines	59	E4	Trazegnies	68	B2
Thorembais-St-Trond	59	E4	Treignes	75	E2
Thoricourt	67	E1	Trembleur	61	F3
Thuillies	68	B4	Tremelo	49	D4
Thuin	68	A4	Tresfontaine	77	F2
Thulin	66	C3	Tri-d'Avillon	70	A3
Thumaide	66	B1	Tri des Marais	68	C4
Thy	68	C1	Tri-des-Sarts	58	B4
Thy-le-Bauduin	68	C4	Tri d'Haies	68	C3
Thy-le-Château	68	C4	Triest	46	C2
Thynes	70	A4	Trieux (Les)	58	A2
Thys	61	D3	Trinal	71	E4
Tibur	48	B3	Trivières	67	F2
Tiège	72	C1	Trognée	60	B4
Tiegem	56	A3	Trois-Ponts	72	C3
Tielen	49	E1	Tromp (De)	47	E2
Tielrode	47	F3	Tronle	77	F2
Tielt	45	E2	Tronquoy	77	E4
Tielt-Winge	59	F1	Trooz	71	F1
Tienen (=Tirlemont)	59	F2	Trou de Ferrières	71	F3
Tier-à-Liège	61	E2	Troupeau (Le)	74	C2
Tier-de-Ferrières	71	E3	Trous de Bra (Les)	71	F3
Tièrissart	74	B3	Tubeke = Tubize	57	F4
Tiewinkel	50	A4	Tubize (=Tubeke)	57	F4
Tignée	61	F4	Tuilt	60	C1
Tihange	70	C1	Tuitenberg	57	F2
Tijskenshoek	47	F2	Turfhouwe	45	E4
Tildonk	59	D1	Turnhout	49	E1
Tilff	71	E1	Turpange	82	B3
Tillesse	71	D2	Tuttegem	56	A1
Tillet	77	E3	Tyne Cothoek	55	D2
Tillier	69	F1			
Tilly	68	C1	**U**		
Timbriele	55	D3			
Tingremont	68	C4	Uccle / Ukkel	58	B2
Tinlot	71	D2	Ucimont	80	B1
Tintange	78	A4	Udange	82	A3
Tintigny	81	E2	Uikhoven	61	F1
Tirlemont = Tienen	59	F2	Uilenberg	49	D3
Tisselt	48	A4	Uilenbroek	51	D1
Tjammels	56	A2	Uitbergen	47	D4
Tjoenshoek	56	B2	Uitkerke	45	E1
Toep	56	C3	Uitkijktoren	58	A2
Toernich	82	A3	Ukkel / Uccle	58	B2
Tohogne	71	E3	Ulbeek	60	C2
Tollembeek	57	E3	Upigny	69	F1
Tombe (La)	66	A1	Ursel	46	A3
Tombeau du Chevalier	80	C2			
Tombeau du Géant	80	B1	**V**		
Tombeek	58	C3			
Tombelle	56	C3	Vaalbeek	59	D2
Tombreû	55	F3	Vaart	48	A3
Tomme (De)	59	D3	Vaartkant (De)	46	A3
Tongeren (=Tongres)	61	D2	Vake	46	A2
Tongerlo (Antwerpen)	49	E3	Val	61	E2
Tongerlo (Limburg)	51	D3	Val Clavia	70	C2
Tongre-Notre-Dame	66	C1	Val Dieu (Abbaye de)	62	C3
Tongre-St-Martin	67	D1	Val Notre-Dame		
Tongres = Tongeren	61	D2	(Ancienne abbaye du)	70	C1
Tongrinne	69	D2	Valansart	81	E2
Tonny	77	E3			
Tontelange	82	A2			
Torgny	81	E4			
Torhout	45	D4			

Athénée (R. de l')	BY	2	Lalaing (Bd)	AZ	25	Quesnoy (R. du)	BY	35
Becquerelle (R. du)	AY	3	Léopold (Bd)	AY	26	Royale (R.)	BY	
Childéric (R.)	BY	7	Montgomery (Av.)	AZ	29	Sainte-Catherine		
Clovis (Pl.)	BY	10	Poissonsceaux			(R.)	BZ	39
Delwart (Bd)	AY	17	(Quai des)	BZ	32	Saint-Piat (R.)	BZ	38
Dorez (R.)	AZ	18	Pont (R. de)	BYZ	33	Volontaires (R. des)	BY	44

Valender	73	E3
Valéry Cousin (Domaine provincial)	76	B1
Valk	47	E3
Vallée (La)	69	F1
Vance	81	F4
Vaneriau	68	A3
Varendonk	49	E3
Varent	56	C2
Varkensmarkt	49	D4
Varsenare	45	E2
Vau (La)	72	C3
Vaucelles	75	F2
Vaudignies	67	D1
Vaulx (Chimay)	74	C3
Vaulx (Tournai)	66	A1
Vaux	78	A2
Vaux-Chavanne	71	F4
Vaux-et-Borset	60	C4
Vaux-lez-Chêne	81	F1
Vaux-lez-Rosières	77	E4
Vaux-sous-Chèvremont	61	F4
Vechmaal	61	D3
Vecmont	77	E1
Vedrin	69	F2
Veerle	49	F3
Veeweide	58	C4
Velaine (Andenne)	70	B1
Velaine (Namur)	69	F2
Velaine (Sambreville)	69	D2
Velaines	56	A4
Veld	45	E4
Veldbossen	55	E1
Veldegem	45	E3
Veldeke	47	E4
Veldekens	46	A3
Veldhoek	54	C1
Veldhoven	51	D2
Veldwezelt	61	E2
Velle	47	F3
Vellereille-le-Sec	67	F3
Vellereille-les-Brayeux	67	F3
Vellereux	78	A2
Velm	60	B3
Velpen	60	B1
Velroux	61	D4
Veltem-Beisem	59	D1
Velzeke-Ruddershove	56	C2
Ven	51	E3
Vencimont	76	A3
Venne (De)	47	D2
Venne (La)	72	B2
Vêr	76	B1
Verbrande-Brug	58	B1
Verbrande-Molen	54	C2
Verdenne	71	D4
Vergnies	74	B1
Verhaeren (Maison de)	66	C4
Verlaine (Amay)	60	C4
Verlaine (Durbuy)	71	E2
Verlaine (Neufchâteau)	77	D4
Verlée	70	C3
Verleumont	72	B4

Vermerenhoek	56	B1
Verre Ginste	55	F1
Verrebroek	47	F2
Vert Chemin	56	A4
Vert Fagot (Le)	56	B4
Vertrijk	59	F2
Verviers	62	C4
Vesdre	63	E4
Vesdre (Barrage de la = Wesertalsperre)	63	E4
Vesqueville	77	D3
Veulen	60	D1
Veurne (=Furnes)	44	A4
Vêves	76	A1
Vezin	70	A2
Vezon	66	B1
Viane	57	E3
Vichte	56	A2
Vieille Maison	69	D1
Vielsalm	72	C4
Viemme	60	C4
Vien	71	E2
Vierhuizen	46	B3
Vierschaar	56	A1
Viersel	48	C2
Vierset-Barse	70	C2
Vierstraat (Oost-Vlaanderen)	47	F3
Vierstraat (West-Vlaanderen)	54	C3
Vierstraten	58	C1
Vierves-sur-Viroin	75	C2
Vierweegse	46	C3
Vierwegen	45	E1
Viesville	68	B2
Vieux Fourneau (Le)	71	F4
Vieux-Genappe	68	C1
Vieux-Sart	59	D4
Vieux Sautour	75	D1
Vieux-Waleffe	60	C4
Vieuxville	71	E3
Vignée	76	B1
Vijfhuizen	57	E1
Vijfwege	45	D2
Vijfwegen	55	D1
Vijlst	58	A1
Vijvekapelle	45	F2
Vijvers	45	E3
Villance	76	C3
Ville	71	E2
Ville-du-Bois	72	C4
Ville-en-Hesbaye	60	B4
Ville-en-Waret	70	B1
Ville-Pommerœul	66	C2
Ville-sur-Haine	67	F2
Villemont (Château)	81	E2
Viller	62	C4
Villerot	67	D2
Villeroux (Brabant-Wallon)	69	D1
Villeroux (Luxembourg)	77	F3
Villers-aux-Tours	71	E2

Villers-Deux-Églises	75	D1
Villers-devant-Orval	81	D3
Villers-en-Fagne	75	D2
Villers-la-Bonne-Eau	78	A4
Villers-la-Loue	81	E4
Villers-la-Tour	74	B3
Villers-la-Ville	68	C1
Villers-le-Bouillet	70	C1
Villers-le-Gambon	75	E1
Villers-le-Peuplier	60	B4
Villers-le-Temple	71	D2
Villers-l'Évêque	61	D3
Villers-lez-Heest	69	E1
Villers-Notre-Dame	66	C1
Villers-Perwin	68	C1
Villers-Poterie	68	C3
Villers-St-Amand	66	C1
Villers-St-Ghislain	67	E3
Villers-St-Siméon	61	E3
Villers-Ste-Gertrude	71	E3
Villers-sur-Lesse	76	B1
Villers-sur-Semois	81	F2
Villés (Les)	69	D1
Villettes (Les)	72	B3
Vilvoorde (=Vilvorde)	58	B1
Vilvorde = Vilvoorde	58	B1
Vinalmont	70	C1
Vinderhoute	46	B3
Vinke	55	E1
Vinkem	44	A4
Vinken	46	A3
Vinkt	46	A4
Virelles	74	C3
Virelles (Étang de)	74	C2
Virginal-Samme	58	A4
Viroinval	75	E3
Virton	81	F4
Viscourt	68	A2
Visé (=Wezet)	61	F3
Vispluk	57	D2
Vissenaken	59	F1
Vissershoek	46	C4
Vissoul	60	B1
Vissoûle	78	A2
Vitrival	69	D3
Vivegnis	61	F3
Viversel	50	A4
Viville	82	A2
Vivy	80	B1
Vladslo	44	C4
Vlamertinge	54	C4
Vlasmeer	50	B2
Vlasselaar	59	E1
Vlassenbroek	47	F4
Vlekkem	57	E1
Vlessart	81	F1
Vleteren	54	B1
Vleugt	49	F4
Vlezenbeek	58	A2
Vliegende Paard	45	F2
Vliegenstal	47	F2
Vliermaal	61	D2
Vliermaalroot	61	D2

TURNHOUT

Baron Fr. Du Fourstr.	Y	2	Hannuitstr.	Y 12
Beekstr.	Z	3	Hofpoort	Z 13
Deken Adamsstr.	Z	5	Kasteelstr.	Y 14
Druivenstr.	Z	6	Koningin Elisabethlei	Y 16
Gasthuisstr.	Z	7	Korte Gasthuisstr.	Z 17
Guldensporenlei	Y	9	Kwakkelstr.	Z 18
			Mermansstr.	Z 19
Otterstr.	Z	21		
Oude Vaartstr.	Y	22		
Renier Sniedersstr.	Z	23		
Sint Antoniusstr.	Z	25		
Spoorwegstr.	Z	26		
Veldstr.	Z	28		
Victoriestr.	Z	29		
Wezenstr.	Y	31		

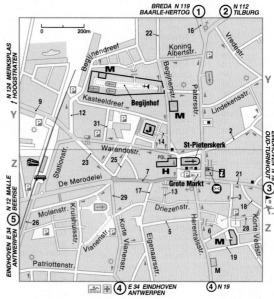

Vlierzele	57	D1
Vlijtingen	61	E2
Vlimmeren	49	D1
Vlissegem	45	D2
Vloesberg = Flobecq	56	C3
Vodecée	75	E1
Vodelée	75	F1
Voeren (=Fourons)	61	F3
Vogelenzang (Lede)	57	E1
Vogelenzang (Ninove)	57	E2
Vogelsang-Hombourg	62	C3
Vogelzang (Limburg)	50	B4
Vogelzang (Oost-Vlaanderen)	56	C2
Vogelzank	56	B1
Volaiville	77	F4
Volkegem	57	C2
Völkerich	63	D3
Vollezele	57	E3
Vonêche	76	A2
Voorde	57	E2

Voorheide	41	D4
Voormezele	54	C2
Voorshoven	51	E3
Voort (Borgloon)	60	C2
Voort (Heusden-Zolder)	50	A4
Voort (De)	58	C1
Voortkapel	49	E3
Voroux-Goreux	61	D4
Voroux-lez-Liers	61	E3
Vorselaar	49	D2
Vorsen	60	B3
Vorst	49	F3
Vorst / Forest	58	B2
Voshoek	47	F2
Vossedreve	54	C1
Vosselaar	48	E1
Vosselare	46	B4
Vossem	58	C2
Vossemeren	50	B1
Vossemolen	55	E2
Vossenhoek	56	A2
Vossenhol	46	A2
Vosseslag	45	D2
Vostaard	51	D3
Vottem	61	E4
Vrasene	47	F2
Vrebos	58	C3
Vrede (De)	45	F1
Vrekkem	46	A3
Vremde	48	B2
Vreren	61	E3
Vresse-sur-Semois	80	A1
Vrieselhof	48	C2
Vrijsbeke	56	C2
Vroenhoven	61	E2
Vroente	60	A1
Vrolingen	60	C2
Vucht	51	E4
Vuilpanne	45	E4
Vurste	56	C1
Vurten	50	A3
Vyle-et-Tharoul	70	C2

W

Waaienberg	57	F1
Waaienburg	54	A1
Waanrode	59	F1
Waarbeke	57	E3
Waardamme	45	E3
Waarloos	48	B3
Waarmaarde	56	A4
Waarschoot	46	B3
Waasmont	60	A3
Waasmunster	47	E3
Waasten (=Warneton)	54	C3
Wachet (Ermitage de)	81	F3
Wachtebeke	47	D3
Wadelincourt	66	C2
Wagnée (Assesse)	70	B3
Wagnée (Mettet)	69	D4
Wagnelée	68	C1

Waha	77	D1
Waharday	71	E4
Waibes (Les)	68	A3
Waillet	70	C4
Waimes (=Weismes)	73	D2
Wainage (Le)	68	C2
Wakken	55	F1
Wakkerzeel	59	D1
Walcourt	68	C4
Waleffe-St-Georges	60	C4
Waleffe-St-Pierre	60	C4
Walem	48	B4
Walfergem	58	A1
Walhain	59	D4
Walhorn	63	D3
Walk	73	D2
Wallerode	73	E3
Waloppe (La)	60	A4
Walsbets	60	B3
Walsegem	57	D1
Walshoutem (=Houtain-l'Évêque)	60	B3
Waltwilder	61	E2
Waltzing	82	B2
Walzin	76	A1
Wambeek	57	E2
Wancennes	76	A2
Wandre	61	F4
Wanfercée-Baulet	69	D2
Wange	60	A3
Wangenies	68	C2
Wanlin	76	B1
Wanne	72	C3
Wannebecq	57	D4
Wannegem-Lede	56	B2
Wanneranval	72	C3
Wansin	60	A4
Wanze	70	C1
Wanzele	57	E1
Wanzoûle	70	C1
Waransart (Bois de)	77	E4
Warche	72	C2
Warchin	66	A1
Warcoing	56	A3
Wardin	78	A3
Waregem	56	A2
Waremme (=Borgworm)	60	C3
Warempage	77	F2
Waret-la-Chaussée	69	F1
Waret-l'Évêque	70	B1
Warisoulx	69	F1
Warizy	77	E1
Warme Landen	46	A2
Warmifontaine	81	D1
Warnach	78	A4
Warnant (Liège)	70	C1
Warnant (Namur)	69	D4
Warneton = Waasten	54	C3
Waroux	61	E3
Warquignies	67	D3
Wârre	71	D3
Warsage (=Weerst)	61	F3
Wartet	69	F2

VERVIERS

Brou (R. du)	C	4
Carmes (R. des)	D	6
Chêne (Pont du)	C	8
Coronmeuse (R.)	D	10
Crapaurue	D	
Grandjean (R.)	C	18
Harmonie (Av. de l')	C	22

Lions (Pont aux)	D	25
Maçons (Quai des)	D	27
Martyr (Pl. du)	D	28
Namur (R. de)	C	29
Ortmans-Hauzeur (R.)	D	30
Palais de Justice (Pl. du)	D	31
Paroisse (R. de la)	D	33
Raines (R. des)	D	34
Récollets (Pont des)	D	36

Saint-Laurent (Pont)	C	37
Sommeleville (Pl.)	D	39
Sommeleville (Pont)	D	40
Spintay (R.)	C	
Théâtre (R. du)	C	42
Thier-Mère-Dieu (R.)	D	43
Tribunal (R. du)	D	45
Verte (Pl.)	C	

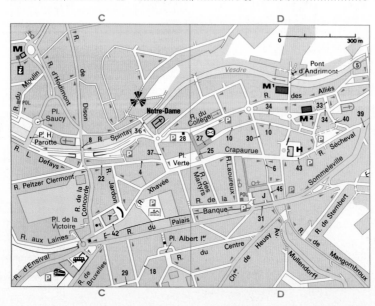

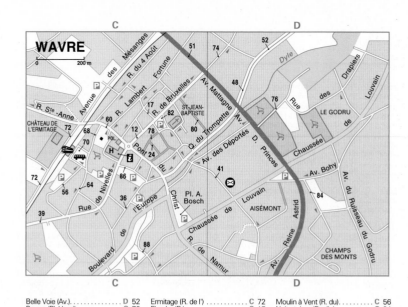

WAVRE

Belle Voie (Av.) . . . . D 52
Berger (Pl. Henri) . . . . C 70
Bruxelles (Chée de) . . . . C 51
Carabiniers (R. des) . . . . C 86
Clos (Av. du) . . . . D 84
Commerce (R. du) . . . . C 78
Croix du Feu (R. des) . . . . D 76
Désiré Yemaux (Av.) . . . . D 48

Ermitage (R. de l') . . . . C 72
Flandre (R.) . . . . C 17
Fontaines
 (R.) . . . . C 36
Haute (R.) . . . . C 12
Letroye (R. F.) . . . . CD 41
Mercier (Pl. Cardinal) . . . . C 82
Meunier (R. du) . . . . C 88

Moulin à Vent (R. du) . . . . C 56
Nuit et Jour (Ruelle) . . . . C 24
Piat (R. Théophile) . . . . C 64
Pré de Wildre
 (Ruelle du) . . . . CD 80
Provinciale (R.) . . . . C 39
Saint-Roch (R.) . . . . CD 74
Volontaires (R. des) . . . . C 68

Warzée	71	D2
Wasmes	67	D3
Wasmes-Audemez	66	B1
Wasmuel	67	D2
Wasseiges	59	F4
Wastijne	47	E4
Wastines	59	E4
Waterdam	55	D2
Waterland Oudeman	46	B1
Waterloo	58	B3
Waterloos	51	D3
Watermael-Boitsfort / Watermaal-Bosvoorde	58	B2
Waterschei	50	C4
Watervliet	46	B1
Waterwal (De)	45	D3
Watou	54	A4
Watrinsart	80	C2
Wattermal	78	B1
Wattimez	68	B1
Wattripont	56	B3
Waudrez	67	F3
Waulsort	75	F1
Wauthier-Braine (=Woutersbrakel)	58	A4
Waver = Wavre	59	D3
Wavre (=Waver)	59	D3
Wavreille	76	C2
Wavreumont	72	C2
Wawer	57	F1
Waya	69	F1
Wayaux	68	C2
Ways	68	C1
Wé de Chine	75	E1
Wéaux	66	B1
Webbekom	49	F4
Wechelderzande	49	D1
Weckerath	73	F3
Weelde	40	C4
Weelde Station	40	C4
Weerde	58	C1
Weerst = Warsage	61	F3
Weert	47	F1
Wegimont	61	F4
Wegnez	72	C2
Weillen	69	E4
Weines	48	C4
Weismes = Waimes	73	D2
Weisten	73	D4
Welden	56	C2
Welkenraedt	63	D4
Welle	57	E1
Wellen	60	C2
Wellin	76	B2
Wembay	77	E2
Wemmel	58	A1
Wenduine	45	D1
Wenin	71	E4
Wépion	69	F3
Weppeler	73	E4
Werbeek	49	F1
Werbomont	71	F3
Werchter	49	D4
Wereth	73	E4
Wéris	71	E3
Werken	44	C4
Werm	61	D2
Werpin	71	E4
Wersbeek	59	F1
Wervik	55	D3

Wesertalsperre (=Barrage de la Vesdre)	63	E4
Wespelaar	59	D1
Westakkers	47	F2
Westende	44	B3
Westende-Bad	44	B3
Westerlo	49	E3
Westhoek	54	C2
Westkant	45	E4
Westkapelle	45	F1
Westkerke	45	D3
Westmalle	48	C1
Westmeerbeek	49	D3
Westouter	54	B3
Westrem	57	D1
Westrode	48	A4
Westrozebeke	55	D1
Westvleteren	54	B1
Westvorde	46	A3
Wetteren	47	D4
Wevelgem	55	E3
Wever	59	F2
Weweler	79	D1
Wèyai (Le)	72	C1
Weyler	82	B3
Weywertz	73	E2
Wezel	50	A2
Wezemaal	59	D1
Wezembeek-Oppem	58	B2
Wezeren	60	B3
Wezet = Visé	61	F3
Wibrin	78	A1
Wichelen	47	E4
Wicourt	78	A2
Wideumont	77	E4
Widooie	61	D3
Wiekevorst	49	D3
Wielsbeke	55	F1
Wieltje	54	C2
Wiemesmeer	61	E1
Wierde	69	F2
Wiers	66	B2
Wiesme	76	A1
Wieze	57	F1
Wigny	77	F2
Wihéries	66	C3
Wihogne (=Nudorp)	61	E3
Wijchmaal	50	C3
Wijer	60	B1
Wijgmaal	59	D1
Wijnegem	48	B2
Wijnendale (Roeselare)	55	D1
Wijnendale (Torhout)	45	D1
Wijnhuize	57	D2
Wijnveld	47	E3
Wijshagen	51	D3
Wijtschate	54	C3
Wilde	46	B4
Wilde Haan	44	A2
Wildenburg	45	F4
Wilder	58	C1
Wilderen	60	B2
Wildert	48	D4
Wilfschot	39	D4
Willancourt	82	A4
Willaufosse	66	C4
Willaupuis	66	B1
Willebringen	59	E2
Willebroek	48	A4

Willemeau	65	F1
Willerzie	75	F3
Wilogne	78	A1
Wilrijk	48	A2
Wilsele	59	D1
Wilskerke	44	C2
Wimmertingen	60	C1
Winamplanche	72	C2
Winenne	76	A2
Wingene	45	F4
Winkelomheide	49	F3
Winksele	59	D1
Winksele-Delle	59	D1
Winner	50	B2
Wintam	48	A3
Winterkeer	57	E3
Wintershoven	61	D2
Winterslag	50	C4
Winville	77	F4
Wippe	54	B2
Wippelgem	46	C3
Wippendries	58	C1
Wirtzfeld	73	E2
Wisbecq	57	F4
Wisembach	82	A1
Witgoor	50	A1
Witherenheide	50	A1
Withimont	77	F2
Witry	77	F4
Wittimont	81	E1
Wodecq	56	C3
Woelingen = Ollignies	57	D4
Woesten (Oostkamp)	45	E3

Woesten (Vleteren)	54	B2
Woestijn	57	F2
Wolf (De)	48	A4
Wolfe	60	C2
Wolfsdonk	49	E4
Wolfshagenstraat	59	D2
Wolfskes	61	D1
Wolkrange	82	A3
Woluwe-St-Lambert / St-Lambrechts-Woluwe	58	B2
Woluwe-St-Pierre / St-Pieters-Woluwe	58	B2
Wolvenhoek	57	D2
Wolvertem	58	A1
Wommelgem	48	B2
Wommersum	59	F2
Wonck	61	F3
Wondelgem	46	C3
Wontergem	56	A1
Wortegem-Petegem	56	B2
Wortel	40	B4
Wouberg	50	C3
Woubrechtegem	57	D2
Woumen	44	C4
Woutersbrakel = Wauthier-Braine	58	A4
Wuébay	78	A2
Wulfsdonk	47	D3
Wulmersom	59	F3
Wulpen	44	B3
Wulvergem	54	C3
Wulveringem	44	A4
Wurfeld	51	D3

Wuustwezel	39	E4
Wy	71	E4
Wyompont	77	F2

X

Xaimont	81	F1
Xhendelesse	62	C4
Xhendremael	61	D3
Xhignesse	71	E2
Xhoffraix	73	D2
Xhoris	71	E2
Xhos	71	E2
Xhoute-si-Plout	71	F4

Y

Ychippe	70	B4
Yernée	71	D1
Ypres = Ieper	54	C2
Yves-Gomezée	75	D1
Yvoir	69	F4

Z

Zaffelare	47	D3
Zalfen	51	D1
Zammel	49	E3
Zammelen	61	D2
Zand	74	D4
Zandbergen	57	E3
Zande	44	C3
Zandeken	47	D3
Zandhoven	48	C2
Zandkapel	49	D3
Zandvliet	38	C4
Zandvoorde (Oostende)	44	C2
Zandvoorde (Zonnebeke)	55	D2
Zandvoordebrug	45	D2
Zarlardinge	57	D2
Zarren	44	C4
Zaventem	58	C2
Zedelgem	45	E1
Zeebrugge	45	E1
Zegbroek	49	D2
Zegelsem	56	C2
Zegge (De)	49	E2
Zeldonk	45	F3
Zele	47	E4
Zelem	49	F4
Zelk	60	A1
Zellik	58	A2
Zelzate	46	C2
Zemst	48	B4
Zenne	58	B1
Zepperen	60	C2
Zerkegem	45	D3
Zeswege	45	E4

Zevenhuizen	51	D4
Zevenkerken (Abdij van)	45	E3
Zeverdonk	49	E1
Zeveren	46	A4
Zevergem	56	C1
Zichem	49	F4
Zichen	61	D2
Zierbeek	57	F2
Zillebeke (Oost-Vlaanderen)	47	F2
Zillebeke (West-Vlaanderen)	54	C2
Zilverberg	55	D1
Zilvermeer	50	A1
Zilverstrand	50	A2
Zingem	56	C1
Zinnik = Soignies	67	F1
Zittaart	49	F3
Zittert-Lummen = Zétrud-Lumay	59	F3
Zoerle-Parwijs	49	E3
Zoersel	49	D1
Zoet Water (`t)	59	D2
Zoetebeek	51	D3
Zogge	47	E3
Zolder	50	B4
Zolder (Omloop van)	50	A4
Zomergem	46	B3
Zomergemboven	46	B3
Zonhoven	50	B4
Zonnebeke	55	D2
Zonnegem	57	D1
Zott	49	E4
Zottegem	57	D2
Zoute (Het)	45	F1
Zoutenaaie	44	B4
Zoutleeuw (=Léau)	60	B2
Zuid-Willemsvaart	51	E3
Zuiddamme	45	F3
Zuidheikant	40	C4
Zuidschote	54	B1
Zuidwege	45	E3
Zuienkerke	45	E2
Zulte	56	A1
Zulzeke	56	B3
Zussen	61	E2
Zutendaal	61	E1
Zuun	58	A3
Zuurbemde	59	F2
Zwaan	45	F2
Zwaanaarde	47	E3
Zwaantje (Beveren)	47	F2
Zwaantje (Evergem)	46	B3
Zwaantje (Veurne)	44	A4
Zwaarte Leen	54	C2
Zwalm	56	C2
Zwalmshoofd	56	C2
Zwaneven	49	F1
Zwankendamme	45	E1
Zwartberg	50	C4
Zwarte Ruiter	47	D2
Zwartegat (Oost-Vlaanderen)	56	C1
Zwartegat (West-Vlaanderen)	54	C1
Zwevegem	55	F2
Zwevezele	45	E4
Zwijnaarde	46	C4
Zwijndrecht	48	A2
Zwin (Het)	45	F1

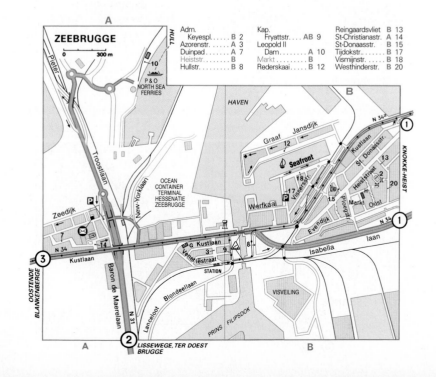

ZEEBRUGGE

Adm.
 Keyespl. . . . . . . B 2
Azorenstr. . . . . . . A 3
Duinpad . . . . A 7
Heiststr. . . . . B
Hullstr. . . . . B 8

Kap.
 Fryattstr. . . . . AB 9
Leopold II
 Dam . . . . A 10
Markt . . . . B
Rederskaai . . . . . B 12

Reingaardsvliet . . B 13
St-Christianstr. . . A 14
St-Donaasstr. . . . B 15
Tijdokstr. . . . . . . B 17
Vismijnstr. . . . . . . B 18
Westhinderstr. . . . B 20

Luxembourg

A

Abweiler (=Obёler) 82 C4
Ahn (=Ohn) 83 F3
Allerborn (=Allerbur) 78 B2
Alscheid (=Alschënt) 78 C3
Altlinster (=Allënster) 83 D2
Altrier
  (=Op der Schanz) 83 E1
Altwies (=Altwis) 83 E4
Alzette 83 D2
Alzingen (=Alzéng) 83 D4
Angelsberg
  (=Angelsbierg) 83 D1
Ansembourg
  (=Anseburg) 82 C2
Antoniushaff 78 B2
Arsdorf (=Ueschdréf) 78 B4
Aspelt (=Uespelt) 83 E4
Assel (=Aassel) 83 E4
Asselborn (=Aaselbur) ..78 B2
Attert 82 B1

B

Bamboesch 83 D3
Basbellain (=Kiirchen) ..78 B1
Bascharage
  (=Nidderkäerjhéng)..82 B4
Baschleiden (=Baschelt)..78 A4
Bastendorf
  (=Baaschtenduerf) ..79 D4
Bavigne (=Béiwen) ..78 B4
Beaufort (=Befort) 83 E1
Bech 83 E1

Bech-Kleinmacher
  (=Bech-Maacher) 83 E4
Beckerich (=Biekerech) ..82 B2
Behlen 83 E2
Beidweiler (=Beidler) 83 D2
Beiler (=Beler) 78 C1
Belvaux (=Bieles) 82 B4
Berbourg (=Berburg) 83 E2
Berchem (=Bierchem) 83 D4
Berdorf (=Bäerdref) 83 E1
Béreldange
  (=Bäreldeng) 83 D3
Berg (=Bierg) 82 C1
Berg (Grevenmacher) 83 E2
Bergem (=Biergem) 82 C4
Beringen (=Bieréng) 83 D1
Beringerberg
  (=Bieréngbierg) 83 D1
Berlé (=Bärel) 78 B3
Berschbach
  (=Bieschbech) 83 D2
Bertrange (=Bartréng) 82 C3
Bettange-sur-Mess
  (=Betten Op
  der Mess) 82 C4
Bettborn (=Bieberech) ..82 B1
Bettel (=Bёttel) 79 D4
Bettembourg
  (=Beteburg) 83 D4
Bettendorf
  (=Bettenduerf) 79 D4
Betzdorf (=Betzder) 83 E2
Beyren 83 E3
Bicherhaff 83 E3
Bigelbach (=Bigelbaach) ..79 E4
Bigonville (=Bungeréf) ..82 A1
Bigonville (Moulin de) ..78 A4
Bildchen 79 D3
Bilsdorf (=Bёlschdréf) ..78 A4

Binsfeld (=Bёnzelt) 78 C2
Birtrange (=Biirtreng) ..82 C1
Bissen (=Biissen) 82 C1
Bivange (=Biweng) 83 D4
Bivels (=Biwels) 79 D3
Biwer 83 F2
Biwisch (=Biwesch) 78 B2
Blaschette (=Blaaschent)..83 D2
Blees 78 C4
Bleesbréck 79 D4
Blumenthal
  (=Blummendall) 83 E2
Bockholtz (=Boukels) 83 E2
Bockholtz-lès-Hosingen ..78 C3
Boevange (=Béigen) ..78 B2
Bœvange-sur-Attert
  (=Béiwen/Atert) 82 C1
Bofferdange
  (=Boufferdéng) 83 D2
Bohey 78 B3
Bollendorf-Pont
  (=Bollendorferbréck) ..79 E1
Born (=Bur) 83 F1
Boudler (=Buddeler) 83 E2
Boudlerbach
  (=Buddelerbaach) 83 E2
Boulaide (=Bauschelt) ..78 A4
Bour (=Bur) 82 C2
Bourglinster
  (=Buerglёnster) 83 D2
Bourscheid
  (=Buurschent) 78 C4
Bourscheid-Moulin
  (=Buurschentermillen)..78 C4
Boursdorf (=Bueschdréf)..83 F1
Bous (=Bus) 83 E4
Boxhorn (=Boxer) 78 C2
Brachtenbach
  (=Bruechtebaach) 78 B3

Brandenbourg
  (=Braneburg) 79 D4
Brattert 78 B4
Breidfeld (=Bredelt) 78 C1
Breidweiler (=Brädeler) ..83 E1
Breinert (=Breenert) 83 E2
Brennerei 78 D3
Bridel (=Briddel) 82 C3
Broderbour
  (=Brouderbur) 79 D4
Brouch (Grevenmacher)..83 E2
Brouch (Mersch) 82 C2
Budersberg
  (=Butscheburg) 82 C4
Büderscheid (=Bitscht) ..78 B4
Burange (=Biréng) 83 D4
Bürden (=Biirden) ..78 C4
Burmerange
  (=Biirmeréng) 83 E4
Buschdorf (=Bёschdref)..82 C2
Buschrodt (=Bёschrued)..82 B1

C

Calmus (=Kaalmus) ..82 C2
Canach (=Kanech) 83 E3
Capellen (=Kapellen) 82 C3
Champignon (Le) 83 D1
Chiers 82 B4
Christnach
  (=Krёschtnech) 83 E1
Cinqfontaines
  (=Pafemillen) ..78 C2
Clémency (=Kёnzeg) ..82 B3
Clervaux (=Klierf) ..78 C2
Clervé 78 C3
Colbette (=Kolwent) 83 E1

D

Dahl (=Dol) 78 B4
Dahlem (=Duelem) 82 B3
Dalheim (=Duelem) 83 E4
Deiffelt (=Dewelt) 78 B2
Deiwelselter 79 D4
Dellen 78 B4
Derenbach (=Déierbech)..78 B3
Dickweiler 83 F1
Diekirch (=Dikrech) 79 D4
Differdange
  (=Déifferdang) 82 B4
Dillingen (=Déiljen) 79 E4
Dippach (=Dippech) 82 C3
Dirbach (=Diirbech) 78 C4
Doennange (=Dienjen) ..78 B2
Dommeldange
  (=Dummeldéng) 83 D3
Doncols (=Donkels) 78 B3
Dondelange (=Dondel) ..82 C2
Dorscheid (=Duerscht) ..78 C2
Drauffelt (=Draufelt) 78 C3
Dreiborn (=Dräibur) 83 F3
Drinklange (=Drénkelt)..78 C1
Dudelange (=Diddeleng)..85 D3

E

Echternach
  (=Iechternach) 83 F1
Ehlange (=Éileng) 82 C4
Ehlerange (=Éileréng) ..82 C4
Ehnen (=Éinen) 83 F3
Ehner (=Iener) 82 B2
Eisch 83 B3
Eischen (=Äischen) 82 B2
Eisenborn (=Esebuer) ..83 D2
Elenter 82 C2
Ell (=Elch) 82 B1
Ellange (=Elléng) 83 E4
Elvange (Redange) 82 B2
Elvange (Remich) 83 E4
Emerange 83 E4
Engelshaff 83 E2
Enscherange (=Äicher)..78 C3
Eppeldorf (=Eppelduerf)..79 E4
Ermsdorf (=Iermsdréf) ..83 D1
Ernster (=Iernster) 83 E2
Ernz Blanche 83 D1
Ernz Noire 83 E1
Ernzen (=Iernzen) 83 D1
Erpeldange (Bous) 83 E4
Erpeldange (Diekirch) ..79 D4
Erpeldange
  (=Ierpeldéng) 78 B3
Ersange (=Erséng) 83 E4
Esch-sur-Alzette
  (=Esch-Uelzecht) 82 C4
Esch-sur-Sûre
  (=Esch-Sauer) 78 B4
Eschdorf (=Eschduerf) ..78 B4
Eschette (=Eischent) 82 B1
Eschweiler
  (Grevenmacher) 83 E2
Eschweiler (Wiltz) 78 B3
Eselborn (=Eselbuer) 82 C2
Essingen (=Essen) 83 D1
Ettelbrück (=Ettelbréck)..78 C4
Everlange (=Iewerléng)..82 C2

F

Féitsch 78 B2
Fennange (=Fennéng) ..82 C4
Fёnsterdall 82 C2
Fentange (=Fenténg) ..83 D4
Filsdorf (=Fёlschdréf) ..83 E4
Fingig (=Fengeg) 82 B3
Fischbach (Clervaux) ..78 C2
Fischbach (=Fёschbech)..83 D2
Flatzbour (=Flatzbur) ..82 A1
Flaxweiler
  (=Fluesswéiler) 83 E2
Foetz (=Féitz) 82 C4

Colmar (=Kolmer) 82 C1
Colpach 82 B1
Colpach-Bas
  (=Nidderkolpech) 82 B2
Colpach-Haut
  (=Uewerkolpech) 82 A1
Consdorf (=Konsdréf) 83 E1
Consthum (=Konstem) ..78 C3
Contern (=Konter) 83 E2
Crauthem (=Krautem) ..83 D4
Crendal (=Kréindel) 78 B2
Cruchten (=Kruuchten) ..83 D1

G

Gaichel (=Gäichel) 82 B2
Gander 83 E4
Garnich (=Garnech) 82 B3
Geiershaff 83 F1
Gilsdorf (=Gilsdréf) 79 D4
Girst (=Giischt) 83 F1
Girsterklaus
  (=Giischterklaus) 83 F1
Givenich (=Giwenich) ..83 F1
Godbrange (=Guedber)..83 D2
Goebelsmühle
  (=Giewelsmillen) ..78 C4
Goeblange (=Giewel) 82 C2
Goedange (=Géidgen) 82 C1
Gœsdorf (=Géisdréf) ..78 B4
Goetzingen (=Gёtzen) ..82 C3
Gonderange
  (=Gonneréng) 83 E2
Gosseldange
  (=Gousseldéng) 83 D2
Gostingen
  (=Gouschténg) 83 E3
Gralingen (=Grueljen) ..78 C3
Grass 82 B3
Graulinster
  (=Grolёnster) 83 E2
Greisch (=Gräisch) 82 C2
Greiveldange
  (=Gréiweldéng) 83 E3
Grengewald 83 D2
Grenglay 78 C4
Grevels (=Gréiwels) 78 B4
Grevenknapp
  (=Gréiwenkapp) 82 C1
Grevenmacher
  (=Gréiwemaacher) 83 F2
Grindhausen (=Granzen)..78 C2
Groëstaen 78 B3
Grosbous (=Groussbus)..82 B1
Grümelscheid
  (=Grёmmelescht) ..78 B3
Grundhof (=Grondhaff) ..83 E1

H

Haard 79 D4
Hachiville (=Helzen) ..78 B2
Haereboesch 82 B2
Hagelsdorf (=Haastert)..83 E2
Hagen (=Hoёn) 82 B3
Haller (=Haler) 83 E1
Hallerbach 83 E1
Hamhaff 78 E4
Hamiville (=Heeschdréf)..78 B2
Hamm 83 D3
Harlange (=Harel) 78 A4
Hassel (=Haassel) 83 D4
Hau 83 D4
Haut-Martelange
  (=Uewer-Maartel) 82 A1
Hautbellain (=Beesslek)..78 B1
Hautcharage
  (=Uewerkäerjheng)..82 B3
Heffingen (=Hiefenech)..83 E1
Heiderscheid
  (=Heischent) ..78 C4
Heinerscheid
  (=Hengescht) ..78 C2
Heischtergronn ..78 B4
Heisdorf (=Heesdréf) ..83 D2
Heispelt (=Heeschpelt)..78 B4
Hellange (=Helléng) ..83 D4
Helmdange (=Hielem) ..83 D2
Hemstal (=Hemstel) 83 E2
Herborn (=Hieber) 83 F1
Herrenberg (=Härebierg)..79 D4
Hersberg (=Heeschbreg)..83 E1
Hespérange (=Hesper)..83 D3
Hierheck 78 B4
Hinkel (=Hénkel) 83 F1
Hivange (=Héiweng) ..82 C4
Hobscheid (=Habsch) ..82 B3
Hochfels 83 A4
Hoesdorf (=Héischdréf)..79 D4
Hoffelt (=Houfelt) 78 B2
Hollenfels (=Huelmes) ..82 C2

ESCH-SUR-ALZETTE

Alzette (R. de l') ....ABZ
Boltgen (Pl.) ....BZ 8
Charbons (R. des) ....AZ 13
Commerce (R. du) ....BZ 12
Dellheicht (R.) ....BY 14
Gare (Av. de la) ....BZ 15

Grand-Rue ....BZ 16
Hôtel-de-Ville (Pl. de l')..BZ 18
Karl-Marx (Pl.) ....AY 20
Léon-Jouhaux (R.) ....AY 21
Léon-Weirich (R.) ....AYZ 23
Libération (R. de la) ....BZ 24
Mathias-Koener (R.) ....BY 25
Norbert-Metz (Pl.) ....BZ 26
Remparts (Pl. des) ....BZ 29
Remparts (R. des) ....BZ 30
Résistance (Pl. de la) ....AZ 32

Sacrifiés 1940-45
  (Pl. des) ....AY 33
St-Michel (Pl.) ....BZ 34
St-Vincent (R.) ....BZ 36
Sidney-Thomas (R.) ....AYZ 37
Stalingrad (R. de) ....AZ 39
Synagogue (Pl. de la) ....BZ 40
Wurth-Paquet (R.) ....BY 42
Xavier-Brasseur (R.) ....BZ 42
Zénon-Bernard (R.) ....ABZ 44
10-Septembre (R. du) ....ABZ 45

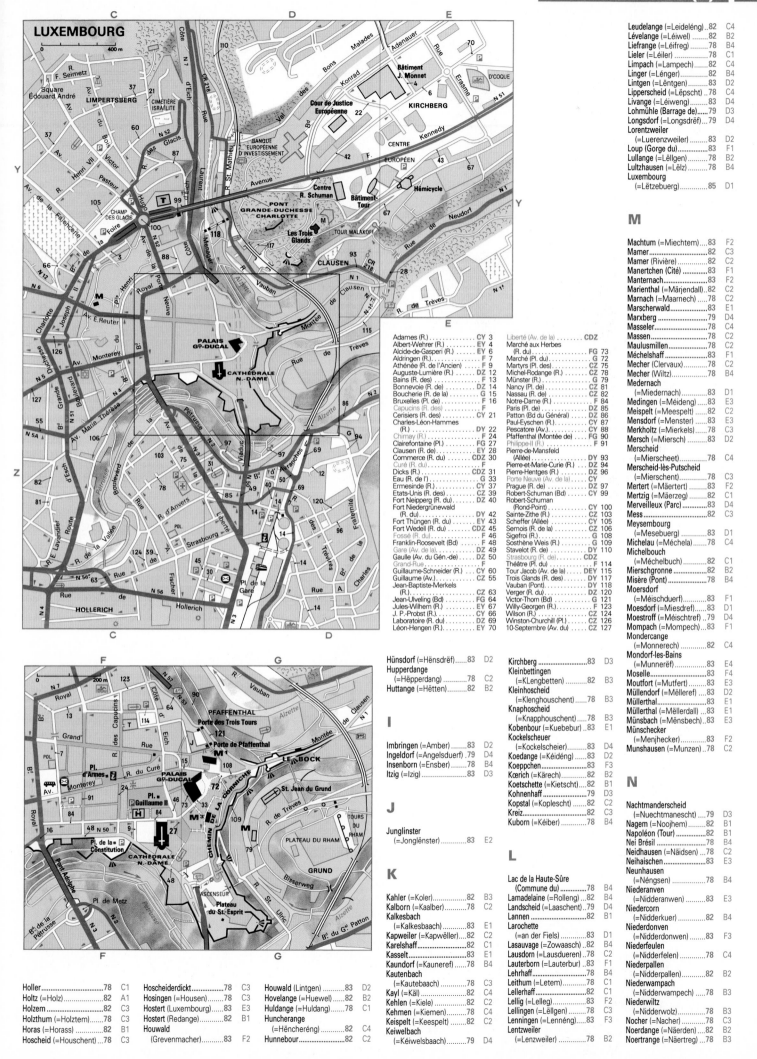

LUXEMBOURG

Adames (R.) .... CY 3
Albert-Wehrer (R.) .... EY 4
Alcide-de-Gasperi (R.) .. EY 6
Aldringen (R.) .... F 7
Athénée (R. de l'Ancien) . F 9
Auguste-Lumière (R.) .... DZ 12
Bains (R. des) .... F 13
Bonnevoie (R. de) .... DZ 14
Boucherie (R. de la) ..... G 15
Bruxelles (Pl. de) .... F 16
Capucins (R. des) .... CY 21
Charles-Léon-Hammes
 (R.) .... DY 22
Chimay (R.) .... F 24
Clairefontaine (Pl.) ..... FG 27
Clausen (R. de) .... EY 28
Commerce (R. du) .... CDZ 30
Curé (R. du) .... F
Dicks (R.) .... CDZ 31
Eau (R. de l') .... G 33
Ermesinde (R.) .... CY 37
Etats-Unis (R. des) ..... CZ 39
Fort Neipperg (R. du) ... DZ 40
Fort Niedergrünewald
 (R. du) .... DY 42
Fort Thüngen (R. du) .... EY 43
Fort Wedell (R. du) ..... CDZ 45
Fossé (R. du) .... F 46
Franklin-Roosevelt (Bd) . F 48
Gare (Av. de la) .... DZ 49
Grand-Rue .... F
Gaulle (Av. du Gén.-de) . DZ 50
Guillaume-Schneider (R.) CY 60
Guillaume (Av.) .... CZ 63
Jean-Baptiste-Merkels
 (R.) .... CZ 63
Jean-Ulveling (Bd) ...... FG 64
Jules-Wilhem (R.) .... EY 67
J.-P.-Probst (R.) .... CY 66
Laboratoire (R. du) ..... DZ 69
Léon-Hengen (R.) .... EY 70

Liberté (Av. de la) ..... CDZ
Marché aux Herbes
 (R. du) .... FG 73
Marché (Pl. du) .... G 72
Martyrs (Pl. des) .... CZ 75
Michel-Rodange (R.) ..... CZ 78
Münster (R.) .... G 79
Nancy (Pl. de) .... CZ 81
Nassau (R. de) .... CZ 82
Notre-Dame (R.) .... F 84
Paris (Pl. de) .... DZ 85
Patton (Bd du Général) .. DZ 86
Paul-Eyschen (R.) .... CY 87
Pescatore (Av.) .... CY 88
Pfaffenthal (Montée de) . FG 90
Philippe-II (R.) .... F 91
Pierre-de-Mansfeld
 (Allée) .... DY 93
Pierre-et-Marie-Curie (R.) DZ 94
Pierre-Hentges (R.) ..... DZ 96
Porte Neuve (Av. de la) . CY
Prague (R. de) .... DZ 97
Robert-Schuman (Bd) .... CY 99
Robert-Schuman
 (Rond-Point) .... CY 100
Sainte-Zithe (R.) .... CZ 103
Scheffer (Allée) .... CY 105
Semois (R. de la) .... CZ 106
Sigefroi (R.) .... G 108
Sosthène Weis (R.) ...... G 109
Stavelot (R. de) .... DY 110
Strasbourg (R. de) ...... CDZ
Théâtre (R. du) .... F 114
Tour Jacob (Av. de la) .. DEY 115
Trois Glands (R. des) ... DY 117
Vauban (Pont) .... DY 118
Verger (R. du) .... DZ 120
Victor-Thorn (Bd) .... G 121
Willy-Georgen (R.) ...... F 123
Wilson (R.) .... CZ 124
Winston-Churchill (Pl.) . CZ 126
10-Septembre (Av. du) ... CZ 127

Leudelange (=Leideléng).. 82 C4
Lévelange (=Léiwel) 82 B2
Liefrange (=Léifreg) 78 B4
Lieler (=Léiler) 78 C1
Limpach (=Lampech) 82 C4
Linger (=Lénger) 82 B4
Lintgen (=Lëntgen) 83 D2
Lipperscheid (=Lëpscht) 78 C4
Livange (=Léiweng) 83 D3
Lohmühle (Barrage de)...... 79 D3
Longsdorf (=Longsdréf) 79 D4
Lorentzweiler
 (=Luerenzweiler) 83 D2
Loup (Gorge du)............ 83 F1
Lullange (=Lëllang) 78 B2
Lultzhausen (=Lëlz) 78 B4
Luxembourg
 (=Lëtzebuerg)............. 85 D1

M

Machtum (=Miechtem).... 83 F2
Mamer..................... 82 C3
Mamer (Rivière) 82 C2
Manertchen (Cité)........ 83 F1
Manternach............... 83 F2
Marienthal (=Märjendall).. 82 C2
Marnach (=Maarnech) 78 C4
Marscherwald............. 83 E1
Marxberg................. 79 D4
Masseler................. 78 C4
Massen................... 78 C2
Maulusmillen............. 78 C2
Méchelshaff.............. 83 F1
Mecher (Clervaux)........ 78 C2
Mecher (Wiltz)........... 78 B4
Medernach
 (=Miedernach)........... 83 D1
Medingen (=Méideng)...... 83 E3
Meispelt (=Meespelt)...... 82 C2
Mensdorf (=Menster)...... 83 E3
Merkholtz (=Mierkels).... 78 C3
Mersch (=Miersch)......... 83 D2
Merscheid
 (=Mierscheet)........... 78 C4
Merscheid-lès-Putscheid
 (=Mierscheet)........... 78 C3
Mertert (=Mäertert)........ 83 F2
Mertzig (=Märzeg)........ 82 C1
Merveilleux (Parc)........ 79 D4
Mess..................... 82 C3
Meysembourg
 (=Meseburg)............ 83 D1
Michelau (=Méchela)...... 78 C4
Michelbouch
 (=Méchelbuch).......... 82 C1
Mierschgronne 82 B2
Misère (Pont)............ 78 B4
Moersdorf
 (=Méischduerf).......... 83 F1
Moesdorf (=Miesdréf)...... 83 D1
Moestroff (=Méischtref) .. 79 D4
Mompach (=Mompech)...... 83 F1
Mondercange
 (=Monnerech) 82 C4
Mondorf-les-Bains
 (=Munneréf) 83 E4
Moselle.................. 83 F4
Moutfort (=Mutfert)...... 83 E3
Müllendorf (=Mëlleref).... 83 D2
Müllerthal............... 83 E1
Müllerthal (=Mëllerdall) .. 83 E1
Münsbach (=Mënsbech).. 83 E3
Münschecker
 (=Menjhecker).......... 83 F2
Munshausen (=Munzen).. 78 C2

N

Nachtmanderscheid
 (=Nuechtmanescht) ... 79 D3
Nagem (=Noojhem).. 82 B1
Napoléon (Tour) 82 B1
Nei Brésil 78 B4
Neidhausen (=Näidsen) .. 78 C2
Neihaischen 83 E3
Neunhausen
 (=Néngsen) 78 B4
Niederanven
 (=Nidderanwen) 83 E3
Niedercorn
 (=Nidderkuer) 82 B4
Niederdonven
 (=Nidderdonwen) 83 F3
Niederfeulen
 (=Nidderfelen) 78 C4
Niederpallen
 (=Nidderpallen) 82 B2
Niederwampach
 (=Nidderwampech) ... 78 B3
Niederwiltz
 (=Nidderwolz) 78 B3
Nocher (=Nacher) 78 C3
Noerdange (=Näerden) .. 82 B2
Noertrange (=Näertreg) .. 78 B3

Holler.................... 78 C1
Holtz (=Holz)............ 82 A1
Holzem................... 82 C3
Holzthum (=Holztem).... 78 C3
Horas (=Horass)......... 82 B1
Hoscheid (=Houschent).. 78 C3

Hoscheiderdickt........ 78 C3
Hosingen (=Housen).... 78 C3
Hostert (Luxembourg)... 83 E3
Hostert (Redange)...... 82 B1
Houwald
 (Grevenmacher)....... 83 F2

Houwald (Lintgen)...... 83 D2
Hovelange (=Huewel).... 82 B2
Huldange (=Huldang).... 78 C1
Huncherange
 (=Hëncheréng)........ 82 C4
Hunnebour.............. 82 C2

Hünsdorf (=Hënsdréf).... 83 D2
Hupperdange
 (=Hëpperdang) 78 C2
Huttange (=Hëtten)...... 82 B2

I

Imbringen (=Amber)...... 83 D2
Ingeldorf (=Angelsduerf) . 79 D4
Insenborn (=Ensber) 78 B4
Itzig (=Izig)........... 83 D3

J

Junglinster
 (=Jonglënster) 83 E2

K

Kahler (=Koler)......... 82 B3
Kalborn (=Kaalber)...... 78 C2
Kalkesbach
 (=Kalkesbaach)........ 83 E1
Kapweiler (=Kapwëller).. 82 C2
Karelshaff.............. 82 C1
Kasselt................. 83 E1
Kaundorf (=Kauneref)... 78 B4
Kautenbach
 (=Kautebaach)........ 78 C3
Kayl (=Käll)........... 82 C4
Kehlen (=Kiele)......... 82 C2
Kehmen (=Kiemen)....... 78 C4
Keispelt (=Keespelt)... 82 C2
Keiwelbach
 (=Kéiwelsbaach)...... 79 D4

Kirchberg 83 D3
Kleinbettingen
 (=KLengbetten) 82 B3
Kleinhoscheid
 (=Klenghouschent) 78 B3
Knaphoscheid
 (=Knapphouschent) 78 B3
Kobenbour (=Kuebebur) .. 83 E1
Kockelscheuer
 (=Kockelscheier)....... 83 D4
Koedange (=Kéidéng)..... 83 D2
Koeppchen............... 83 F3
Kœrich (=Kärech)........ 82 B2
Koetschette (=Kietscht).. 82 B1
Kohnenhaff.............. 79 D3
Kopstal (=Koplescht).... 82 C2
Kreiz................... 82 C2
Kuborn (=Kéiber) 78 B4

L

Lac de la Haute-Sûre
 (Commune du)........... 78 B4
Lamadelaine (=Rolleng).. 82 B4
Landscheid (=Laaschent).. 79 D4
Lannen.................. 82 B1
Larochette
 (=an der Fiels)........ 83 D1
Lasauvage (=Zowaasch).. 82 B4
Lausdorn (=Lausdueren).. 82 C2
Lauterborn (=Lauterbur).. 83 F1
Lehrhaff................ 78 B4
Leithum (=Letem)........ 78 C1
Lellerhaff.............. 78 C1
Lellig (=Lelleg)........ 83 F2
Lellingen (=Lëllgen).... 78 C3
Lenningen (=Lënnéng)... 83 F3
Lentzweiler
 (=Lenzweiler) 78 B2

Noertzange (=Näerzéng)..82 C4
Nommerlayen.................83 D1
Nommern (=Noumeren)..83 D1
Nospelt (=Nouspelt)......82 C2
Nothum (=Noutem)........78 B4
Notre-Dame-des-Mineurs..84 C3

O

Oberanven
(=Ueweraanwen)........83 E3
Obercorn (=Uewerkuer)..82 B4
Oberdonven
(=Uewerdonven).........83 F3
Obereisenbach
(=Ueweressbech)........79 D3
Oberfeulen
(=Uewerfelen)............78 C4
Oberglabach
(=Uewerglabech)........83 D1
Oberpallen
(=Uewerpallen)...........82 B2
Oberwampach
(=Uewerwampech)......78 B3
Oetrange (=Éiter)........83 E3
Olingen (=Ouljen).......83 E2
Olm (=Ollem).............82 C3
Ospern (=Osper)..........82 B1
Osterholz (=Ousterholz)..83 E1
Osweiler......................83 F1
Our (Vallée de l')..........79 D3

P

Pall..............................82 B2
Peppange (=Peppéng)....83 D4
Perekop.......................83 E1
Perlé (=Pärel)...............82 A1
Pétange (=Péiteng)......82 B4
Petit-Nobressart
(=Kleng-Elcher)........82 A1
Pintsch (=Pënsch)......78 C3
Pisbaach.....................82 C4
Pissange (=Piisséng)....82 D4
Platen........................82 B1
Pleitrange (=Pläitréng)....83 E3

Pommerloch
(=Pommerlach)............78 B3
Pontpierre
(=Steebrécken)..........82 C4
Poteau de Harlange
(=Harelerpoteau)........78 A4
Pratz (=Proz)...............82 B1
Prettingen (=Pretten)....82 C2
Putscheid (=Pëtscht)....79 D3

Q

Quatre-Vents
(=Kattrewang)............82 C2

R

Rambrouch
(=Rammerech)............82 B1
Rammeldange
(=Rammeldang)..........83 D2
Reckange (=Recken)....82 C2
Reckange-sur-Mess
(=Recken Op
der Mess)................82 C4
Redange (=Réiden)......82 B1
Reichlange (=Räichel)..82 B1
Reimberg (=Rëmereg)..82 B1
Reisdorf (=Reisduerf)..79 E4
Remerschen
(=Rëmerschen)..........83 E4
Remich (=Réimech)......83 F4
Rettingen....................83 D1
Reuland......................83 E1
Reuler (=Reiler)...........78 C2
Rindschleiden
(=Randschelt)............82 B1
Ringel (=Réngel)..........78 C4
Rippig (=Rippeg).........83 E2
Rippweiler...................83 B2
Rodange
(=Réiden Op der Kor)..82 B4
Rodenbourg
(=Roudemer)..............83 E2
Roder (=Roeder)..........78 C2
Rodershausen...............79 D2

Roedgen (=Riedgen).......82 C3
Roeser (=Réiser)...........83 D4
Rolling (=Rolléng).........83 E4
Rollingen (=Rolléng).......83 D2
Rombach-Martelange
(=Rombech-
Maarteléng)..............82 A1
Roodt-lès-Ell (=Rued)....82 A1
Roodt-sur-Eisch (=Rued)..82 C2
Roodt-sur-Syre
(=Rued-Sir)...............83 E2
Roost (=Rouscht).........82 C1
Rosport (=Rouspert)......83 F1
Rossmillen....................78 C2
Roudbaach...................82 B1
Roudenhaff...................83 F1
Roullingen (=Rulljen)....78 B3
Rumelange
(=Rëmmeléng)............85 D3
Rumlange (=Rëmeljen)..78 B2

S

Saeul (=Sëll)...............82 C2
St-Maurice et St-Maur
(Abbaye)..................78 C2
St-Nicolas (Mont).........79 D3
St-Pirmin
(=Piirmesknupp)........78 B4
Sandweiler...................83 D3
Sanem (=Suessem)......82 B4
Sassel (=Saassel).........78 C2
Savelborn
(=Suewelbur)............83 E1
Schandel.....................82 C1
Scheidel (=Schedel)....78 C4
Scheidgen
(=Scheedgen)...........83 E1
Scheierbierg................83 E4
Scheierhaff..................83 E3
Schengen....................85 F3
Schieren (=Schiren).....82 C1
Schifflange
(=Schëffléng).............82 C4
Schimpach
(=Schëmpech)............78 B3
Schinkert.....................78 C3
Schleif (=Schleef)........78 B3

Schléiwenhaff...............82 C3
Schlindermanderscheid
(=Schlënnermanescht).78 C4
Schmëtt.......................78 C1
Schoenfels (=Schëndels).82 C2
Schoos (=Schous).........83 D2
Schorenshaff................83 F2
Schouweiler (=Schuller)..82 C3
Schrassig (=Schraasseg).83 E3
Schrondweiler...............83 D1
Schuttrange (=Schëtter).83 E3
Schwebich....................82 C2
Schwebsange
(=Schwéidsbéng)........83 E4
Schweich (=Schweech)..82 B2
Selscheid (=Selschent)..78 B3
Sëlz............................79 D4
Senningen (=Sennéng)..83 E3
Senningerberg
(=Sennéngerbierg)......83 D3
Septfontaines (=Simmer).82 C2
Siebenaler
(=Siwwenaler)............78 C3
Sieweschloeff...............83 E1
Simmerschmelz............82 C2
Soleuvre (=Zolwer)........82 B4
Sonlez (=Soller)...........78 A3
Sprinkange
(=Sprénkéng)............82 C3
Stadtbredimus
(=Stadbriedemes)......83 F4
Stegen (=Steën)..........83 D1
Steinfort (=Stengefort)..82 B3
Steinheim (=Stenem)....83 F1
Steinsel (=Stesel)........83 D2
Stockem (=Stackem).....78 B2
Stolzembourg
(=Stolzebuerg)...........79 D3
Strassen (=Stroossen)..82 C2
Sûre..........................78 B4
Surré (=Sir).................78 A4
Syre (=Siren)..............83 E3
Syren (=Siren).............83 D4

T

Tadler (=Toodler)..........78 C4
Tandel.........................79 D4

Tarchamps (=Ischpelt)....78 A3
Tétange (=Téiteng)........85 D3
Tëtelbierg....................82 B4
Tintesmillen.................78 C2
Tretterbaach.................78 B2
Trintange (=Trënténg)....83 E3
Troine (=Tratten)..........78 B2
Troine-Route
(=Trätterstrooss)........78 B2
Troisvierges (=Elwen)....78 C2
Tuntange (=Tënten).......82 C2

U

Uebersyren
(=Iwwersiren).............83 E3
Uewerschlënner............78 C3
Untereisenbach
(=Eesbech)...............79 D3
Urbaach......................82 C2
Urspelt........................78 C2
Useldange (=Useldéng)..82 C1

V

Vesque........................82 B4
Vianden (=Veianen).......79 D3
Vichten (=Viichten).......82 C1

W

Wahl (=Wal).................82 B1
Wahlhausen
(=Wuelëssen)............79 D3
Waldbillig
(=Waldbëlleg)............83 E1
Waldbredimus
(=Waldbriedemes).......83 E4
Waldhof (=Waldhaff)....83 D3
Walferdange (=Walfer)...83 D3
Wallendorf-Pont
(=Wallendorfer-Bréck).79 E4
Walsdorf......................79 D4
Wark..........................82 C1

Warken........................78 C4
Wasserbillig
(=Waasserbëlleg)........83 F2
Watrange (=Walter)......78 A4
Wecker........................83 F2
Weerschrumschloeff.......83 E1
Weicherdange
(=Wäicherdang)..........78 C2
Weidingen
(=Wegdichen)............78 B3
Weiler (Clervaux)..........78 B2
Weiler (Vianden)..........79 D3
Weiler-la-Tour
(=Weiler zum Tur)......83 D4
Weilerbach
(=Weilerbaach)..........83 E1
Weiswampach
(=Wäiswampech)........78 C1
Welfrange (=Welfréng)..83 E4
Wellenstein
(=Wellesteen)...........83 E4
Welscheid (=Welschent)..78 C4
Wemperhardt
(=Wämperhaart)........78 C1
Weyer..........................83 D2
Wickrange (=Wickréng)..82 C4
Widdebierg...................83 E2
Wiltz (Rivière)..............83 D2
Wiltz (=Wolz)...............78 B3
Wilwerdange
(=Wilwerdang)...........78 C1
Wilwerwiltz
(=Wëlwerwolz)...........78 C3
Wincrange (=Wëntger)..78 B2
Windhof (=Wandhaff)....82 B3
Winseler (=Wanseler)....78 B3
Wintrange
(=Wëntreng)..............83 E4
Woltz..........................78 C2
Wolwelange
(=Wolwen)...............82 A1
Wormeldange
(=Wuermeldéng).........83 F3

Z

Zittig (=Zitteg)............83 E2
Zolver Knapp................82 B4

Amsterdam

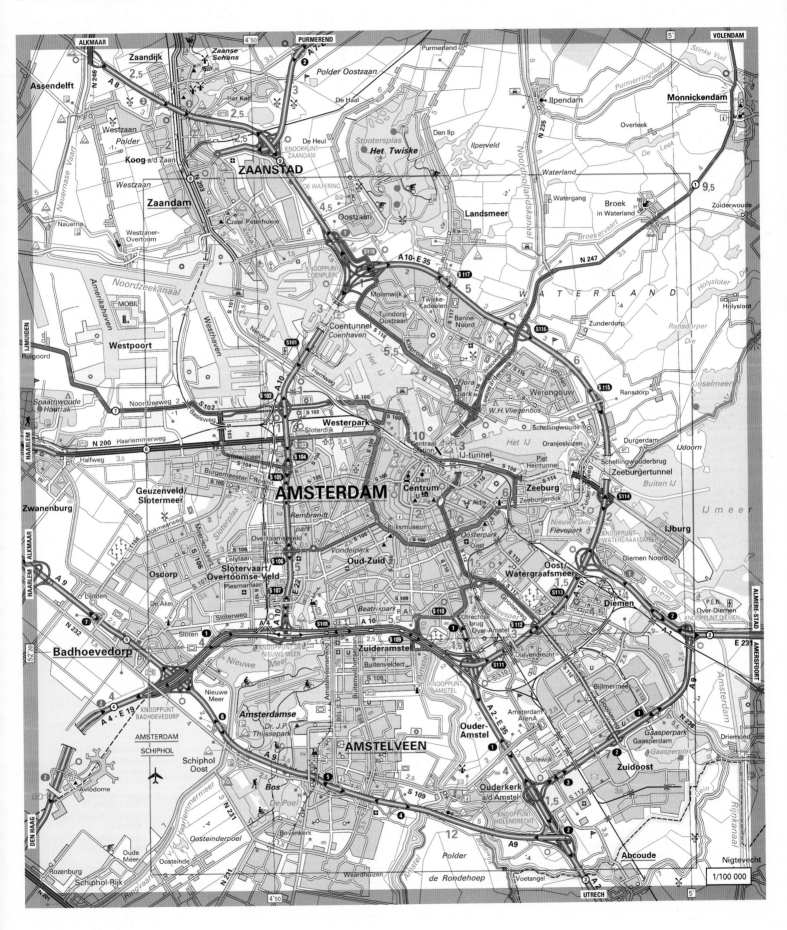

Index des rues / Straatnamenregister / Street index

Nom de la rue	Amstel	Straatnaam / Street
Renvoi du carroyage sur le plan	H10	Verwijzing naar het vak op de plattegrond / Map grid reference
Rue indiquée par un numéro sur le plan	= 25	Genummerde straat op de plattegrond / Street indicated by a number on the plan

Achtergracht J12
Achter Oosteinde.............J12
Albert Cuypstraat J11-J12
Amstelstraat....................H12
Amstelveld H12
Anne Frankstraat H12-H13
Bakkersstraat H12
Barndesteeg G12
Begijnensteeg H11
Berenstraat......................H11
Bergstraat........................G11
Bethaniëndwars-
  straat =16 ....G12
Bethaniënstraat G12
Beulingstraat...................H11
Beurspassage G11
Beursplein G11-G12
Beurspoortje =16.............G11
Beursstraat......................G12
Binnen Bantammer-
  straat G12
Binnenkant.......................G12
Binnen Vissersstraat G11
Binnen Wieringerstraat....G11
Blaeu Erf =12...................G11
Blaeustraat =14...............G11
Blasiusstraat J12-J13
Blauwbrug.......................H12
Blauwburgwal G11
Blindemansteeg................H11-H12
Bloedstraat......................G12
Boerensteeg G12
Boomsteeg =6.................G12
Boomstraat G11
Brandewijnsteeg...............G12
Buiten Bantammer-
  straat G12
Buiten Vissersstraat =1 ....G11
Cellebroerssteeg..............H11
Cornelis Anthonisz-
  straat J11
Damrak...........................G11-G12
Damraksteeg G11
Damstraat........................G11-G12
Daniël Stalpertstraat J11
Den Texstraat..................J11-J12
Derde Weteringdwars-
  straat J11
Deymanstraat...................J12
Dijkstraat G12
Dirk van Hasseltssteeg....G11
Dollebegijnensteeg =9 .....G12
Dora Tamanaplein.............J12
Driekoningenstraat............G11
Dubbeleworststeeg...........H11
Duifjessteeg H11
Dwars Spinhuissteeg =2..H12
Eerste Anjeliersdwars-
  straat G11
Eerste Bloemdwars-
  straat G11
Eerste Boerhaavestraat....J12
Eerste Boomdwarsstraat ..G11
Eerste Egelantiersdwars-
  straat G11
Eerste Jacob van
  Campenstraat...............J11
Eerste Jan Steenstraat J11
Eerste Laurierdwars-
  straat G11
Eerste Leliedwarsstraat....G11
Eerste Lindendwars-
  straat G11
Eerste Looiersdwars-
  straat H11
Eerste Oosterparkstraat ...J12-J13
Eerste Sweelinckstraat J12
Eerste Tuindwarsstraat G11

Eerste van der
  Helststraat....................J11
Eerste Weteringdwars-
  straat J11
Eerste Wetering-
  plantsoen J11
Eggertstraat G11
Elleboogsteeg..................H11
Enge Kapelsteeg.............H11
Enge Kerksteeg...............G12
Enge Lombardsteeg.........H11-H12
Engelse Pelgrimsteeg H12
Engelsesteeg...................G11
Falckstraat......................J12
Februariplein....................H12
Foeliestraat G12-G13
Fokke Simonszstraat J11-J12
Frans Halsstraat...............J11
Frederiksplein J12
Gabriël Metsusstraat........J11
Gaperssteeg G12
Gasthuismolensteeg.........G11
Gebed Zonder End =4......H11
Gedempte
  Begijnensloot =6 ....H11
Geelvinckssteeg...............H11
Geldersekade...................G12
Geldersesteeg.................G12
Gerard Douplein...............H11
Gerard Doustraat.............J11-J12
Gordijnensteeg =11..........G12
Gouwenaarssteeg =2.......G11
Govert Flinckstraat...........J11-J12
Gravenstraat G11
Grimburgwal H11-H12
Groenburgwal..................H12
Guldehandsteeg...............G12
Halvemaansbrug...............H12
Handboogstraat...............H11
Haringpakkerssteeg..........G12
Hartenstraat G11
Hasselaerssteeg...............G12
Heiligeweg H11
Heintje Hoekssteeg..........G12
Heisteeg H11
Hemonylaan.....................J12
Hemonystraat J12
Hercules Seghersstraat....J11
Herengracht G11-H12
Herenmarkt G11
Herenstraat G11
Hermietenstraat =17.........G11
Hirschpassage..................H11
H.M. van
  Randwijkplantsoen.......J11
Hobbemastraat.................J11
Hogesluis Brug.................J12
Honthorststraat................J11
Hortusplantsoen...............J12
Houtkopersburgwal..........H12
Houtkopersdwars-
  straat =4 ....H12
Huddestraat.....................J12
Hudekade........................J12
Huidekoperstraat..............J12
Huidenstraat H11
Jacob Israël de
  Haanstraat....................J12
Jeroenenstraat =3...........G11
Jodenbreestraat...............H12
Johannes Vermeerplein....J11
Johannes Vermeerstraat...J11
Johnny Jordaanplein.........H11
Jonas Daniël
  Meijerplein...................H12
Jonge Roelensteeg...........G11
J.W. Siebbeleshof G12
Kalfsvelsteeg =3 ....H11

Kalkmarkt G12
Karnemelksteeg...............G12
Karthuizersplantsoen.......G11
Karthuizersstraat G11
Kattengat G11
Keizerrijk.........................G11
Keizersgracht G11-H12
Keizersstraat G12
Kerkstraat........................H11-H12
Kleersloot =18.................G12
Kleine-Gartman-
  plantsoen H11
Klimopstraatje G11
Klooster...........................H11
Kloveniersteeg =17..........G12
Koerierstersplein..............H12
Koggestraat.....................G11
Koksteeg.........................G12
Koningsplein H11
Koningsstraat...................G12
Korsjespoortsteeg............G11
Korte Dijkstraat................H12
Korte Kolksteeg =6 ....G11
Korte Koningsstraat H12
Korte Korsjespoort-
  steeg =5.....................G11
Korte Leidsedwars-
  straat H11
Korte Lijnbaansteeg =8....G11
Korte Niezel.....................G12
Korte Reguliersdwars-
  straat H11-H12
Korte Spinhuissteeg =1....H11
Korte Stormsteeg G12
Kromelleboogsteeg =15...G11
Kromme Waal G12
Kronkelpad.......................J11
Kuiperssteeg H11
Kuiperstraat.....................J12
Langebrugsteeg =5 ....H11
Lange Leidsedwars-
  straat H11
Lange Niezel G12
Langestraat G11
Lastageweg G12
Leeuwenhoekstraat J12
Leidekkersstraat...............G12
Leidsegracht H11
Leidsekruisstraat H11
Leidseplein......................H11
Leidsestraat.....................H11
Leliegracht G11
Lepelkruisstraat H12
Lepelstraat H12
Lijnbaansteeg G11
Lindenstraat.....................G11
Maarten Jansz Koster-
  straat J12
Magere Brug....................H12
Mandenmakerssteeg =2 ..G12
Manegestraat...................H12
Marie Heinekenplein J11
Markenplein H12
Martelaarsgracht G12
Mauritskade.....................J12-H14
Mauritsstraat J12
Max Euweplein H11
Molenpad H11
Molensteeg......................G12
Molsteeg G11
Monnikendwars-
  straat =12...................G12-F13
Monnikenstraat.................G12
Montelbaanstraat..............G12
Moreelsestraat..................J11
Mosterdpotsteeg G11
Mozes en Aäronstraat.......G11

Mr. Visserplein.................H12
Muiderstraat H12
Muntplein.........................H11
Museumplein....................H12
Nicolaas Berchemstraat...J12
Nicolaas Witsenkade.........J11-J12
Nicolaas Witsenstraat.......J12
Nieuwe Achtergracht........H12-H13
Nieuwe Amstelbrug..........J12
Nieuwe Amstelstraat.........H12
Nieuwe Batavierstraat......H12
Nieuwebrugsteeg..............G12
Nieuwe Doelenstraat.........H11-H12
Nieuwe Grachtje................H12
Nieuwe Herengracht.........H12
Nieuwe Jonkerstraat.........G12
Nieuwe Keizersgracht.......H12
Nieuwe Kerkstraat............H12-H13
Nieuwe Looiersdwars-
  straat J11
Nieuwe Looiersstraat........J11-J12
Nieuwendijk.....................G11-G12
Nieuwe Nieuwstraat.........G11
Nieuwe Prinsengracht.......H12-H13
Nieuwe Ridderstraat G12
Nieuwe Spaarpotsteeg G11
Nieuwe Spiegelstraat H11
Nieuwe Weteringstraat J11
Nieuwezijds
  Armsteeg =1 ....G12
Nieuwezijds Kolk =7.........G11
Noorderdwarsstraat..........J11
Noordermarkt G11
Noorderstraat J11-J12
Olieslagerssteeg...............H11
Onbekendegracht..............H12
Onkelboerensteeg H12
Onze Lieve Vrouwesteeg..G11-G12
Oosteinde J12
Oosterdokskade...............G12
Openhartsteeg H11
Ossenspoolsteeg.............G11
Oude Braak G12
Oudebrugsteeg G12
Oude Doelenstraat =15....G12
Oude Hoogstraat G12
Oude Kennissteeg =10.....G12
Oudekerksplein.................G12
Oude Leliestraat G11
Oude Looiersstraat H11
Oude Manhuispoort..........H11
Oude Nieuwstraat G11
Oude Spiegelstraat H11
Oude Turfmarkt H11
Oude Waal G12
Oudezijds Armsteeg.........G12
Oudezijds Kolk.................G12
Oudezijds Voorburgwal ...H11-G12
Paardenstraat..................H12
Paleisstraat G11
Panaalsteeg G12
Papenbroekssteeg............G11
Papenbrugstraat G12
Passeerdersgracht H11
Passeerdersstraat H11
Paternsterteeg G12
Pentagon H12
Peperstraat......................G12
Pieter de Hoochstraat J11
Pieter Jacobszdwars-
  straat =18...................G11
Pieter Jacobszstraat.........G11-G12
Pieter Pauwstraat J12
Pijlsteeg..........................G11-G12
Plantage Middenlaan........H12-H13
Plantage Parklaan............H12-H13
Prinsenhofssteeg =19.......G12
Prinsenstraat....................G11

Prof. Tulpplein J12
Prof. Tulpstraat J12
Quellijnstraat....................J11-J12
Raadhuisstraat G11
Raamdwarsstraat H11
Raamgracht H12
Raamsteeg H11
Ramskooi.........................G12
Rapenburg G12-H13
Rapenburgerstraat H12
Recht Boomssloot............G12
Reestraat.........................H11
Reguliersbreestraat H11
Reguliersdwarsstraat........H11-H12
Rembrandtplein.................H12
Rinnengasthuisstraat H12
Romeinsarmsteeg H11
Roomolenstraat G11
Rozenboomsteeg =7........H11
Runstraat.........................H11
Rusland H12
Rustenburgerdwars-
  straat J12
Ruyschstraat J12-J13
Saenredamstraat J11
Sarphatikade J12
Sarphati Park J12
Sarphatistraat...................J12-H13
Schapensteeg H11
Schippersstraat................G12
Schoorsteenvegerssteeg .H11
Schoutensteeg G12
Schwammerdamstraat J12
Servaes Noutsstraat J12
Servetsteeg G12
's Gravelandse Veer H12
's Gravenhekje G12
Sint Agnietenstraat H12
Sint Annendwars-
  straat =7 ....G12
Sint Annenstraat...............G12
Sint Antoniesluis H12
Sint Barberenstraat =2......H11
Sint Geertruiden-
  steeg =10....................G11
Sint Jacobsstraat G11-G12
Sint Jansstraat G12
Sint Jorisstraat H11
Sint Luciënsteeg H11
Sint Nicolaasstraat G11
Sint Olofspoort G12
Sint Pieterspoort =20 ....G11
Sint Pieterspoortsteeg G11
Sint Pietersteeg................H11
Sint Willibrordusdwars-
  straat J12
Sint Willibrordusstraat J12
Slijkstraat H12
Smaksteeg G11
Snoekjesgracht =3...........H12
Snoekjessteeg H12
Spaarpotsteeg H11
Spiegelgracht J11
Spinhuissteeg H12
Spooksteeg =4................G12
Spui H11
Staalkade.........................H12
Staalstraat H12
Stationsplein G12
Steenhouwerssteeg =19 ..G11
Stoofsteeg =13................G12
Stormsteeg G12
Stromarkt G11
Suikerbakkerssteeg =9.....G11
Takssteeg H11
Teerketelsteeg =4.............H11
Teniersstraat J11

't Hol =11........................G11
Thorbeckeplein H12
Tichelstraat......................G11
Torensteeg G11
Torontobrug.....................J12
Treeftsteeg G11
Trompettersteeg =8 ....G12
Turfdraagsterpad..............H11
Turfsteeg H12
Tweede Boomdwars-
  straat G11
Tweede Egelantiersdwars-
  straat G11
Tweede Jacob van
  Campenstraat...............J11-J12
Tweede Jan Steenstraat ..J12
Tweede Jan van der
  Heijdenstraat J12
Tweede Leliedwarsstraat ..G11
Tweede Lindendwars-
  straat G11
Tweede Looiersdwars-
  straat H11-H10
Tweede Sweelinckstraat ..J12
Tweede Tuindwarsstraat..G11
Tweede Weteringdwars-
  straat J11
Tweede Wetering-
  plantsoen J11
Uilenburgersteeg..............H12
Utrechtsedwarsstraat........J12
Valckenierstraat H12-H13
Valkenburgerstraat H12
Valkensteeg G11
Van de Veldestraat...........J11
Van Miereveldstraat J11
Vendelstraat H12
Verversstraat H12
Vijzelgracht......................J11
Vijzelstraat.......................H11
Violettenstraat..................G11
Vliegendesteeg.................H11
Voetboogstraat H11
Voormalige
  Stadstimmertuin J12
Vredenburgersteeg =3......G12
Waalsteeg G12
Wagenstraat H12
Warmoesstraat G11-G12
Waterlooplein...................H12
Waterpoortsteeg G12
Watersteeg H11
Weesperplein H12
Weesperstraat H12
Weesperzijde....................J12-L14
Westeinde........................J12
Westermarkt.....................G11
Westerstraat G11
Weteringlaan J11
Weteringschans J11-J12
Wijde Heisteeg..................H11
Wijde Kapelsteeg..............H11
Wijde Kerksteeg =5 ....G12
Wijde Lombardsteeg =1...H11
Wijdesteeg G11
Wijngaardstraatje G12
Wolvenstraat....................H11
Zakslootje
  Stoofsteeg =14 ....G12
Zanddwarsstraat...............H12
Zandstraat H12
Zeedijk G12
Zoutsteeg G11
Zwanenburgwal................H12
Zwarte Handsteeg =13.....G11

Bruxelles/Brussel

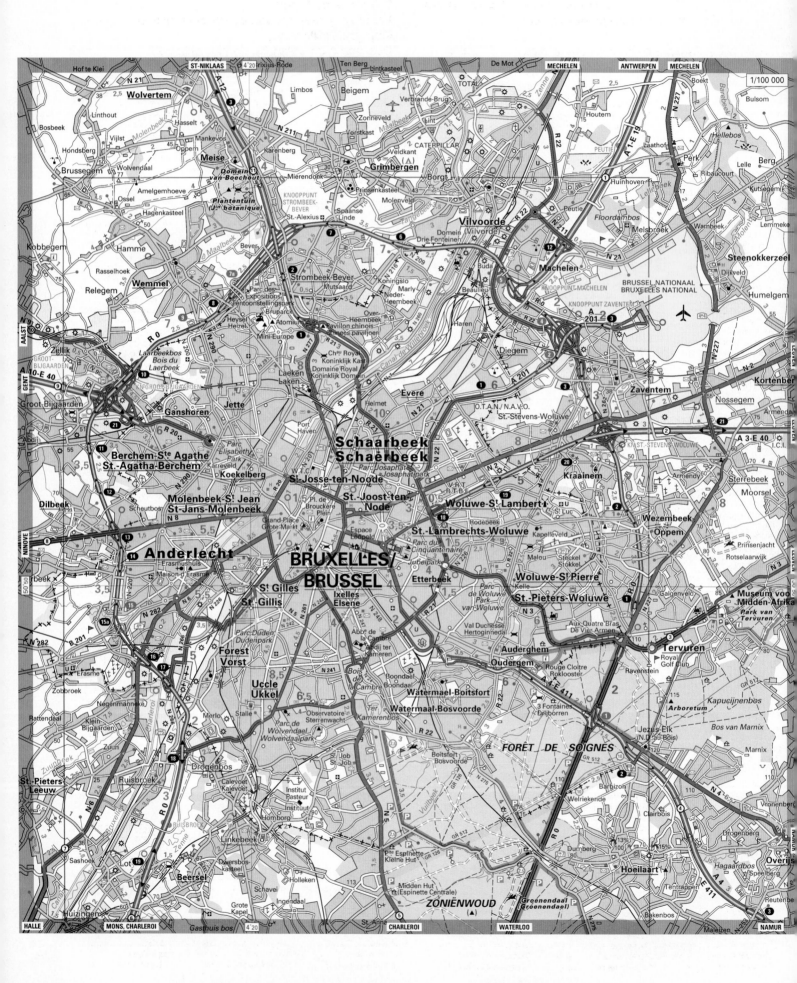

Index des rues / Straatnamenregister / Street index

Nom de la rue	Orban (av.-laan)	Straatnaam / Street
Renvoi du carroyage sur le plan	H7	Verwijzing naar het vak op de plattegrond / Map grid reference
Rue indiquée par un numéro sur le plan	= 4	Genummerde straat op de plattegrond / Street indicated by a number on the plan

"44", Passage H9
Abattoir, bd. de l'
(Slachthuislaan)...........J8
Abattoir, rue de l' J8
Abricotier, rue de l' K8
Accolay, rue d' J8-J9
Aerschot, rue d' G9
Agora, Galerie de l' J9
Albert II, bd. du Roi G9-H9
Albertine, pl. de l' J9
Alexiens, rue des J8-J9
Allard, rue Ernest K9
Alost, rue d' H8
Alsace-Lorraine, rue d' K10
Amigo, rue de l' J9
Anderlecht, Porte d'
(Anderlechtsepoort)...J8
Anderlecht, rue d' J8
Anderlechtsepoort
(Anderlecht, Porte d')...J8
Angle, rue de l' H9
Angleterre, rue d' K8
Anneessens, pl. J8
Anneessens, rue J8
Anoul, rue K10
Anspach, bd.
(Anspachlaan)...............J8
Anspachlaan
(Anspach, bd.) H9
Antverselaan
(Anvers, bd. d') H9
Anvers, bd. d'
(Antverselaan) H8-H9
Anvers, chauss. d'
(Antwerpsesteenweg)..G9-H9
Anvers, Porte d' J8
Arbalétriers, rue des K8-K9
Arbre, rue de l' H9
Arc, rue de l' H9
Ardenne, rue Jean d' K9
Arenberg, rue d' J9
Argent, rue d' H9
Argonne, rue de l' K8
Arrosoir, rue de l' K8
Arteveldestraat
(van Artevelde, rue) .J8
Artois, rue d' J8
Arts, av. des (Kunstlaan)..J10
Arts, Mont des J9
Ascension, rue de l' H10
Assaut, rue d' J9
Association, rue de l' H10
Astronomie, av. de l' H10
Ateliers, rue des H8
Athénée, rue de l' K10
Augustins, rue des H9
Autonomie, rue de l' J8
Avenir, rue de l' H10
Aviation, Square de l' K8
Banque, rue de la H9-J9
Barbe, Impasse de la J8
Barchon, rue de H8
Barques, Quai aux H8
Barricades, pl. des H9
Barthélémy, bd. (Linielaan,
Niegende)................H8
Barthélémylaan (Neuvième
de Ligne, bd.)...........H8
Basse, rue Frédéric K9
Bastion, Square du K9
Batelage, Quai du G9
Baudet, rue du J9
Baudouin, bd. H8-H9
Béguinage, pl. du H8-H9
Béguinage, rue du H8
Belliard, rue
(Belliardstraat)...........J10
Berckmans, rue
(Berckmansstraat) K8-K9
Berger, rue du K9
Berlaimont, bd. de H9-J9
Bertulot, rue André H9

Beughem, rue de H10
Beurre, Petite rue au J9
Beurre, rue au J9
Bienfaisance, rue de la ..H9
Bischoffsheim, bd. H10
Bischoffsheimlaan H10-J10
Blaes, rue (Blaesstraat)....K8
Blaesstraat (Blaes, rue)....K8-K9
Blanchisserie, rue de la ..H9
Blindés, Square des H8
Bobine, Impasse de la H10
Bodeghem, rue J8
Bodenbroeck, rue J9-K9
Bogards, rue des J8
Bois de Construction,
Quai au H8
Bois Sauvage, rue du J9
Boiteux, rue des H9
Bon Secours, rue de J8
Borgval J8
Bortier, Galerie J9
Bosquet, rue
(Bosquetstraat) K9
Bosquetstraat
(Bosquet, rue)...............K9
Botanique, rue
(Kruidtuinstraat) H9-H10
Bouchers,
Petite rue des J9
Bouchers, rue des J9
Boudewijnlaan (Prince
Baudouin, av.)............H9
Bouillon, rue
Godefroid de H10
Bouillon, rue Jules K10
Boulet, rue du J8
Boulevard, av. du H9
Bouquetière,
Impasse de la K8
Bouré, rue K10
Bourse, pl. de la J8-J9
Bourse, rue de la J9
Brabant, rue de G9-H9
Braie, rue de la H8-J8
Brederode, rue K9
Breughel l'Ancien,
Square K8-K9
Breughel, rue K8
Brialmont, rue H10
Brigittines,
Petite rue des K8
Brigittines, rue des J9-K8
Briques, Quai Aux H8
Broekstraat
(Marais, rue du).........H9
Brogniez, rue
(Brogniezstraat) J8
Brouckère, pl. de J9
Brûler, Quai au Bois à H8
Brunfaut, rue Fernand H8
Buanderie, rue de la J8
Camusel, rue J8
Canal, rue du
(Vaartstraat) H8-H9
Canon, rue du H9
Cans, rue K10
Capucins, rue des J8
Cardinal Mercier, rue du ..J9
Caroly, rue K10
Caserne, rue de la J8
Cendres, rue des H9
Centre, Galerie du J9
Champ de Mars,
pl. du K9-K10
Champ de Mars,
rue du K9-K10
Champagne, rue
Philippe de J8
Chancellerie, rue de la J9
Chandeliers, rue des K9
Chantier, Quai du H8
Chantier, rue du H8-H9
Chapeliers, rue des J9

Chapelle, pl. de la J9
Chapelle, rue de la J9-K9
Char, rue du J9
Charbonnages, Quai des
(Koolmijnenkaai).........H8
Charbonniers, rue des G9
Chartreux, rue des J8
Chasseur, rue du J8
Château Plage, Square ...K10
Chaufferette, rue de la J8-J9
Chaumière, rue de la G10-H10
Chaux, Quai à la H8
Chemin de Fer, rue du H9-H10
Chêne, rue de J9
Cheval, Impasse du H9
Cheval Noir, rue du H9
Chevaliers, rue des K9
Chevreuil, rue du K8
Chien-Marin, rue du H8
Chœur, rue du G8-H8
Choux, rue aux H9
Christine, rue K8
Cigogne, rue de la H8
Cirque, rue du H9
Claes, rue Joseph K8
Clé, rue de la H8
Cliquet, Rond-Point
René K9
Cocq, pl. Fernand K10
Coenraets, rue K8
Collège, rue du
(Collegestraat)...........K10
Collégiale, rue de la J9
Colline, rue de la J9
Colombier, rue du H9
Colonies, rue des J9
Comédiens, rue des H9-J9
Comète, rue de la H10
Commerçants, rue des H8-H9
Commerce, Galerie du H9
Commerce, Quai du H8
Commerce, rue du J10-K10
Communale, pl. H8
Comte de Flandre,
rue du H8
Concorde, rue de la K9
Congrès, pl. du H9-H10
Congrès, rue du H10-J10
Congresplein H9-H10
Conseil, rue du
(Raadstraat) K10
Constitution, pl. de la K8
Coppens, rue K9
Coq, Impasse du K9
Cornet de Grez, rue H10
Coudenberg J9
Cour, rue
Montagne de la J9
Courtois, Petite rue H8
Courtois, rue H8
Crespel, rue Capitaine K9
Crickx, rue Lambert K8
Croisades, rue des H9
Croix de Fer, rue de la J10
Cuerens, rue J8
Cultes, rue des H10
Cureghem, rue de J8
Cyprès, rue du H9
Dam, rue du J8
Damier, rue du H9
Dansaert, rue Antoine
(Dansaertstraat,
Antoine) H8
Dansaertstraat, Antoine
(Dansaert, rue
Antoine) H8-J8
Darimon, rue H8
De Lenglentier, rue J8
De Meeûs, Square K10
Dejoncker, rue K9
Devaux, rue Paul J8-J9
Diksmuidelaan
(Dixmude, bd. de) H8

Dillens, pl. Julien K8
Dinant, pl. de J9
Dinant, rue de J9
Dixmude, bd. de
(Diksmuidelaan) H8
Dominicains, rue des J9
Douze Apôtres,
rue des J9
Drapiers, rue des K9
Dublin, rue de K10
Dubreucq, rue
Major René K10
Ducale, rue
(Hertogstraat) J10
Dumonceau, rue K9
Dupont, rue
(Dupontstraat) G9-G10
Dupont, rue Joseph K9
Dupontstraat
(Dupont, rue) G10
Duquesnoy, rue J9
Échelles, rue des H9
Éclipse, rue de l' J8
Économie, rue de l' K8
Écuyer, rue de l' J9
Edimbourg, rue d' K10
Egmont, rue d' K10
Elst, rue Vander H9
Empereur, bd. de l'
(Keizerslaan) J9
Enseignement,
rue de l' J9-J10
Épargne, rue de l' J9
Épée, rue de l' K9
Éperonniers, rue des J9
Escalier, rue de l' J9
Escrimeurs, rue des K8-K9
Espagne, pl. J9
Esperance, rue de l' G8
Esplanade, rue de l' K10
Étuve, rue de l' J8-J9
Europe, Carrefour de l' K8
Europe, Esplanade de l' ..K8
Éventail, rue de l' K9
Évêque, rue de l' H9-J9
Evers, rue H8
Fabriques, rue des J8
Facteur, rue de H8
Faisans, rue des K8
Faubourg, rue du G9
Faucille, Impasse de la ...H8
Faucon, rue du K8-K9
Féron, rue Émile
(Féronstraat, Émilie).....K8
Féronstraat, Émile
(Féron, rue Émile) K8
Ferraille, Impasse de la ..J8
Fiancée, rue de la H9
Fidélité, Impasse de la J9
Fierens, rue Doyen K8
Fin, rue H8
Flandre, Porte de
(Poort, Vlaamse)...........H8
Flandre, rue de
(Vlaamsesteenweg)......H8
Flèche, rue de la G9-H9
Fleuristes, rue des K8
Fleurs,
Jardin aux J8
Fleurs, rue aux H9
Foin, Quai au H8-H9
Fonsny, av.
(Fonsnylaan)..............K8
Fonsnylaan
(Fonsny, av.)...............K8
Fontainas, Cité K8
Fontainas, pl. J8
Fontainas, rue J8
Fontaine, rue de la K8
Foppens, rue J8
Forest, chauss. de
(Voorstesteenweg).......K8
Infantée, rue de l' J9
Intendant, rue de l' G8

Forêt d' Houthulst,
rue de la H8
Fossé aux Loups,
rue du H9-J9
Foulons, rue des J8
Fourche, rue de la J9
Francart, rue K9-K10
Fraternité, rue de la G9-G10
Frère-Orban, rue H9
Frick, Square Henri H10
Fripiers, rue des J9
Froebel, rue J8
Frontispice, rue du G9-H9
Galilée, av. H10
Gentilhomme, rue du J9
Gentsesteenweg
(Gand, chauss. de) H8
Gillon, rue
(Gillonstraat)...............H10
Gillonstraat
(Gillon, rue).................H10
Gineste, rue H9
Giroflée, Impasse de la ...J9
Gouttière, rue de la J8
Gouvernement Provisoire,
rue du H10
Grand Cerf, rue du K9
Grand Hospice, rue du H8-H9
Grand Sablon, pl. du J9
Grand-Serment, rue du H8-J8
Grande Île, rue de la J8
Grands Carmes, rue des ..J8-J9
Grétry, rue H9-J9
Gril, Impasse du H8
Groenstraat G10-H10
Groseilles, Impasse des ..K8-K9
Grosse Tour, rue de la K9
Haecht, chauss. de
(Haachtsesteenweg).....H10
Hainaut, Quai du
(Henegouwenkaai) H8
Hallepoortlaan (Porte
de Hal, av. de la)........K8
Halles, rue des H9-J9
Handelsstraat J10
Hanssens, rue Charles K9
Harmonie, rue de l' H9
Haubrechts, rue J8
Haute, rue (Hoogstraat) ...K8-K9
Hectolitre, rue de l' K8
Héger-Bordet, rue K8
Helihavenlaan
(Héliport, av. de l')........G9
Héliport, av. de l'
(Helihavenlaan) G9-H9
Henegouwenkaai (Hainaut,
Quai du) H8
Héros, rue des K8
Hertogstraat
(Ducale, rue) J10
Hirondelles, rue des H9
Hollande, rue de K8
Hoogstraat (Haute, rue) ...J9-K8
Hôpital, rue de l' J9
Hornes, rue de K10
Horta, rue Baron J9
Hôtel des Monnaies,
rue de l' K8-L9
Houblon, rue du H8
Houille, Quai à la H8
Houilleurs, rue des H8
l'École, rue de H9
l'Infirmerie, rue de H9
Ieperlaan H8
IJzerplein H8
Imperatrice, bd. de l'
(Keizerinlaan) J9
Industrie, rue de l'
(Nijverheidsstraat).......J10-K10

International, Passage H9
Ixelles, chauss. d'
(Steenweg, Elsense).....K9-K10
Ixelles, Galerie d' K9-K10
Jacobs, pl. Jean K9
Jacqmain, bd. Émile
(Jacqmainlaan,
Émilie)......................H9
Jacqmainlaan, Émilie
(Jacqmain, bd. Émile)..H9
Jacques-Franck,
Square K8
Jamar, bd. K8
Jardin Botanique,
bd. du H9
Jardin des Olives,
rue de J8
Jardin Rompu, rue du K8
Jardinier, rue du G8-H8
Jaspar, av. Henri
(Jasparlaan, Henri)......K8
Jasparlaan, Henri
(Jaspar, av. Henri) K8-K9
Jennart, rue G8
Jeu de Balle, pl. du K8
Jourdan, rue
(Jourdanstraat)............K9-L8
Jourdanstraat
(Jourdan, rue)..............K9
Justice, pl. de la J9
kaai, Koolmijnen
(Charbonnages,
Quai des)....................H8
Keienveldstraat
(Keyenveld, rue)..........K9-K10
Keizerinlaan (Imperatrice,
bd. de l')....................J9
Keizerslaan (Empereur,
bd. de l')....................J9
Keyenveld, rue
(Keienveldstraat) K9
Koninginneplein G10
Koningsplein J9
Koningsstraat
(Royale, rue)...........H10-J9
Koninklijke Prinsstraat
(Prince Royal, rue du)..K9-K10
Kruidtuinlaan H9-H10
Kruidtuinstraat
(Botanique, rue)..........H10
Kunstlaan
(Arts, av. des)............J10
la Toison d'Or,
av. de la Toison d'
(Vlieslaan, Gulden)......K9
Laboureur, Impasse du H8
Lacaille, rue K8
Laeken, rue de
(Lakensestraat) H9
Laermans, rue Eugène H8
Laines, rue aux
(Wolstraat)..............K8-K9
Lakensestraat
(Laeken, rue de)...........H9
Lambermont, rue J10
Lavallée, rue Adolphe
(Lavalléestraat,
Adolphe)..................G8-H8
Lavalléestraat, Adolphe
(Lavallée, rue
Adolphe)....................H8
Lavoir, rue du J9
Lebeau, rue J9
Lemonnier, bd. Maurice
(Lemonnierlaan,
Maurice)..................J8-K8
Lemonnierlaan, Maurice
(Lemonnier,
bd. Maurice)..............J8
Léopold II, bd.
(Léopold II Laan) G8

Léopold II Laan
(Léopold II, bd.) G8
Léopold, rue H9-J9
Lepage, rue Léon H8
Liberté, pl. de la H10
Ligne, rue de H9-J9
Linielaan, Niegende
(Neuvième de Ligne,
bd. du) H8
Linière, rue de la K8
Linné, rue
(Linnéstraat).................H9
Industrie, Quai de l'
(Nijverheidskaai) H8-J7
Locquenghien, rue H8
Loi, rue de la
(Wetstraat) J9-J10
Lombard, rue du H9
Londres, pl. de K10
Londres, rue de K10
Lorand, rue Georges K10
Louise, av.
(Stoombotenkaai)..........K9
Louise, Galerie K9
Louise, pl.
(Louizaplein) K9
Louizalaan (Steamers,
Quai des) K9
Louizaplein (Louise, pl.)...K9
Louvain, pl. de J9
Louvain, rue de J10
Loxum, rue du H9
Lunettes, Impasse des ...J8
Luxembourg, rue du
(Luxemburgstraat) K10
Mâchoire, rue de la J8
Madeleine, rue de la J9
Magasin, rue du H9
Malines, rue de H9
Marais, rue du
(Broekstraat) H9
Marché au Bois J9
Marché au Charbon,
rue du J8-J9
Marché aux Grains,
pl. du Nouveau H8
Marché aux Herbes,
rue du J9
Marché aux Peaux,
rue du H9
Marché aux Porcs,
rue du H8
Marché aux Poulets,
rue du J9
Marché, rue du G9-H9
Marcq, rue H8
Marguerite-Yourcenar,
Passage K9
Mariniers, rue des H9
Marnix, av. K9-K10
Maroquin, rue du H8
Marquis, rue du J9
Marronnier, rue de H9
Martyrs, pl. des H10-J10
Matelots, l'Impasse des ..H8
Matériaux, Quai des
(Materialenkaai)..........G8
Matheus, rue Georges H9
Maus, rue Henri J8-J9
Max, bd. Adolphe
(Maxlaan, Adolphe)...H9
Maxlaan, Adolphe (Max,
bd. Adolphe) H9
Meiboom, rue du H9
Melsens, rue H8
Ménages, rue des K8
Mercelis, rue K10
Meridien, rue du H10
Mérode, rue de K8
Mérodestraat K8
Midi, bd. du
(Zuidlaan).............J8-K8

Midi, rue du
(Zuidstraat) J8
Minimenstraat (Minimes,
rue des) J9-K9
Minimes, rue des
(Minimenstraat)..........K9
Minoterie, pl. de la H8
Miroir, rue du K8-K9
Moineaux, rue des J8-J9
Mommaerts, rue
(Mommaertsstraat) ...G8-H8
Moniteur, rue du J10
Monnaie, rue de la H9
Mons, chauss. de
(Steenweg, Bergense)..J8
Montagne aux Herbes
Potagères, rue H9-J9
Montagne de l' Oratoire,
rue J9
Montagne, rue de la J9
Montoyer, rue
(Montoyerstraat) J10
Montserrat, rue de K8-K9
Moretus, rue J8
Moucherons, rue des J8
Moulin, rue du
(Molenstraat) H10
Musée, pl. du J9
Musée, rue du J9
Musin, rue H10
Namur, Porte de K9
Namur, rue de J9-K9
Nancy, rue de K8
Naples, rue de K10
Nation, pl. de la J10
Nations, Galerie des H9
Navets, rue des J8
Neuve, rue
(Nieuwstraat) H9
Neuvième de Ligne,
bd. du (Linielaan,
Niegende) H8
Nicolay, rue G9
Nieupoortlaan
(Nieuport, bd. de).........H8
Nieuport, bd. de
(Nieupoortlaan)..........H8
Nieuwbrug (Pont Neuf,
rue du)..........................H9
Nieuwstraat
(Neuve, rue) H9
Ninoofseplein
(Ninove, pl. de).............J8
Ninoofsepoort
(Ninove, Porte de)..........J8
Ninove, pl. de
(Ninoofseplein)...........J8
Ninove, Porte de
(Ninoofsepoort) J8
Niveau, rue du H8
Nom de Jésus, rue du H8
Nord, Passage du H9
Nord, Petite rue du J10
Nord, rue du H10-J10
Norvège, rue de K8
Notre-Dame de Grâces,
rue K9
Notre-Dame du
Sommeil, rue H8-J8
Notre-Seigneur, rue K9
Œillets, rue des H9
Ommegang, rue de l' H9
Ophem, rue d' H8
Opperstraat
(Souveraine, rue)........K10
Orts, rue Auguste J8
Pachéco, bd.
(Pachécolaan) H9
Pachécolaan
(Pachéco, bd.) H9
Paere, rue César de K8
Paille, rue de la J9

Pain, rue Chair et J9
Paix, rue de la K10
Palais, pl. des
(Paleizenplein) J9-J10
Palais, rue des
(Paleizenstraat)..........G10
Paleizenplein
(Palais, pl. des) J9-J10
Parc, rue Mtontagne du ..J9
Paris, rue de K10
Parlement, Galerie du J10
Parlement, rue du J10
Parmentier, Impasse K8
Paroissiens, rue des J8
Passchendaele, rue de ...H8
Pays de Liège, rue du H8
Pélican, rue du H9
Pêne, rue du H8
Péniches, Quai des
(Akenkaai) G8
Pépinière, rue de la K9
Persil, rue du H9
Personne, rue d'Une H9
Petit Rempart, rue du H9
Petit Sablon, pl. du K9
Petits Carmes,
rue des K9
Peuple, rue du G9
Peuplier, rue du H8
Philanthropie,
rue de la K8
Pieremans, rue de K8
Pierres, rue des J8-J9
Piers, rue (Piersstraat)..G8-H8
Piersstraat (Piers, rue)...G8
Plantes, rue des G9-H9
Plantin, rue J8
Plateau, rue Joseph H8
Plattesteen J8
Pletinckx, rue J8
Plume, rue de la K8
Poelaert, pl.
(Poelaertplein) K9
Poelaertplein
(Poelaert, pl.) K9
Poincaré, bd.
(Poincarélaan).............J8
Poincarélaan
(Poincaré, bd.) K8
Poinçon, rue du J9
Poissonniers, rue des J8
Pôle, rue du H10
Polls, Impasse H8
Pont de la Carpe,
rue du J8
Pont Neuf, rue du
(Nieuwbrug)................H9
Poort, Antwerpse H9
Poort, Schaarbeekse H10
Poort, Vlaamse
(Flandre, Porte de) H8
Port, av. du G8
Porte de Hal, av. de la
(Hallepoortlaan)..........K8
Porte de Namur,
Galerie de la K9-K10
Porte Rouge, rue de la K9
Poste, Allée de la H10
Poste, rue de la
(Poststraat)...............H10
Poststraat
(Poste, rue de la) G10
Poterie, rue de la J8
Potiers, rue de la J8
Poudrière, rue de la H8-J8
Prado, rue du H8
Prairie, rue de la H9
Presbytère, rue du H8
Président, rue du H9
Presse, rue de la J10
Prêtres, rue des K9
Prévoyance, rue de la K9

Prince Albert, rue du K9-K10
Prince Royal,
rue du (Koninklijke
Prinsstraat)................K9
Princes, Galerie des J9
Princes, rue des H9-J9
Progrès, rue du
(Vooruitgangstraat) G9-H9
Prospérité, rue de la H8
Providence,
Impasse de la J9
Putterie J9
Putteriej J9
Quatre Bras, rue des K9
Quatre Fils Aymon,
rue des K9
Querelle, pl. de la K8
Querelle, rue de la H8-H9
Quetelet, pl. H10
Radis, rue des K8
Rasière, rue de la K8
Ravenstein, Galerie J9
Ravenstein, rue J9
Régence, rue de la
(Regentschapsstraat) ...K9
Régent, bd. du
(Regentlaan) J10-K9
Regentlaan
(Régent, bd. du)..........J10
Regentschapsstraat
(Régence, rue de la) J9-K9
Régina, av. Victoria H9-H10
Régina, Square
Victoria H9-H10
Reine, Galerie de la J9
Reine, pl. de la G10
Reine, rue de la J9
Reinette, rue de la K9
Remblai, rue du K8
Rempart des Moines,
rue du H8-J8
Renards, rue des K8
Renards, rue du K8
Révell, Impasse du J8
Révolution, rue de la H10
Ribaucourt, rue de G8-H8
Riches Claires, rue des ...J8
Rivière, rue de la H9
Rivoli, rue de H9-H10
Rogier, pl. Charles H9
Roi, Galerie du J9
Rollebeek, rue de J8
Ronsmans, Cité K9
Rosée, rue de la J8
Roses, rue des H9
Roue, rue de la J8
Rouleau, rue du H8
Roulier, Impasse du H8
Rouppe, pl. J8
Rouppe, rue J8
Rouppeplein J8
Royale, Galerie du J9
Royale, rue
(Koningsstraat) H10-J9
Ruisseau, rue du H8
Russie, rue de J9
Ruysbroeck, Galerie de ...J9
Ruysbroeck, rue de J9-K9
Sables, rue des H9
Sablon, rue des K8
Sablonnière, rue de la H10
Sainctelette, pl. H8
Sainctelette, Square H8
Saint-André, rue H8
Saint-Boniface, rue K10
Saint-Christophe, rue J8
Saint-Esprit, rue du J9
Saint-François, rue H10
Saint-Géry, pl. J8
Saint-Géry, rue J8
Saint-Ghislain, rue K8-K9
Saint-Honoré, Passage ...J9
Saint-Hubert, Galeries J9

Saint-Jacques,
Impasse J9
Saint-Jean, pl. J9
Saint-Jean, rue J9
Saint-Jean-Baptiste,
Parvis H8
Saint-Jean-Népomucène,
rue H9
Saint-Joseph, rue J9
Saint-Lazare, bd. H9
Saint-Lazare, rue H9
Saint-Michel, rue H9
Saint-Pierre, rue H9
Saint-Roch, rue H9
Saint-Sébastien,
Impasse J9
Sainte-Anne, rue J9
Sainte-Catherine, pl. ...H8-H9
Sainte-Catherine, rue ..H8-J8
Sainte-Gudule, pl. J9
Sainte-Gudule, rue J9
Sainte-Marie, rue H8
Sainte-Thérèse, rue K8
Sainte-Ursule, Impasse ...H8
Sallaert, rue K8
Samaritaine, rue de la ..J9-K9
Samedi, pl. du H8-H9
Sans-Souci, rue
(Sans-Soucistraat)......K10
Schaerbeek, Porte de H10
Secours, Petite rue des ...H10
Secours, rue du H10
Senne, rue de la
(Zennestraat) J8
Serrure, rue de la H8
Six Aunes, rue des K9
Six Jetons, rue des J8
Slachthuislaan
(Abattoir, bd. de l') J8
Smets, Square Auguste ..J8
Soignies, rue de J8
Sols, rue des K8
Solvay, rue Ernest K10
Souliers, Impasse Aux K8
Souveraine, rue
(Opperstraat) K9-K10
Stalingrad, av. de
(Stalingradlaan) J8-K8
Stalingradlaan
(Stalingrad, av. de)......J8
Stas, rue Jean K9
Stassart, rue de
(Stassartstraat) K9
Stassartstraat
(Stassart, rue de) K9
Steenweg, Elsense
(Ixelles, chauss. d')......K10
Stéphanie, pl. K9
Stevens, rue Joseph J9
Suède, rue de K8
Suisse, rue de K8
Sureau, Cité du H8
Surlet de Chokier, pl. J10
T'Kint, rue J8
T'Serclaes, rue J9
Tabora, rue de J9
Taille, Quai Aux
Pierres de H8-H9
Tanneurs, rue des K8
Teinturiers, rue des J8
Temple, rue du K9
Terre-Neuve, rue J8-K8
Tête d'Or, rue de la J9
Thérésienne, rue K9
Toison d'Or,
Galerie de la K9
Tournai, rue de J8
Travail, Passage du J8
Traversière, rue
(Dwarsstraat) H10
Treurenberg J9
Tribune, rue de la J10

Trône, pl. du J9-J10
Trône, rue du
(Troonstraat) K10
Troonplein K10
Tulipe, rue de la K10
Union, rue de l' H10
Ursulines, rue des J8-J9
Vaartstraat
(Canal, rue du)............H9
Val des Roses,
Impasse du J8-J9
Van Aa, rue K10
van Arteveldestraat
(Arteveldestraat)..........J8
van der Weyden,
rue Roger J8
van Gaver, rue de H9
Van Helmont, rue J8
van Moer, rue K9
van Orley, rue H10
Van Praet, rue Jules J8
Vandenbranden, rue H8
Vanderhaegen, rue H8
Vandermaelen, rue H8
Vandermeulen, rue H9
Vandervelde, pl. Émile J9
Vanhoeter, Impasse H9
Vautour, rue du K8
Venise, rue de K10
Verdure, rue de la J8
Verheyden,
rue Isidore K9
Verte, rue G10-H9
Vésale, rue H10
Viaduc, rue du
(Viaductstraat) K10
Victoire, rue de la
(Overwinnings-
straat) K8
Vie, rue Longue K10
Vieille, placede la J8
Vierge Noire, rue de la H9-J8
Vierges, rue des J8
Vieux Marché aux
Grains, rue de J8
Villa Hermosa, rue J9
Villers, rue de J8
Violette, rue de la J9
Visitandines, rue des K8
Vitriers, Impasse des K8
Vlaamsesteenweg
(Flandre, rue de)..........H8
Vlieslaan, Gulden
(la Toison d'Or,
av. de la Toison d')......K8
Vlogaert, rue K8
Vossenplein K8
Wallons, pl. des K8-K9
Waterloo, bd. de
(Waterloolaan) K8-K9
Waterloolaan
(Waterloo, bd. de) K9
Watteeu, rue K9
Wavre, chauss. de
(Waversesteenweg)......K9-K10
Wetstraat (Loi,
rue de la).....................J10
Willebroek, Quai de
(Willebroekkaai)...........G8
Witte de Haelen, rue de ..H8
Woeringen, rue de J8
Wolstraat (Laines,
rue aux).......................K9
Wynants, rue de J8
Ypres, bd. d' H8
Yser, pl. de l' H8
Zennestraat (Senne,
rue de la) J8
Zinner, rue J9
Zuidlaan (Midi, bd. du) K8
Zuidstraat (Midi,
rue du)....................J8-J9

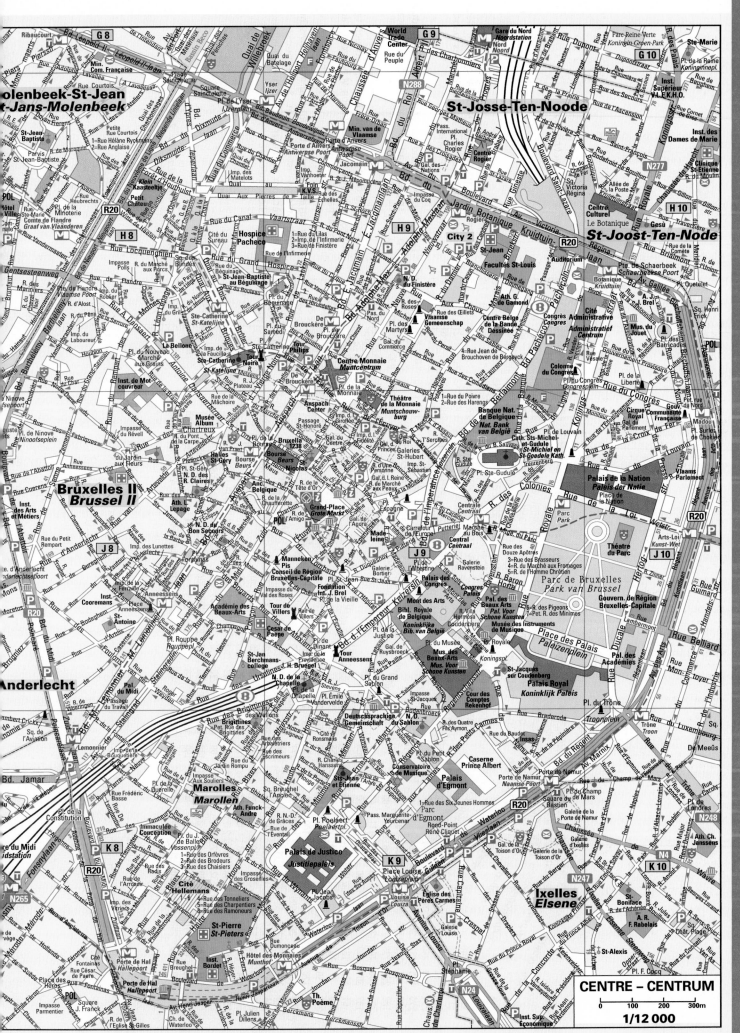

CENTRE – CENTRUM

0   100   200   300m

1/12 000

Brugge ⇔ Maastricht = 2:20

le temps de parcours ou la distance entre deux localités est indiqué à l'intersection des bandes horizontales et verticales.

De reistijd of afstand tussen twee steden vindt u op het snijpunt van de horizontale en verticale stroken.

The driving time or distance (in km) between two towns is given at the intersection of horizontal and vertical bands.

Die Fahrzeit oder die Entfernung in km zwischen zwei Städten ist an dem Schnittpunkt der waagerrechten und der senkrechten Spalten in der Tabelle abzulesen.

Brugge ⇔ Maastricht = 201 km

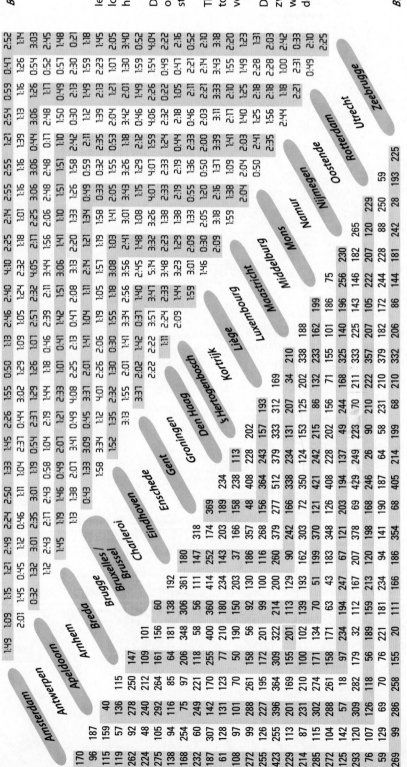

Limitations de vitesse en kilomètres/heure:
Snelheidsbeperkingen (in km/uur):
Maximum Speed Limit: in kilometres per hour:
Geschwindigkeitsbegrenzung in km/h:

	Ⓑ	Ⓛ	ⓃⓁ
🏰	50	50	50
🏭	90	90	80
🛣	120	130	120

Taux maximum d'alcool toléré dans le sang
Maximaal toegelaten alcoholconcentratie in het bloed
Maximum blood alcohol level
Maximal zulässiger Blutalkoholgehalt

Ⓑ ⓃⓁ 0.05% Ⓛ 0.08%

Age minimum des enfants admis à l'avant:11ans Ⓛ ,12ans Ⓑ ⓃⓁ
Minimum leeftijd van passagiers vooraan: 11 jaar Ⓛ ,12 jaar Ⓑ ⓃⓁ
Children under 11 years Ⓛ ,12 years Ⓑ ⓃⓁ of age not permitted in front seats
Mindestalter für Kinder auf den Frontsitzen:11 Jahre Ⓛ ,12 Jahre Ⓑ ⓃⓁ

Age minimum du conducteur: 18 ans
Minimum leeftijd van de bestuurder: 18 jaar
Minimum driving age: 18 years
Mindestalter für Autofahrer: 18 Jahre

Ⓑ Ⓛ ⓃⓁ

Port de la ceinture de sécurité à l'avant et à l'arrière obligatoire
Gebruik van veiligheidsgordels vooraan en achteraan verplicht
Seat belts must be worn by driver and all passengers in front and rear seats
Anlegen von Sicherheitsgurten vorn und hinten vorgeschrieben

Ⓑ Ⓛ ⓃⓁ

Port du casque pour les motocyclistes et les passagers obligatoire
Gebruik van valhelm verplicht voor bestuurders en passagiers van motorfietsen
Helmets compulsory for motorcycle riders and passengers
Helmpflicht für Motorradfahrer und -beifahrer

Ⓑ Ⓛ ⓃⓁ

Pneus cloutés autorisés / Spijkerbanden toegestaan/
Studded tyres allowed / Spikereifen erlaubt

Ⓑ 01/11 - 31/03   Ⓛ 01/12 - 31/03

Pneus cloutés interdits / Spijkerbanden verboden
Studded tyres prohibited / Spikereifen verboten

ⓃⓁ

Triangle de présignalisation obligatoire
Gevarendriehoek verplicht
Warning Triangle compulsory
Warndreieck vorgeschrieben

Ⓑ Ⓛ ⓃⓁ

Gilet de sécurité conseillé   Gilet de sécurité obligatoire
Reflecterend vest aanbevolen   Reflecterend vest verplicht
Reflective jacket recommended   Reflective jacket compulsory
Sicherheitsweste empfohlen   Sicherheitsweste vorgeschrieben

Ⓛ ⓃⓁ   Ⓑ

Trousse de premiers secours obligatoire   Trousse de premiers secours conseillée
Verbandtrommel verplicht   Verbandtrommel aanbevolen
First aid kit compulsory   First aid kit recommended
Verbandskasten vorgeschrieben   Verbandskasten empfohlen

Ⓑ   Ⓛ ⓃⓁ

Extincteur obligatoire   Extincteur conseillé
Brandblusser verplicht   Brandblusser aanbevolen
Fire extinguisher compulsory   Fire extinguisher recommended
Feuerlöscher vorgeschrieben   Feuerlöscher empfohlen

Ⓑ   Ⓛ ⓃⓁ

Documents nécessaires: certificat d'immatriculation du véhicule ou de location,
assurance responsabilité civile, plaque nationale.
Vereiste documenten: inschrijvingsbewijs of huurcontract van het voertuig,
verzekering voor burgerlijke aansprakelijkheid, officiële nummerplaat.
Documents required. Vehicle registration document or rental agreement.
Third party Insurance certificate. National vehicle identification plate.
Benötigte Dokumente: Zulassungs- oder Mietwagenpapiere, Haftpflicht-versicherungsnachweis,
Nationalitätskennzeichen.

Réglements routiers / Wegcode   (23/04/2007)

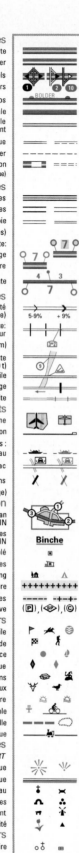

Routes — Wegen

Autoroute	Autosnelweg
Double chaussée de type autoroutier	Gescheiden rijbanen van het type autosnelweg
Échangeurs : complet, partiels	Aansluitingen : volledig, gedeeltelijk
Numéros d'échangeurs	Afritnummers
Aire de service - Aire de repos	Serviceplaats - Rustplaats
Route de liaison internationale ou nationale	Internationale of nationale verbindingsweg
Route de liaison interrégionale ou de dégagement	Interregionale verbindingsweg
Route revêtue - non revêtue	Verharde weg - onverharde weg
Sentier	Pad
Autoroute, route en construction (le cas échéant : date de mise en service prévue)	Autosnelweg in aanleg - Weg in aanleg (indien bekend : datum openstelling)

Largeur des routes — Breedte van de wegen

Chaussées séparées	Gescheiden rijbanen
4 voies - 2 voies larges	4 rijstroken - 2 brede rijstroken
2 voies - 1 voie	2 rijstroken - 1 rijstrook

Distances (totalisées et partielles) — Afstanden (totaal en gedeeltelijk)

Sur autoroute:	Op autosnelwegen:
section à péage	gedeelte met tol
section libre	tolvrij gedeelte
Sur route	Op andere wegen

Obstacles — Hindernissen

Forte déclivité (flèches dans le sens de la montée)	Steile helling (pijlen in de richting van de helling)
Passages de la route: à niveau, supérieur, inférieur	Wegovergangen: gelijkvloers, overheen, onderdoor
Hauteur limitée (au-dessous de 4,50 m)	Vrije hoogte (indien lager dan 4,5 m)
Limites de charge : d'un pont, d'une route (au-dessous de 19 t)	Maximum draagvermogen : van een brug, van een weg (indien minder dan 19t)
Pont mobile	Beweegbare brug
Route à sens unique - Barrière de péage	Weg met eenrichtingverkeer - Tol
Route réglementée - Route interdite	Beperkt opengestelde weg - Verboden weg

Transports — Vervoer

Aéroport - Aérodrome	Luchthaven - Vliegveld
Voie ferrée - Station	Spoorweg - Station
Transport des autos : par bateau	Vervoer van auto's : per boot
par bac	per veerpont
Bac pour piétons (liaison saisonnière en rouge)	Veerpont voor voetgangers (tijdens het seizoen : rood teken)

Hébergement - Administration — Verblijf - Administratie

Localité possédant un plan dans le Guide MICHELIN	Plaats met een plattegrond in DE MICHELIN GIDS
Ressources sélectionnées dans le Guide MICHELIN	Hotels of restaurants die in DE MICHELIN GIDS vermeld worden
Binche	
Hôtel ou restaurant isolé	Afgelegen hotel of restaurant
Village de vacances	Bungalowpark
Auberge de jeunesse - Camping	Jeugdherberg - Kampeerterrein
Frontière	Staatsgrens
Limites administratives	Administratieve grenzen
Capitale de division administrative	Hoofdplaats van administratief gebied

Sports - Loisirs — Sport - Recreatie

Golf - Hippodrome - Vol à voile	Golfterrein - Renbaan - Zweefvliegen
Circuit autos, motos - Zone de promenade	Circuit voor auto's, motoren - Wandelplaats
Baignade - Port de plaisance	Zwemplaats - Jachthaven
Parc récréatif - Parc aquatique	Recreatiepark - Watersport
Musée de plein air - Parc d'attractions	Openluchtmuseum - Pretpark
Parc animalier, zoo - Réserve d'oiseaux	Safaripark, dierentuin - Vogelreservaat
Station balnéaire, de villégiature	Badplaats, vakantieoord
Station thermale - Piste cyclable	Fietspad - Kuuroord
Parc national - Réserve naturelle	Nationaal park - Natuurreservaat
Train touristique	Toeristentreintje

Curiosités — Bezienswaardigheden

Principales curiosités : voir LE GUIDE VERT
Belangrijkste bezienswaardigheden : zie DE GROENE GIDS

Panorama - Point de vue	Panorama - Uitzichtpunt
Parcours pittoresque	Schilderachtig traject
Édifice religieux - Château	Kerkelijk gebouw - Kasteel
Grotte - Ruines	Grot - Ruïne
Monument mégalithique - Moulin à vent	Megaliet - Molen
Champs de fleurs - Autre curiosité	Bloembollenvelden - Andere bezienswaardigheid

Signes divers — Diverse tekens

Édifice religieux - Cimetière militaire	Kerkelijk gebouw - Militaire begraafplaats
Hôpital - Château - Ruines	Hospitaal - Kasteel - Ruïne
Phare - Moulin à vent - Éolienne	Vuurtoren - Molen - Windmolen
Usine - Carrière - Mine	Fabriek - Steengroeve - Mijn
Raffinerie - Centrale électrique	Raffinaderij - Elektriciteitscentrale
Fort - Puits de pétrole ou de gaz	Fort - Olie- of gasput
Tour ou pylône de télécommunications	Telecommunicatietoren of -mast

Curiosités — Bezienswaardigheden

| Bâtiment intéressant | Interessant gebouw |
| Édifice religieux intéressant | Interessant kerkelijk gebouw |

Voirie — Wegen

Autoroute	Autosnelweg
Route à chaussées séparées	Weg met gescheiden rijbanen
Échangeur: complet, partiel	Knooppunt/aansluiting: volledig, gedeeltelijk
Grande voie de circulation	Hoofdverkeersweg
Sens unique	Eenrichtingverkeer
Rue réglementée ou impraticable	Onbegaanbarestraat, beperkt toegankelijk
Rue piétonne - Tramway	Voetgangersgebied - Tramlijn
Rue commerçante	Winkelstraat
R. Pasteur	
Parking - Parking Relais	Parkeerplaats - Parkeer en Reis
Porte	Poort
Passage sous voûte - Tunnel	Onderdoorgang - Tunnel
Gare et voie ferrée	Station spoorweg
Passage bas (inf. à 4 m 50)	Vrije hoogte (onder 4 m 50)
Charge limitée (inf. à 19 t)	Maximum draagvermogen (onder 19 t.)
Pont mobile - Bac pour autos	Beweegbare brug - Auto-veerpont

Signes divers — Overige tekens

Information touristique	Informatie voor toeristen
Mosquée - Synagogue	Moskee - Synagoge
Tour - Ruines	Toren - Ruïne
Moulin à vent - Château d'eau	Windmolen - Watertoren
Jardin, parc, bois	Tuin, park - Bos
Cimetière - Calvaire	Begraafplaats - Kruisbeeld
Stade - Golf	Stadion - Gofterrein
Hippodrome - Patinoire	Renbaan - Ijsbaan
Piscine de plein air, couverte	Zwembad: openlucht, overdekt
Vue - Panorama	Uitzicht - Panorama
Monument - Fontaine	Gedenkteken, standbeeld - Fontein
Usine - Centre commercial	Fabriek - Winkelcentrum
Port de plaisance	Jachthaven
Phare - Embarcadère	Vuurtoren - Aanlegsteiger
Aéroport	Luchthaven
Station de métro - Gare routière	Metrostation - Busstation
Transport par bateau : passagers et voitures, passagers seulement	Vervoer per boot: passagiers en auto's, uitsluitend passagiers
Bureau principal de poste restante	Hoofdkantoor voor poste-restante
Hôpital - Marché couvert	Ziekenhuis - Overdekte markt
Bâtiment public repéré par une lettre:	Openbaar gebouw, aangegeven met een letter:
Hôtel de ville	**H**	Stadhuis
Gouvernement Provincial	**P**	Provinciehuis
Palais de justice	**J**	Gerechtshof
Musée - Théâtre	**M T**	Museum - Schouwburg
Université, grande école	**U**	Universiteit, hogeschool
Police (commissariat central)	**POL**	Politie (in grote steden, hoofdbureau)
Gendarmerie	**G**	Marechaussee/rijkswacht